U0555502

国家社科基金项目
(16CFX062)

ZIRANZIYUANYONGTUGUANZHIFAZHIHUAYANJIU

自然资源用途管制法治化研究

李祎恒◎著

中国政法大学出版社

2024·北京

声　明　　1. 版权所有，侵权必究。

　　　　　　2. 如有缺页、倒装问题，由出版社负责退换。

图书在版编目（CIP）数据

自然资源用途管制法治化研究 / 李祎恒著. -- 北京：中国政法大学出版社, 2024. 6. -- ISBN 978-7-5764-1589-6

I. D922.604

中国国家版本馆 CIP 数据核字第 2024Z8L712 号

出 版 者	中国政法大学出版社
地　　址	北京市海淀区西土城路 25 号
邮寄地址	北京 100088 信箱 8034 分箱　邮编 100088
网　　址	http://www.cuplpress.com（网络实名：中国政法大学出版社）
电　　话	010-58908586（编辑部）58908334（邮购部）
编辑邮箱	zhengfadch@126.com
承　　印	固安华明印业有限公司
开　　本	880mm×1230mm　1/32
印　　张	8.75
字　　数	230 千字
版　　次	2024 年 6 月第 1 版
印　　次	2024 年 6 月第 1 次印刷
定　　价	49.00 元

96%的暗物质和暗能量,在向我们招手

人类关于"物质世界""自然界"的认识,正在经受前所未有的挑战。2017年上海教育出版社出版的《4%的宇宙——暗物质、暗能量与发现隐蔽世界的比赛》,是一部关于暗物质和暗能量的史诗性著作,作者理查德·潘内克选择了一个世纪性大发现——宇宙加速膨胀及其所预示的暗物质与暗能量的存在,并以史诗般的笔触叙述了这一发现的历史进程。作者告诉我们:"近十年来,一群科学家在争先恐后地解释有关我们宇宙的一个令人不安的事实:构成你、我、我们的书以及每颗恒星与行星的物质其实只占其中的4%,而剩下的部分则一直处于迷失状态。"换言之,人类对于"客观世界"的认识只占宇宙的4%,人类在"自然界"面前渺小至极。这一结论震惊了世界,正颠覆性地改变人类的认知,让我们对"眼见为实"失去信心。

然而,人类对于"客观物质世界"及其"自然界",有着自己的执念。在有限的认知里人们确信,自然资源是指自然界中人类可以直接获得用于生产和生活的、可见的或不可见的"物质",通常可分为三类:一是不可更新资源,如各种金属和非金属矿物、化石燃料等,需要经过漫长的地质年代才能形成;二是可更新资源,指生物、水、土地资源等,能在较短时

间内再生产出来或循环再现;三是取之不尽的资源,如风力、太阳能等,被利用后不会贮存枯竭。第一类、第二类属于"可见的物质",第三类属于"不可见的物质"。人与自然共生共存的关系中,人类的核心任务就是保护、增殖和合理利用自然资源,以提高资源的再生和永续发展的能力,以求环境效益和社会经济效益的有机统一。在政府与市场的视野里,各国法律中都存在大量的管制土地资源、水资源、矿产资源、森林资源、野生动植物资源等自然资源的制度设计,或许还有暗物质和暗能量。自然资源用途管制作为优化国土空间开发的主要手段,已经成为生态文明体制机制改革及其法治化的重点领域。

  自然资源的有限性,促进针对自然资源应用的范围和程度必须进行强制管理,就是要对一定国土空间里的自然资源按照自然资源属性、使用用途和环境功能采取相应的监管。对此,我们需要回答三个绕不开的问题:"第一,以单一的某种自然资源为管制对象的用途管制制度已不适应新时代的要求,如何从系统论的视角开展统一的国土空间用途管制?第二,以自然资源量为管制基础的制度设计难以满足生态文明建设的要求,如何从空间均衡的理念出发,开展以空间治理和空间结构优化为主要内容的国土空间用途管制?第三,以行政管理为主要管制手段的用途管制制度已经陷入了制度失灵的境地,并有可能导致公民财产权益受到损害,如何从行政机制与市场机制协调发展的角度,使市场在资源配置中起决定性作用并更好发挥政府作用,从而令用途管制制度回归保障民生福祉的本来面目?"《自然资源用途管制法治化研究》提供了两个前设条件:"自然资源的被管制性包含两方面的内容:一是可管制性;二是得管制性。"继而以马克思主义财产权思想为理论基础，通过论证规划权、管制权以及参与权的制度设计与法律救济机制，逻辑地构建起用途管制的法律制度框架，进而提出行政机制与市场机制相协调的健全国土空间用途管制的基本路径。

祎恒博士主持的国家社会科学基金项目《自然资源用途管制法律制度创新研究》，以习近平生态文明思想和习近平法治思想为指导，运用现代产权理论、空间生产理论和日常政治学等多学科研究成果，从用途管制制度和资产产权制度协调发展的角度出发，论证空间治理的关键机制，探索从单一的某种自然资源量的管制到统筹各种自然资源的国土空间用途管制的发展路径，具有重要的理论意义和实践价值。

祎恒博士八五年生人，毕业于南京大学法学院经济法学专业，"江苏社科优青"获得者，聚焦自然资源法治发展研究，承担国家社科基金项目2项，在《人民日报》（理论版）、《光明日报》（理论版）、《政治与法律》等报刊上发表研究成果30多篇，这在他们这个年龄段的学者中已是"才露尖尖角"，学界甚幸。我和他是校友，却无师生之链接，但祎恒的为人、为学给我留下了深刻的印象，因此，在他邀我为他的著作付梓写几句的时候，我找不到拒绝的理由。

我们生活在这个"可见""不可见"的世界，眼力所及极其有限，但这不能成为我们放弃探索的理由。在人类消亡之前，对自然资源的可续利用及其法治化，依然是我们追求的目标。

天地物我，四位一体。凝固的史诗，是轩辕皇帝——中华民族的人文初祖——开启的五千年华夏灿烂文明。黄陵味道，超越桥山毓秀、沮水钟灵。

96％的暗物质和暗能量，在向我们招手。

是以为序。

张　清*

2024年7月12日16：50于黄陵桥山街道

---

* 张清，扬州大学二级教授，兼任教育部法学类专业教学指导委员会委员，入选中宣部文化名家暨四个一批人才、国家高层次人才特殊支持计划哲学社会科学领军人才，主要从事法理学、宪法学、人权法学、法社会学和法律经济学的教学与研究及高等教育管理工作。

前　言

关于自然资源用途管制，几乎每一个重要的方面都早已被讨论过了。学者们能够达成一致的观点是，对自然资源实施用途管制似乎是一个无可争辩的事实。然而，这并不意味着我们已经真正理解自然资源、自然资源用途以及自然资源用途管制。事实上，各国法律中都存在大量的管制土地资源、水资源、矿产资源、森林资源、野生动植物资源等自然资源的制度设计。这首先取决于以下的认识，即人类需要利用自然资源来满足自身对生存的需求、生产的需求、发展的需求等，以及人类只能通过竞争来获取稀缺的自然资源。从管制理论的诸多观点来看，通过市场来实现自然资源的分配，必然面临市场失灵的问题，从而陷入严重的价值冲突，因此应当对资源的配置实施相应的管制措施。当然，将自然资源的配置完全交予市场来进行，并不必然带来资源稀缺的问题；更为普遍的情况是，资源稀缺不是由资源的绝对匮乏造成的，而是一个经过社会的所谓"悲剧性选择"的结果。要避免自然资源耗竭和污染的损害，国家不得不选择对自然资源的利用施加一定的管制措施。同时，由于世界在环境和经济上的多样性，与此相关的问题很少是同样的，不同国家和社会将在其优先考虑的细节上采取不同的甚至是截然相反的做法。自然资源用途管制不是绝对的、应然的，而是因为人类有利用自然资源的需求而使得其有管制的必要，以及存在利用或者管制自然资源的知识和技术条件，即自然资源应具有被管制性，才能够对其实施用途管制。具体来说，自然资源的被管制性包含两方面的内容：一是可管制性；二是得管制性。

党的十八大以来，习近平总书记提出了"山水林田湖草沙是生命共同体"的重要论断，强调"统筹山水林田湖草沙系统治理""全方位、全地域、全过程开展生态文明建设"。[1]在"山水林田湖草沙是生命共同体"的系统思想的指导下，我国先后颁布实施了《关于加快推进生态文明建设的意见》《生态文明体制改革总体方案》《关于制定国民经济和社会发展第十三个五年规划的建议》《关于统筹推进自然资源资产产权制度改革的指导意见》《关于建立国土空间规划体系并监督实施的若干意见》等文件，对健全自然资源用途管制制度提出了明确的制度建设目标，并作为生态文明制度建设的基础性工作。伴随着这些文件的出台，自然资源用途管制制度的"四梁八柱"相继稳固，《关于加强水资源用途管制的指导意见》《自然生态空间用途管制办法（试行）》等具体的制度设计更加清晰地显现出来。同时，在新一轮国务院机构改革中，统一行使所有国土空间用途管制职责的国有自然资源资产管理和自然生态监管机构——自然资源部设立，既为自然资源统一管理体制的构建提供了坚实的组织机构保障，也意味着自然资源用途管制将从制度的顶层设计全面推进至具体制度的落实。

---

〔1〕《学习汇编丨读懂第四卷：习近平生态文明思想的丰富内涵》，载 https://www.12371.cn/2022/09/11/ARTI1662862817671304.shtml，2024 年 7 月 1 日访问。

前言

随着我国城镇化发展的稳步推进，发展不平衡不充分的问题也出现了新的形态。当空间的概念在城市空间与自然空间相分离的过程中得到延伸，城市空间的发展对自然空间也会产生更加深入而广泛的索取和反作用——尤其是对自然资源的过度开发利用、区域间的不均衡利用以及对农业生产、生态环境保护的忽视等问题，凸显了资源在空间分配和再分配中的不公平、不平等。更确切地说，空间已经成为一种稀缺的、可交易用于生产的要素，并在生产的过程中，不断地被重组。在此过程中，包括土地资源、水资源、矿产资源、野生动植物资源、大气资源、无线电频谱资源等在内的一定国土空间上的所有自然资源，都以不同的形式参与到空间生产中来——或是作为生产要素，或是作为产品，进入商业交易的供求链条和价格链条。同时，空间生产不仅是在已被认识或者开发利用的空间基础上开展，而且会不断地开辟出新的空间或新的空间利用方式。然而，围绕空间开发方式和开发内容构建的空间规划约束机制完全凸显了空间的政治性和意识形态性，事实上造成了生产要素向大城市及城市群集中，但这种集聚更倾向于城市空间的同质化复制；同时，虽然提出了生态空间的概念，但是缺乏对城市化地区、农产品主产区和重点生态功能区的统筹考虑，处于重点生态功能区的公民在被剥夺了应有的空间权益后却无法获得相应的补偿，强者愈强而弱者恒弱，进一步加剧了区域发展的分化和极化。针对这一情况，2019年中央全面深化改革委员会第六次会议审议通过的《关于建立国土空间规划体系并监督实施的若干意见》提出"将主体功能区规划、土地利用规划、城乡规划等空间规划融合为统一的国土空间规划"。国土空间用途管制是自然资源用途管制因应于我国经济社会新发展阶段的必然发展趋势,目的是解决新时代新阶段的社会发展中自然资源领域的结构性问题。

一般而言,为了进行生产,人们相互之间便发生一定的联系和关系;只有在这些社会联系和社会关系的范围内,才会有他们对自然界的影响,才会有生产。但在同质化的空间中,无处不在的机械重复打败了别具一格,生产力的迅猛扩张完全占据了既有的生活空间,并趋向于将既有空间和新生产的空间转化为纯粹的商品生产的空间。当空间中布满了价值关系,作为主体的人与人之间的社会关系就会被物化为物与物之间的交换关系,而空间生产的无限扩张和自我突破则必然导致作为社会空间基础的自然空间的分化和断裂,当空间生产的强度超过了自然空间的承载力,就会使空间中自然资源被过度地开发利用、生态环境的恶化以及生物灭绝。由此,空间作为人与物之间关系的象征就彻底取代了其作为人与人之间关系的象征,在法权关系上则反映为在个人、肉体、行为举止的层面复制出一般的法律和政府的形式,这既包括直接的物质生产活动,又涵盖诸如休闲、日常生活、居所和栖息地、对空间场所的使用,以及全球化的主体等各方面内容。但这种法权关系同时也将抽象的空间强化为具有物质力量的意识形态,使得管制措施成为必要和可能的东西——人们得以用其对空间的观念来介入或者否定现有的空间实践。具体来说,为了使空间能够回归原初形态,满足人们生存和生活的需要,必须谋求一个具有全新可能性、超越已知的和理所当然的空间之外的战略性的和异类的差异性空间。相对于空间生产无限扩张的特性来说,自然空间或者自然资源是有限的。差异性空间的建立,必然要求明确空间的生产功能的边界,并推动生产空间与生态空间的融合,使得生态空间产品本身能够成为提升生产空间发展的基础和可能,最终使得空间的发展回归日常生活,从而为人的发展的终极价值目标的实现创造条件。

在我国自然资源用途管制法律制度的实践中,一个核心的问题是整体的发展格局呈现不平衡、不充分的状态,其原因是多方面的。从制度本身来看,首先体现在管制主体的分散和管制权的分散,以及由此而来的分散的管制主体所采用的统计口径、数据标准、管理体制等管制基础也是分散而难以相互衔接的,人为地将自然资源整体的空间割裂为不同部门利益的载体;进一步,分散的管制主体几乎无法顾及不同自然资源间的关联关系,而是对单一某种自然资源施加管制措施,甚至有可能出现数个管制主体对同一自然资源进行管制但又互不相干的情况。这种层层叠叠、错综复杂的笼罩在自然资源上的管制措施就像是一把打不碎的枷锁牢牢地束缚住了制度发展的可能性。从价值取向来看,用途管制制度一直面临生态价值和经济价值的取舍,并在很大程度上因为经济价值对生态价值的挤压,用途管制制度的目标发生偏移,沦为地方政府谋求经济发展的抓手。从功能定位来看,用途管制制度应当实现公共利益和私人财产权益的统一,但自然资源国家所有权概念的不确定性则使得所有权、使用权、管制权等权力(利)在公私法的不同层面产生了交织。这种独特的自然资源权力(利)配置模式对用途管制制度实践的最大影响就是,用途管制制度很难在公共利益和私人财产权益之间保持水平的平衡,并极易因为公权力的过度介入而损害私人财产权,尤其是在有关自然资源的私的权利内容亦有待立法予以形成时,用途管制制度的功能更是会因为其制度本身建立在模糊的概念基础上而发生异化。

制度需求是理论发展的第一推动力。马克思说："理论在一个国家实现的程度，总是取决于理论满足这个国家的需要的程度。"在新的发展阶段建立健全自然资源用途管制制度，单纯地依靠传统的管制理论，已然出现了体系上的不足。而且，从自然资源用途管制内涵的演进来看，其是以马克思主义中国化的最新成果——习近平新时代中国特色社会主义思想为指引而逐步形成的。习近平新时代中国特色社会主义思想是21世纪中国的马克思主义，是马克思主义与中国实际相结合的又一次历史性的飞跃，和马克思主义的基本原理是一脉相承的。因此，自然资源用途管制的立论基础既是从中国实际出发的习近平新时代中国特色社会主义思想，同时亦来自作为理论源头的历史唯物主义的基本原理。正如用途管制与产权保障之间一体两面的关系一样，在用途管制的核心问题上，理论的切入点殊途同归，一方面表现为通过论证财产权所能促成的目的或其所具有的本质特征来明确财产权的功能或任务；另一方面则是通过对私有财产权的批判，建立管制的路径，界定管制权与财产权的边界，并提出在发展财产权的同时对私有财产权予以扬弃。马克思在论述财产权问题时，揭示了人的类存在的特性，并通过对人同自己的劳动产品、自己的劳动活动、自己的类本质以及人自身之间的关系的论述，阐明了私有财产的本质。由此，我们才得以总结归纳财产权或管制权行使问题分析的一般框架——既然这些关系体现的是基于所有制而产生的、在物的外壳掩盖下的人与人之间的利益关系，那么我们对于财产权与管制权问题的分析就应当明确以下几个方面的关系，即人与自身、人与自身的类以及人与其他物的类的关系。

用途管制的根本在于规划，用途管制的生命也在于规划。

前言

基于空间发展的要求，国土空间用途管制应当建立以统一空间规划为核心和依据的规划体系。作为国土空间用途管制法权关系的核心，国土空间规划权应当如何在超越现行各种规划权力的基础上，实现其权力的根本价值？解决这一问题的关键在于，摒弃对象中心主义，超越各种规划所关注的单一自然资源，在规划权的行使上坚持主体性向度，践行以人民为中心的价值取向，克服同质化、碎片化、等级化的抽象空间所带来的矛盾，通过对空间的解放和重构，生产出人类生存和日常生活的空间。具体来说，国土空间规划权的行使应当坚持以人民为中心的发展思想，在"两山"理论的指导下，全面摸清空间本底条件，因地制宜地确定空间的用途。进一步，应从广义上理解自然资源用途管制的内涵，强化国土空间规划作为用途管制核心的地位，建立规划权对管制权的约束机制，并基于"两评价"的结果，明确"三区三线"对管制权行使的刚性要求。同时，应当将管制权作为自然资源用途保障的法权核心，通过考察空间以及各种自然资源之间的有机联系，明确用途保障的目标是实现国土空间的整体和系统的功能，而不是对某一种自然资源量的简单控制；并根据空间及其中的自然资源的不同用途和特性，明确自然资源多种功能的优先序，实施不同程度的用途管制。

关于用途管制的法律救济，传统观念一般将用途管制纳入财产权社会义务的范畴。在原则上无补偿的情况下，例外地承认财产权利遭受明显贬损时，可以综合考量价值减损的程度与容忍义务，赋予被管制人主张相应补偿的权利。然而，如果仅仅因为对财产权限制的行为不符合具体行政行为的要件，而对这种限制视而不见的话，似乎有悖于财产权保障的目的。在海安金永发商店诉江苏省交通运输厅港航事业发展中心交通设施建设行为案中，法院事实上形成了严重性标准和价值减损标准来判断是否应当对用途管制措施导致的财产权限制进行补偿，即一方面考察用途管制措施对财产权的损害程度，如果达到严重影响权利内容的程度，则允许被管制人主张获得补偿；另一方面，即使财产权的价值减损已经达到严重的程度，仍需考量该价值贬损是否属于社会义务的范围。从表面来看，同时适用严重性标准和价值减损标准可能造成逻辑上的冲突，并会令判断的结果趋向于不予补偿因用途管制措施而受到的财产权限制；但在本质上，法院已经暂时抛弃了对管制行为性质和内容的考察，而将视线转向从合目的性的角度，来建构用途管制的法律救济路径。这一做法的先进意义，既在于对新形势下国土空间用途管制根本目的的回应，也与征收制度在世界范围内的演进历程完全契合。新修正的《土地管理法》将最大限度保障被征地农民的权益作为修法的重点，提出征收土地应当给予公平合理的补偿，保障被征地农民原有生活水平不降低、长远生计有保障。《民法典》与修改后的《土地管理法》相衔接，明确了土地征收补偿的范围和标准，并对其他类型的不动产征收进行了规定。与旧法相比，《民法典》第243条和《土地管理法》第48条在征收补偿条款的内容上出现了较大变化，其功能也转向了更加先进的方向，也为自然资源用途管制法律救济机制的未来发展指明了道路。

目 录

绪 论 ·· 001

第一章 自然资源用途管制的内生逻辑 ································ 034
  第一节 自然资源的被管制性 ·· 034
  第二节 空间在用途管制中的功能定位 ···························· 041
  本章小结 ··· 058

第二章 自然资源用途管制的制度现状与实践困局 ··· 060
  第一节 我国自然资源用途管制法律制度的现状 ············· 060
  第二节 用途管制制度的实践困局 ································· 076
  本章小结 ··· 091

第三章 新时代自然资源用途管制制度的科学内涵与
       理论内核 ··· 093
  第一节 自然资源用途管制的科学内涵 ·························· 093
  第二节 自然资源用途管制的理论内核 ·························· 103
  本章小结 ··· 121

第四章　自然资源用途管制的制度架构 …… 122
   第一节　自然资源用途管制的构成要素 …… 122
   第二节　自然资源用途管制的法权关系及其实现 …… 138
   本章小结 …… 154

第五章　自然资源用途管制的三种实践 …… 156
   第一节　水资源用途管制：从单一自然资源用途管制到空间用途管制 …… 156
   第二节　无线电频谱资源用途管制：空间无形资源的用途管制 …… 166
   第三节　野生动物栖息地空间用途管制：特定主导功能空间的用途管制 …… 182

第六章　自然资源用途管制的法律救济机制 …… 196
   第一节　用途管制法律救济的路径选择 …… 196
   第二节　征收制度发展中用途管制法律救济机制的楔入 …… 206
   本章小结 …… 235

参考文献 …… 237

后　记 …… 261

绪　论

一、研究背景与意义

自然资源用途管制制度最初适用的对象是土地资源。1986年《土地管理法》[1]对于不按批准的用途使用国有土地的情形，规定由土地管理部门报县级以上人民政府批准，收回用地单位的土地使用权，并注销土地使用证；[2]同时规定，承包经营土地的集体或者个人，有保护和按照承包合同规定的用途合理利用土地的义务。[3]但从整体来看，1986年《土地管理法》实行的是土地分级限额审批制度，并以此为核心确立了土地资源管理的制度体系；[4]其中对土地用途的管制仅仅是一笔带过，[5]尤其是在本应作为用途管制依据的土地利用总体规划制度方面，没有规定该项制度应如何对应土地分级限额审批制度而共同发挥用途管制的功能，从而引发了耕地面积锐减和建设用地盲目扩张等问题。1997年中共中央、国务院《关于进一步加强土地管理切实保护耕地的通知》（已失效）明确指出，必须认真贯彻

---

[1]　《土地管理法》，即《中华人民共和国土地管理法》。为表述方便，本书中涉及法律文件均使用简称，省去"中华人民共和国"字样，全书统一，后不赘述。
[2]　1986年《土地管理法》第19条。
[3]　1986年《土地管理法》第12条第2款。
[4]　参见程雪阳：《新〈土地管理法〉土地用途管制制度改革的得与失》，载《中国法律评论》2019年第5期。
[5]　1986年《土地管理法》第15条。

"十分珍惜和合理利用每寸土地，切实保护耕地"的基本国策，要进一步严格建设用地的审批管理，对农地和非农地实行严格的用途管制，并要严格控制城市建设用地规模，加强农村集体土地的管理等。在此背景下，作为协调耕地资源保护与建设用地供给二者关系的土地用途管制制度[1]终于在1998年《土地管理法》中闪亮登场，[2]并成为我国土地管理制度的核心与灵魂。[3]同年，国务院《关于保护森林资源制止毁林开垦和乱占林地的通知》也指出，为了遏制毁林开垦以及其他非法改变林地用途的行为，要严格实施林地用途管制，并对现有林地实行总量控制制度，初步建立了林地用途管制制度。但在水资源、草原资源、湿地资源、海域资源、滩涂资源等自然资源上，虽出现了具有用途管制效果的法律或政策规定，但并未形成体系化的用途管制制度。

继1998年《土地管理法》后国家又出台了一系列文件，包括国土资源部《关于土地利用总体规划审批和实施管理工作若干问题的通知》（1999年）（已失效），国土资源部《土地利用规划实施管理工作若干意见》（2000年）（已失效），国土资源部《进一步治理整顿土地市场秩序工作方案》（2003年），国务院办公厅《关于清理整顿各类开发区加强建设用地管理的通知》（2003年），国务院《关于深化改革严格土地管理决定的通知》（2004年），中共中央、国务院《关于进一步加强农村工作提高农业综合生产能力若干政策的意见》（2004年），国土资源部《关于坚决制止"以租代征"违法违规用地行为的紧急通知》

---

[1] 参见孙佑海：《〈土地管理法〉的历史回顾和修改建议》，载《国土资源导刊》2009年第11期。

[2] 1998年《土地管理法》第4条。

[3] 参见甘藏春：《重温〈土地管理法〉的全面修订》，载《中国土地》2011年第10期。

(2005年)(已失效),国务院办公厅《关于建立国家土地督察制度有关问题的通知》(2006年),国务院《关于加强土地调控有关问题的通知》(2006年)等,却无法完全遏制违法用地行为。这种近乎越管越乱的制度失灵现象[1]驱动着国家开始革新土地用途管制制度。在此背景下,2006年国务院办公厅《关于开展全国主体功能区划规划编制工作的通知》和2007年《城乡规划法》提出,要推行城乡一体规划,根据资源环境承载能力、现有开发密度和发展潜力,统筹考虑未来我国人口分布、经济布局、国土利用和城镇化格局等要素,通过编制全国主体功能区划规划,对全国国土空间发展方向和要求进行定位,实现人口、经济、资源环境以及城乡、区域协调发展。需要注意的是,2007年后数年的土地用途管制实践中,土地利用总体规划与国民经济和社会发展规划、城乡规划、主体功能区划规划等规划之间并不能实现良好的衔接,政府各职能部门之间对于规划制定和实施的认识也存在一些差别,[2]因而并没有从根本上解决土地用途管制制度失灵的问题。几乎与此同时,地方政府为了

---

[1] 参见郭洁:《土地用途管制模式的立法转变》,载《法学研究》2013年第2期。

[2] 这一问题当然不是在2007年以后才出现,事实上,在1998年《土地管理法》修订时,已经出现了关于这一问题的讨论。1998年6月24日,全国人大法律委员会副主任委员李伯勇在第九届全国人民代表大会常务委员会第三次会议上对《土地管理法(修订草案)》初步审议情况进行了汇报。其中,对于城市规划与土地利用总体规划的关系,汇报指出,"有些部门、地方、群众认为,城市总体规划和土地利用总体规划都涉及土地利用,大城市和省会城市的规划都是由国务院批准的,又都在同一区域内,因此这两个规划应当是相互衔接的。但是,由于这两个规划的作用不同,还应当明确,城市规划不得突破土地利用总体规划中限定的建设用地规模,而在城市规划区内的建设用地,则应当按照城市规划法的规定进行管理。法律委员会认为,城市总体规划和土地利用总体规划的作用不同。从土地利用的角度看,城市总体规划应当服从土地利用总体规划对城市建设用地规模的安排,至于城市规划区内的土地利用,则应当执行城市规划。国务院和省级人民政府在批准两个规划时应当使之衔接"。但是全国人大法律委员会给出的结论并未从制度根源层面解决这一问题,而仅仅是缓和了不同规划间的矛盾。

避开土地用途管制,尤其是避免触及《"十一五"规划纲要》中提出的 18 亿亩耕地红线而实现耕地占补平衡,开始将视线转向占用林地、草地、湿地、水域岸线等其他自然资源,[1]从而挤占了绿色生态空间,破坏了区域的生态环境。[2]针对这种情况,国家开始建立健全各种自然资源的用途管制制度,但仍是由各职能部门在其部门职责范围内分别开展,统一的用途管制制度尚未建立,各部门制定的规划亦无法从整体上作为自然资源用途管制的依据,因而管制效果未能达至预期目标。[3]

而在与自然资源用途管制制度一体两面的自然资源产权制度方面,2007 年出台的《物权法》(已失效,下同)确认了 2004 年《宪法修正案》中关于公民财产权保障的立法精神,并将海域使用权,探矿权,采矿权,取水权和使用水域、滩涂从事养殖,捕捞的权利纳入用益物权的范畴,以此作为相对应的自然资源用途管制权在私法上的制约。然而,《物权法》未明确这些权利的权利边界,事实上仍然需要借助自然资源用途管制制度才能够形成权利的内容与边界,亦无法对具体的用途管制实践,尤其是试点性质的用途管制实践进行规制。遗憾的是,《物权法》对自然资源物权的规定主要针对特定的某一种或某几种自然资源,几无涉及国土空间权利的内容,无法与 2006 年国务院办公厅《关于开展全国主体功能区划规划编制工作的通知》(已失效)和 2009 年国土资源部下发的《市县乡级土地利用总体规划编制指导意见》等文件中关于将国土空间划分为不同开发类

---

[1] 参见黄征学、蒋仁开、吴九兴:《国土空间用途管制的演进历程、发展趋势与政策创新》,载《中国土地科学》2019 年第 6 期。

[2] 参见董祚继等:《"多规合一"的理论与实践》,浙江大学出版社 2017 年版,第 230 页。

[3] 参见黄征学、张燕:《完善空间治理体系》,载《中国软科学》2018 年第 10 期。

型的规定[1]相衔接。这意味着私法上保护公民财产权益的规定与公法上限制公民权益的规定发生了脱节,从而使得自然资源产权可能受到过度限制而无法救济,一定程度上影响了用途管制制度实施的效果。但也正是从这一时期开始,土地用途管制制度开始从数量管控走向数量管控与空间管控并重,[2]并为其后的统筹考虑自然生态各要素、以国土空间用途管制为目标和主要内容的自然资源用途管制制度的建立健全奠定了基础。

党的十八大以来,习近平总书记提出了"山水林田湖草沙是生命共同体"的重要论断,强调"统筹山水林田湖草沙系统治理""全方位、全地域、全过程开展生态文明建设"。在"山水林田湖草沙是生命共同体"的系统思想的指导下,我国先后颁布实施了《关于加快推进生态文明建设的意见》《生态文明体制改革总体方案》《关于制定国民经济和社会发展第十三个五年规划的建议》《关于统筹推进自然资源资产产权制度改革的指导意见》《关于建立国土空间规划体系并监督实施的若干意见》等文件,对健全自然资源用途管制制度提出了明确的制度建设目标,并作为生态文明制度建设的基础性工作。伴随着这些文件的出台,自然资源用途管制制度的"四梁八柱"相继稳固,《关于加强水资源用途管制的指导意见》《自然生态空间用途管制办法(试行)》等具体的制度设计更加清晰地显现出来。同时,

---

[1] 2006年,国务院办公厅《关于开展全国主体功能区划规划编制工作的通知》(已失效)将国土空间划分为优化开发、重点开发、限制开发和禁止开发四类主体功能区,并提出要按照主体功能定位调整完善区域政策和绩效评价,规范空间开发秩序,形成合理的空间开发结构,实现人口、经济、资源环境以及城乡、区域协调发展。2009年,《市县乡级土地利用总体规划编制指导意见》则规定市县乡土地利用总体规划要划定城乡建设用地规模边界、扩展边界、禁止建设边界,形成允许建设区、有条件建设区、限制建设区和禁止建设区,并制定各区的管制规则。

[2] 参见黄征学、蒋仁开、吴九兴:《国土空间用途管制的演进历程、发展趋势与政策创新》,载《中国土地科学》2019年第6期。

在新一轮国务院机构改革中，统一行使所有国土空间用途管制职责的国有自然资源资产管理和自然生态监管机构——自然资源部设立，既为自然资源统一管理体制的构建提供了坚实的组织机构保障，也意味着自然资源用途管制将从制度的顶层设计全面推进至具体制度的落实。

基于上述研究背景，本书着重解决自然资源用途管制制度构建及其实施中存在的三大重要问题：其一，以单一的某种自然资源为管制对象的用途管制制度已不适应新时代的要求，如何从系统论的视角开展统一的国土空间用途管制？其二，以自然资源量为管制基础的制度设计难以满足生态文明建设的要求，如何从空间均衡的理念出发，开展以空间治理和空间结构优化为主要内容的国土空间用途管制？其三，以行政管理为主要管制手段的用途管制制度已经陷入了制度失灵的境地，并有可能导致公民财产权益受到损害，如何从行政机制与市场机制协调发展的角度，使市场在资源配置中起决定性作用和更好发挥政府作用，从而令用途管制制度回归保障民生福祉的本来面目？

针对这些问题，本书以十八届三中全会提出的"使市场在资源配置中起决定性作用和更好发挥政府作用"为出发点，通过对马克思财产权思想的理论回归，深入贯彻落实习近平新时代中国特色社会主义思想，并以习近平生态文明思想和习近平法治思想为指导，从用途管制制度和资产产权制度协调发展的角度开展研究，论证空间治理的关键机制，探索从单一的某种自然资源量的管制到统筹各种自然资源的国土空间用途管制的发展路径。这既是对已有研究进行高度概括，也是在已有研究基础上进行的理论和制度创新。因此，本书既能够为推进国土空间用途管制提供理论支撑和实践回应，实现自然资源整体的合理配置，也有助于推进生态文明领域国家治理体系和治理能力现代化，具有独到的学术价值和应用价值。相对于现有研究，本书在高度概括自然资源用途管制相关理论的基础上，一方面通过对马克思财产权思想的理论回归，在自然资源用途管制中实现行政机制与市场机制的协调发展，以此作为国土空间用途管制法律制度构建的理论基础。另一方面，针对我国自然资源用途管制法律制度存在的问题，提出从健全规划权、管制权的行使与法律救济机制等方面予以完善，能够为推进国土空间用途管制提供实践回应，有助于推进生态文明领域国家治理体系和治理能力现代化，从而推动生态文明制度体系的建立，服务于国家战略的决策。

二、研究动态

(一) 国外相关研究的学术史梳理

从国外研究来看，自然资源用途管制问题的研究缘起于资源配置中存在市场失灵的情形。经济学、管理学、政治学等领域的学者通过对政府管制理论的阐释，对资源配置的相关问题进行了广泛的研究。

最早的政府管制措施是19世纪美国部分州政府对铁路运输和仓储费用管制的州法律，即"格兰其法"。1877年Munn v. Illinois案中，联邦最高法院驳回了Munn对伊利诺伊州的指控，判定货栈和仓储业务"涉及公众利益"，对此州政府享有管制的权力。[1]该案的判决被应用于同期其他四个类似的案件，从而形成了政府管制理论的第一个重要分支——公共利益理论的理论内核。公共利益理论认为不受限制的市场竞争会降低经济效率，有碍社会福利的最大化，而政府管制措施代表了最大多数

---

[1] Munn v. Illinois, 94 U. S. 113, 1877.

人民的最大利益，其实施能够促进资源配置效率。[1]但公共利益理论的问题在于其不能明确公共利益的内涵，并证明政府管制始终符合公共利益的需求，反而很有可能令管制行为沦为利益集团为了增进其私人利益而实施的措施；[2]也有观点认为，由于信息不对称、权力寻租或者管制迟延等原因，政府管制措施未必能够满足资源配置效率的要求，甚至有可能导致灾难性的后果。[3]更确切地说，政府管制不一定能够纠正市场失灵，同时还存在政府管制为被管制者"俘获"的可能性。[4]在此情形下，斯蒂格勒提出管制俘获理论，认为政府管制不必然与市场失灵正相关，而是首先追求政府自身利益的最大化，管制的实质是被管制的利益集团和提供管制的政府追求各自利益的结果。[5]佩尔兹曼和贝克尔等学者进一步发展了斯蒂格勒的理论。佩尔兹曼从政府管制和市场失灵之间的关系、政府管制的结果预测和政府管制的有效性三个层面阐释了管制俘获理论；[6]贝克尔认为利益集团之间存在竞争以获取更大的利益，并建立了政治均衡模型来分析政府管制收益在不同利益集团之间的分配状

---

[1] Alfred E. Kahn, *The Economics of Regulation: Principles and Institutions*, MIT Press, 1988, p. 46.

[2] George J. Stigler, "The Theory of Economic Regulation", *Bell Journal of Economics*, Vol. 2, 1971.

[3] 参见［美］Roger L. Conkling：《能源定价经济学与原理》，夏晓华等译，机械工业出版社2014年版，第281~290页。

[4] 参见［美］W. 基普·维斯库斯、小约瑟夫·E. 哈林顿、约翰·M. 弗农：《反垄断与管制经济学》（第4版），陈甬军等译，中国人民大学出版社2010年版，第321~322页。

[5] George J. Stigler, "The Theory of Economic Regulation", *Bell Journal of Economics*, Vol. 2, 1971.

[6] Sam Peltzman, "Toward a More General Theory of Economic Regulation", *Journal of Law & Economics*, Vol. 19, 1976.

况。[1]管制俘获理论明确了管制者和被管制者之间的关系,但在衡量管制绩效的标准方面仍存在不足,无法解释政府管制措施究竟是提升了资源配置的效率还是造成了阻碍。因而有观点认为,政府管制也许是使经济增长率放慢的主要原因,即在行政过度干预的情况下,会出现管制失灵的现象。[2]

从20世纪70年代起,美国和西欧国家放松了对某些行业的政府管制,学者也开始对管制失灵情况下的理论应对进行研究。一是关于外部性理论的研究。庇古税和科斯定理一般被认为是解决外部性问题的两种主要方法。在此基础上,德姆塞茨对产权管制的核心问题进行了界定,他认为如果因政府的管制行为而使得产权的内容受到限制,那么更应该强调竞争方式而不是价格机制,并会导致产权人更大程度上依赖企图使效用最大化的边际替代性调整,其结果是产权及其背后的财富配置格局的改变。[3]德姆塞茨提出了资源配置的两种内生逻辑,即通过个人行动的配置和通过合作行动的配置。在前者的情形下,通过考察产权的排他性和可让渡性来判断资源配置的效率,而政府管制主要是限制产权的可让渡性,而保留了产权的排他性;在后者的情形下,政府管制措施如果突破了最适度的限制,那么官僚化的成本就会急剧上升。[4]二是关于管制放松理论的研究。

---

[1] Gary S. Becker, "A Theory of Competition Among Pressure Groups for Political Influence", *Quarterly Journal of Economics*, Vol. 98, 1983.

[2] Paul W. MacAvoy, *Industry Regulation and the Performance of the American Economy*, Norton Press, 1992, p. 1.

[3] 参见[美] H. 德姆塞茨:《一个研究所有制的框架》,载[美] R. 科斯等:《财产权利与制度变迁——产权学派与新制度学派译文集》,刘守英等译,上海三联书店、上海人民出版社1994年版,第188~189页。

[4] 参见[美] H. 德姆塞茨:《一个研究所有制的框架》,载[美] R. 科斯等:《财产权利与制度变迁——产权学派与新制度学派译文集》,刘守英等译,上海三联书店、上海人民出版社1994年版,第191~200页。

鲍莫尔提出可竞争性理论，认为在完全可竞争的市场上，所有企业都可以自愿进入和退出，使得在位企业无法获得超额垄断利润，只能以正常利润下的最低成本来进行有效率生产，因而对市场中的企业来说，无需任何政府管制措施——政府管制的作用应体现在消除妨碍市场可竞争性的不必要的进入和退出壁垒。[1]三是关于激励性管制理论的研究。史普博认为管制是一个博弈过程，管制的历史就是不断变换政府行为的重点和焦点的动态过程。[2]他提出管制契约理论，认为政府管制的制度安排实质上是管制者和被管制者之间的一系列管制契约，管制者通过市场准入的管制措施保障被管制者能够获取竞争性回报的机会，从而在与被管制者之间的博弈中实现公用事业回报率上限和投资者可能要求的从投资中获取的竞争性回报率的一致性。[3]拉丰和梯若尔系统阐述了激励性管制理论，指出政府可以运用成本补偿等特定的工具实现激励性管制，从而降低政府管制的成本，实现管制的最优化。[4]

法学领域针对类似问题的研究受到了政府管制理论很大的影响，甚至可以说，由于研究对象的一致性，政府管制理论的很多观点已然通过学科交叉进入了法学相关问题的研究。按照政府管制理论的一般研究范式，我们也可以将法学领域的关于自然资源用途管制的研究归入以下三个方面：

第一，对管制必要性的研究。有学者从实证分析的层面，

---

[1] William J. Baumol, "Contestable Market: An Uprising in the Theory of Industry Structure", *The American Economic Review*, Vol. 72, 1982.

[2] 参见[美]丹尼尔·F. 史普博：《管制与市场》，余晖等译，格致出版社、上海三联书店、上海人民出版社1999年版，第45页。

[3] [美] J. 格里高利·西达克、丹尼尔·F. 史普博：《美国公用事业的竞争转型：放松管制与管制契约》，宋华琳等译，上海人民出版社2012年版，第3页。

[4] 参见[法]让-雅克·拉丰、让·梯若尔：《政府采购与规制中的激励理论》，石磊、王永钦译，上海三联书店、上海人民出版社2004年版，第5页。

通过对特定区域内土地实施用途管制措施和去除用途管制措施进行了比较研究,认为土地用途管制可以提高土地的适宜性和稀缺性,从而使土地财产增值,因而是必要的;而即使去除管制措施也能够使土地财产增值,但不能据此认为用途管制措施具有使土地价值贬损的负面作用。[1]从规范分析的层面,有学者指出自由放任的市场只会造成更多的不平等和资源浪费,在资源有限的前提下,用途管制权的行使与财产权保障之间不再呈现对立的局面,用途管制措施的实施反而会促进社会整体的发展和财产利益的增长。[2]也有学者认为,土地用途管制在以土地保有税为税基的国家里,虽然可能造成特定土地的价值贬损,但可以从整体上促进土地价值的提升,从而保障了政府的税金收入;同时,土地用途管制还可以对农业、生态或文化等比较效益较低的特定用途施加保障,避免工业、商业等用途的挤占。[3]相反的观点认为,政府管制手段可能会对市场竞争造成不利影响,因此可以使用私法性的手段替代土地用途管制措施来约束土地使用。[4]美国联邦最高法院在 Nollan v. California Coastal Commission 案的判决中也指出,如果存在其他可以替代管制行为的方式以实现公共利益,而且替代方式不需要对权利人的财产权施加限制,或者管制行为的实施也不能对公共利益的实现产生积极的效果,那么就不能认为政府管制行为具有正当性。[5]

---

[1] William K. Jaeger, "The Effects of Land Use Regulation on Property Values", *Environmental Law*, Vol. 36, 2006.

[2] Joseph L. Sax, "Property Rights and the Economy of Nature: Understanding Lucas v. South Carolina Coastal Council", *Stanford Law Review*, Vol. 45, 1993.

[3] John R. Nolon, "Introduction: Land Use Law Reform Symposium, Pace Law Review", Vol. 13, 1993.

[4] Robert C. Ellickson, "Alternatives to Zoning: Covenants, Nuisance Rules, and Fines as Land Use Controls", *The University of Chicago Law Review*, Vol. 40, 1973.

[5] 483U. S. 825, 1987.

第二，对管制方式的研究。卡拉布雷西对稀缺性资源分配展开研究，提出纯粹市场手段、负责任的政治方法、抽签法以及惯例或自发形成的方法四种普通的分配手段，认为非市场的分配手段不会表现得比市场的分配手段"帕累托更优"，而市场的分配手段也绝不会表现得比非市场的分配手段"帕累托更优"。他认为非市场的分配手段的出现只是意味着人们所遭受的实际损失对于自身来说无法通过其自身的市场行为来获得弥补，而市场的分配手段所产生的成本不会高于其他非市场的分配系统。[1]他和梅拉米德还提出可以通过使用财产规则、责任规则或者不可让渡性规则来保护法授权利，其中责任规则和不可让渡性规则涉及的就是额外的国家干预。国家干预不仅要确定法授权利的最初所有者和法授权利被剥夺或消灭必须支付补偿，而且要在某些或所有情况下禁止其交易。[2]有学者讨论了土地用途管制中私法性手段与公法性手段之间的关系，认为私法性手段与公法性手段之间呈现出相互替代的关系，并提出私法性手段如果能够实现政府管制措施的目的，那么就应当将私法性手段作为用途管制制度的替代工具；公法性手段的目的只能是弥补私法性手段的不足，而不是取代私法性手段。[3]有观点认为包括不同形式和内容的契约安排在内的替代政府管制措施的市场机制能够取得与政府管制措施相比更优的社会效用最大

---

〔1〕 参见［美］盖多·卡拉布雷西、菲利普·伯比特：《悲剧性选择——对稀缺资源进行悲剧性分配时社会所遭遇到的冲突》，徐品飞、张玉华、肖逸尔译，北京大学出版社2005年版，第77页。

〔2〕 参见［美］盖多·卡拉布雷西、道格拉斯·梅拉米德：《财产规则、责任规则与不可让渡性："大教堂"的一幅景观》，载［美］唐纳德·A. 威特曼编：《法律经济学文献精选》，苏力等译，法律出版社2006年版，第33页。

〔3〕 Robert C. Ellickson, Vicki L. Been, *Land Use Controls: Cases and Materials*, Aspen Law & Business Press, 2003, p. 85.

化。[1]也有学者基于"成本—收益"理论,对统一的管制方式和个别化的管制方式进行研究,认为许多重大的问题源于管制政策制定的内在限制和不同主体间合法但不兼容的利益冲突,实践中统一而粗糙的管制方式虽然存在一定的问题,但并不意味着个别化的替代管制方式能够实现管制的效果;事实上,个别化的管制方式需要对各种情况进行评估,常常会提高决策制定成本、导致延期、破坏协调、加大政府自由裁量且为权力寻租提供机会,因此无法证明个别化的管制方式将会增加而不是减少社会以合理有效的方法实现资源合理配置的能力。[2]

第三,对管制效果的研究。与政府管制理论略有区别的是,法学领域学者对管制效果的研究主要侧重管制措施对财产权会造成何种影响以及如何减轻这种影响。主流观点一般是从公共利益与私人财产权关系的角度出发,检视管制措施对财产权的影响。[3]有学者将政府管制措施认为是对财产权的侵害,如果被管制者是被迫为公共利益的目的而遭受超过可忍受限度或失去期待可能性的牺牲,那么应当通过补偿的方式予以救济。[4]进一步讲,有观点认为管制的本质在于对财产价值权利中值得保障的实体造成侵害,并通过研究历史沿革、社会一般认知以及法律的用语和意旨,来判断财产权是否值得保障。[5]也有学者提出

---

[1] Mark Brnovich, *Condemning Condemnation: Alternatives to Eminent Domain*, Policy Report of Goldwater Institute, 2004, pp. 10~13.

[2] [美]霍华德·拉丁:《理想的规制效率和现实的规制效率:执行统一标准与"微调"式的规制改革》,载王慧编译:《美国环境法的改革——规制效率与有效执行》,法律出版社2016年版,第176~177页。

[3] Joseph W. Singer, *Introduction to Property*, Aspen Publishers, 2001, pp. 595~610.

[4] Theodor Maunz, Günter Dürig, Roman Herzog, *Grundgesetz Kommentar*, 5 Auflage, C. H. Beck, 1976, Art. 14 Rn. 70.

[5] Walter Jellinek, *Verwaltungsrecht*, 3 Auflage, Springer, 1931, S. 413.

应当从管制行为的严重性（Schwere）、效果（Tragweite）、重要性（Wesentlichkeit）以及持续性（Intensität）的角度，并依据社会的一般认知及法的秩序价值，综合评判管制措施的效果。[1]据此，德国联邦普通法院在绿化地带案判决中指出，原告的土地因其特别情状，依据"事物的本质"负有一定的义务，并判决将原告土地纳入绿化地带、禁止建设的措施不构成征收性的侵害。[2]在上述观点的基础上，一种折中的观点认为可以从被施加管制的财产权本身出发，对于与社会关联紧密、社会功能较大的财产，比如土地资源，可以赋予政府更加宽松的管制空间，但仍应保留财产权人有意义的、经济上可以期待的私使用的可能性。[3]

法学领域关于用途管制的研究还集中体现在过度管制的法律救济方面。与政府管制理论试图通过外部性理论、可竞争性市场理论、激励性管制理论等理论实现政府管制体制的变革不同的是，法学领域关注的重点不在于政府管制体制内部的革新，而是从约束公权和保障私权的角度对政府的补偿责任展开研究。在法律救济的必要性方面，有学者指出，补偿的目的在于保障人民免于承受不公平的负担，亦即借由补偿使管制对人民所科予的负担，得以公平的分配。如果政府支出的补偿不足，那么即使管制措施所实现的公共利益超过被管制者的损失，政府行使管制权的频率亦可能早已偏离最适的规模。[4]而对于被管制

---

[1] Rolf Stödter, Über den Enteignungsbegriff, *Die Öffentliche Verwaltung*, 1953, S. 57 ff.

[2] BGHZ 23, 30.

[3] Peter Badura, Eigentum, in: Ernst Benda, Werner Maihofer, Hans Jochen Vogel, *Handbuch des Verfassungsrechts der Bundesrepublik Deutschland*, 2 Auflage, W. de Gruyter, 1994, 10 Eigentum, Rn. 76.

[4] William A. Fischel, *Regulatory Takings: Law, Economics and Politics*, Harvard University Press, 1995, p. 4, 99, 182.

者来说，管制成本不对等地落在被管制者身上，将使其蒙受经济上的损失，可能会诱使其进行非社会最适的开发行为。[1]在法律救济的判定标准方面，有学者提出补偿涉及资源配置时的成本分担问题，应由对于该成本最具有防免能力的一方负担，并认为补偿应该是以如何最大化社会的净产值为目标，而利益——损害二分法等判断标准是无济于事的。[2]也有观点认为补偿的给付应当能够化解利益团体的反对，使立法者能较为公正而中立地衡量相关的私益与社会整体的期待。[3]20世纪70年代末期以后，美国联邦最高法院陆续通过 Penn Central Transportation Co. v. New York City 案、Agins v. City of Tiburon 案、Keystone Bituminous Coal Association v. Debenedictis 案以及 Lucas v. South Carolina Coastal Council 案的判决，确立了管制性征收中应当采纳的评判标准。[4]德国联邦宪法法院也通过无偿提交出版品义务案、湿采石法案、古迹拆除案等判决，指出如果管制权对人民财产权造成过度限制，而使被管制者陷入特别困苦的状态，应当对其予以适当的补偿。但这种应当补偿的情形并不被认定为征收，而是属于应当补偿的财产权内容与界限的限制。[5]

(二) 国内相关研究的学术史梳理

伴随着我国自然资源用途管制制度的发展，国内学者对自然资源用途管制的研究最早也是始于土地用途管制。早在1998

---

[1] Lee Anne Fennell, "Taking Eminent Domain Apart", *Michigan State Law Review*, Vol. 957, 2004.

[2] Joseph L. Sax, "Takings, Private Property and Public Right", *Yale Law Journal*, Vol. 81, 1971.

[3] Glynn S. Lunney, Jr., "A Critical Reexamination of the Takings Jurisprudence", *Michigan Law Review*, Vol. 90, 1992.

[4] 438 U. S. 104, 1978; 447 U. S. 255, 1980; 480 U. S. 470, 1987; 505 U. S. 1003, 1992.

[5] BVerfGE 58, 137 ff; BVerfGE 58, 300 ff; BVerfGE 100, 226 ff.

年《土地管理法》修订之际，甘藏春就提出了土地法制建设指导思想的四个转变，其中第一个转变就是在土地管理关系的调整上，由主要依靠行政审批制向主要依靠用途管制制度转变。他认为用途管制制度能够促进土地资源的合理利用，是土地行政管理制度的核心。[1]早期关于土地用途管制的研究主要是围绕用途管制的正当性基础展开，包括对有关基本概念和实质含义提出了可供参考的简释，[2]分析土地用途管制的法权性质、依据和效力，[3]以及对域外土地用途管制制度的经验借鉴等。[4]

进入21世纪以后，有学者第一次系统地论述了土地用途管制的基本范畴、影响因素、国外经验、理论基础、目标原则、难点及可行性，并以江苏省江阴市为例进行了实证研究，对建立和完善具有中国特色的土地用途管制制度提出了对策建议。此后数年间，学者主要从土地行政管理的角度对土地用途管制进行研究。有学者以土地用途分区管制为核心，将我国县级土地用途管制分区分为八个用途管制类型一级区和若干个二级区，认为政府可以通过分区管制这类行政或计划手段去干预土地利用，以此来实施对土地用途的管制。[5]他们还分析了土地用途分区管制与生态系统整合性特征之间的联系，这是国内较早关注土地用途管制制度生态功能的研究。[6]也有学者从经济学视角对

---

[1] 参见甘藏春：《论土地法制建设指导思想的转变》，载《中国土地科学》1996年第5期。

[2] 参见刘书楷：《论土地使用管制——土地用途管制和耕地保护与中国社会经济可持续发展》，载《中国土地科学》1997年第6期。

[3] 参见沈守愚：《浅议土地用途管制的有关法律问题》，载《中国土地》1998年第1期。

[4] 参见魏莉华：《美国土地用途管制制度及其借鉴》，载《中国土地科学》1998年第3期。

[5] 参见程烨等：《土地用途分区管制研究》，地质出版社2003年版，第1页。

[6] 参见王静等：《土地用途分区管制的理性分析与实施保障》，载《中国土地科学》2003年第3期。

绪 论

土地用途管制制度的耕地保护绩效、机制和机理进行了系统的理性分析,认为土地用途管制制度有效阻滞了建设占用耕地的速度,对于缓解人地矛盾,保证粮食安全,有积极作用,值得充分肯定。[1]但是相对于这一时期土地用途管制制度实践中问题频发、越管越乱的现象来说,学者的研究显然不足以支撑制度发展的需求。如果以域外政府管制理论的发展为参照,我们似乎可以简单地作出两个推理:其一,主要依靠行政管理手段实施土地用途管制,已经陷入了制度失灵的境地。因此有观点认为,土地用途管制存在直接管制、税费制度、产权安排三种主要方式,将不同的管制方式结合起来实施将起到更为有效的土地用途管制效果;而且,随着中国市场经济体制的不断完善,以及政府职能的不断转变,税费制度、产权安排等管制方式将发挥越来越重要的作用。[2]其二,经济学、管理学等领域的研究没有触及用途管制制度中最为基础的理论问题。更确切地说,用途管制权的内涵和外延存在明显的宽泛和不周延状态,[3]一直处于法权关系中的用途管制没有得到法学领域学者的重视。对此,有学者从法学的角度对土地用途管制权展开了系统研究,土地用途管制制度限制了土地产权人的权益,并提出使土地产权人享有部分土地发展权收益是一种较为合理的制度安排,并应当设置科学合理的管制法律责任条款作为改变土地违法行为

---

〔1〕 参见张全景、欧名豪:《我国土地用途管制之耕地保护绩效的定量研究——以山东省为例》,载《中国人口·资源与环境》2004年第4期;张全景:《我国土地用途管制制度的耕地保护绩效研究》,南京农业大学2007年博士学位论文;张全景、欧名豪、王万茂:《中国土地用途管制制度的耕地保护绩效及其区域差异研究》,载《中国土地科学》2008年第9期。

〔2〕 参见黄贤金等:《区域土地用途管制的不同方式》,载《南京大学学报(自然科学版)》2003年第3期。

〔3〕 参见张先贵:《法教义学视角下我国土地用途管制权概念:重释与厘定——基于〈土地管理法〉修改背景下的审思》,载《河北法学》2019年第2期。

的保证。[1]此外，有学者开始关注土地资源以外的自然资源的用途管制制度，从水用途的综合管制、水用途的分类管制和水用途的变更管制三个方面建构了水资源用途管制制度框架。[2]

党的十七届三中全会通过了中共中央《关于推进农村改革发展若干重大问题的决定》，要求按照产权明晰、用途管制、节约集约、严格管理的原则加强土地管理。其中，关于产权保护和用途管制之间的关系，理论界产生了一定的分歧，甚至成为影响土地制度改革进展的主要因素。[3]一种观点认为，土地用途管制制度以"耕地保护"为基本管制目标、以"地方垄断市场、中央调控地方"为基本管制逻辑、以"城乡分治"为基本管制结构、以"命令控制式"的计划干预为基本管制手段，其在明晰产权、提供激励、平衡公私利益等方面的市场管制功能被弱化，[4]所以应当发挥产权在土地利用和管理中的调控作用，在土地权利体系中创设土地发展权。[5]另一种观点认为，土地用途管制权大于土地产权，将改变土地用途的权利混入土地发展权，是对土地用途管制制度的否定，从用途上对土地进行限制与规范，不存在对土地私有产权的剥夺和侵犯。[6]但从部分地区的实践来看，前一种观点的适用性更加普遍。有学者基于

---

[1] 参见邰永昌：《中国土地使用管制法律制度研究》，重庆大学2007年博士学位论文。

[2] 参见许敬、胡继连：《水资源用途管制制度研究》，载《山东农业大学学报（社会科学版）》2009年第1期。

[3] 参见党国英：《土地制度改革要坚持用途管制》，载《中国土地》2010年第6期。

[4] 参见杨惠：《土地用途管制法律制度研究》，西南政法大学2010年博士学位论文。

[5] 参见穆松林等：《土地发展权及其与土地用途管制的关系》，载《农村经济》2009年第11期。

[6] 参见刘文甲：《用途管制大于产权》，载《中国土地》2009年第7期。

年度用地指标流转情况的分析，认为无论是为了平衡土地用途管制所导致的土地权利人之间的利益失衡，还是为了化解当前的土地争议，抑或化解耕地保护与用地需求之间的矛盾、促进城乡统筹发展，我国都有必要构建包括实地开发权、转用开发权、市地开发权在内的开发权交易制度，让土地权利人成为最终的交易主体，通过市场来发现各类开发权的价格。[1]也有学者从国际上土地用途管制改革中总量管制与弹性管制、社区赋权、规划协议等激励性管制的实证样本展开分析，提出应当以激励性管制替代制度成本过高的传统行政管制，在划分行政干预与市场配置土地资源的法定边界的基础上，合理嵌入管制的私法规范。[2]

党的十八届三中全会以后，关于用途管制的研究进入了高峰期。从中国知网搜索来看，截至2020年底，与用途管制相关的研究成果约有一半是在2014年以后产生的。一方面，关于用途管制制度和产权制度之间关系的理论争议仍然在延续。学者虽然注意到了自然资源产权的私权性与用途管制的公法性之间存在冲突，并且这种冲突的本质是私权与公权的博弈；[3]而要在土地利用中既发挥市场的作用，又更好发挥政府作用，必须实现产权制度与用途管制制度的均衡，但对于用途管制制度的发展路径存在不同认识。陈锡文在解读十八届三中全会通过的中共中央《关于全面深化改革若干重大问题的决定》中关于农村土地制度改革的内容时指出，产权制度和用途管制制度都是

---

[1] 参见万江：《土地用途管制下的开发权交易——基于指标流转实践的分析》，载《现代法学》2012年第5期。

[2] 参见郭洁：《土地用途管制模式的立法转变》，载《法学研究》2013年第2期。

[3] 参见唐孝辉：《自然资源产权与用途管制的冲突与契合》，载《学术探索》2014年第10期。

现代化国家土地制度的基本内容,因而保障权利人的权利和实行用途管制两者必须平衡,但是不能将用途管制简单理解为计划经济的产物,更多偏重土地权利人的权利实现,忽视了对土地的用途管制,而应当更加严格地实施土地用途管制。[1]另一种观点认为,现行规划和用途管制制度对市场失灵随所有制的不同而差别对待。这种违反法律和市场的平等原则,随意决定土地分类比例和使用方式的行政配置,使土地的稀缺性和需求的无限性之间的矛盾日趋尖锐。[2]要发挥市场在土地资源配置中的决定性作用,用途管制制度必须回归匡正市场失灵的辅助本色,加强公众的民主参与,改革行政审批制度,变静态规划为动态规划,并构筑土地用途管制的激励机制。[3]

另一方面,中共中央《关于全面深化改革若干重大问题的决定》明确提出"划定生产、生活、生态空间开发管制界限,落实用途管制",学界对用途管制制度的研究重心开始从土地资源用途管制转向自然生态空间用途管制,并在党的十九大以后,进一步转化为对统一国土空间用途管制的研究。第一,对作为自然资源用途管制制度的核心和前驱——土地用途管制制度改革的研究。正如关于用途管制制度和产权制度之间的理论争议中学者所述,土地用途管制制度与土地开发权、土地发展权之间的关系仍是研究的热点。有学者对土地用途管制权的内涵和边界予以厘清,认为土地用途管制权是指为严格限制农用地转为建设用地而设置的一项实定法权力,其本质是对农用地之开

---

[1] 参见陈锡文:《土地产权和用途管制须平衡》,载《中国合作经济》2014年第2期。

[2] 参见文贯中:《用途管制要过滤的是市场失灵还是非国有土地的入市权——与陈锡文先生商榷如何破除城乡二元结构》,载《学术月刊》2014年第8期。

[3] 参见许迎春、刘琦、文贯中:《我国土地用途管制制度的反思与重构》,载《城市发展研究》2015年第7期。

发权的限制或剥夺。对于农村集体建设用地和城镇建设用地的用途管制分别是由乡（镇）土地利用总体规划、土地利用年度计划和城镇控制性详细规划予以规制，而无需对现行土地用途管制权的法权内涵进行扩张性解释来替代前述制度的管制功能。[1]其还提出应当在理念上建立多元利益诉求均衡实现的制度样态体系，在逻辑前提下积极推动我国土地规划模式由"增量"向"存量"的转型，在关键内容上突破现行农用地转用审批的封闭运行结构，在技术路线上创新"两个总量指标控制"的实现方式，力争实现土地用途管制的弹性化目标，在配套跟进上应有效推进存量建设用地再开发法律制度建设。[2]有学者提出应当将土地开发权作为一项独立的、新型的财产权来加以审视，认为土地开发权不因为用途管制权的介入而丧失其独立财产权的地位；恰恰相反，土地用途管制权使土地开发权的财产权的独立性更为彰显和突出，土地开发权就是土地所有权中的土地开发利用受到土地用途管制、分区规划限制的过程。[3]而针对土地指标交易，有学者认为土地转用指标交易是土地用途管制的配套制度，应当在科学确定全国土地转用总量指标及初始分配的前提下，根据各地土地资源禀赋的差异，引入土地转用指标的市场交易机制，以提高土地的利用效率。[4]但对于具体的土地用途管制，也有学者提出了不同的意见。比如在宅基地用途管制中，有观点认为为保障农民宅基地用益物权、适应城乡人口流动和

---

[1] 参见张先贵：《法教义学视角下我国土地用途管制权概念：重释与厘定——基于〈土地管理法〉修改背景下的审思》，载《河北法学》2019年第2期。
[2] 参见张先贵：《我国土地用途管制改革的法理求解》，载《法学家》2018年第4期。
[3] 参见孙建伟：《土地开发权应作为一项独立的财产权》，载《东方法学》2018年第5期。
[4] 参见陈晓芳：《用途管制下的土地指标交易法律构造》，载《北京大学学报（哲学社会科学版）》2016年第3期。

村庄功能的变化，需要更新以管制为本位、维护村庄封闭性为目的的宅基地使用权交易和取得规则。申言之，宅基地管制应当立足于保障农民地权来实现其规则的更新。政府实施宅基地管制的出发点，在于通过土地利用规划实施用途管制，而不是宅基地指标的调控。政府实施宅基地审批，不是对地权分配的直接干预，而是维护土地利用规划的稳定性和用途管制的有效性。[1]

第二，对土地用途管制与空间用途管制之间关系的研究。有学者认为，健全用途管制制度，应紧扣中央生态文明体制改革要求，优化配置制度构架和各级政府权责，构建统一的空间规划体系，扩大用途管制的范畴。[2]有学者从推进国家治理体系和治理能力的现代化角度，认为应当明晰土地用途管制与传统行政方式的界限，重建政府的土地用途管制权，并提出通过统一的空间资源管理平台和"多规合一"的运行平台，构建全域统筹的空间用途管制制度，实现空间治理现代化。[3]还有观点认为，应当把经济社会发展型规划与空间管制型规划区分开来，作为空间管制型规划的土地利用总体规划自然应当按照"负面清单式的空间管制"编制理念进行更新，其规划目标应当确定为"建立土地和空间的开发和利用设定红线和底线"，而不是积极全面地设定每一个地块的用途。也正是因为存在"经济社会发展型规划/空间管制型规划"之间的差别，这两种规划类型并不适合实行"规划合一"改革，而只能分别编制统一的经济社会发展规划和统一的空间管制规划。据此，应当着力完善

---

〔1〕 参见杨一介：《宅基地使用权规制规则反思：冲突与回应》，载《云南大学学报（社会科学版）》2018年第4期。

〔2〕 参见黄征学、祁帆：《从土地用途管制到空间用途管制：问题与对策》，载《中国土地》2018年第6期。

〔3〕 参见张群、吴次芳：《我国土地用途管制的制度演变与优化路径》，载《中国土地》2019年第3期。

"在落实空间管制规划多规合一的基础上建立真正的基于空间管制规划的用途管制"制度,即土地用途不再依靠建设用地指标来进行管制,而是要建立以功能分区为基础的土地利用总体规划和分区规划。[1]

第三,对空间用途管制的研究。学者普遍认为,自然生态空间用途管制就是将自然生态空间划定成果和用途管制规则,纳入"多规合一"的土地利用总体规划或国土空间规划,作为实施用途管制的法定依据,[2]同时要优化配置各部门、各层级政府权责,统筹城镇、农业、生态等多类空间的管控需要,扩大用途管制范围,推进用途管制从平面化管理向立体化管理转变,不断完善"指标+空间+清单"的管控工具组合。[3]在此基础上,针对空间用途管制的制度框架,有观点认为,新时代国土空间用途管制制度应以国土空间规划为依据,建立"明确管制分区—强化空间准入许可—加强监管与预警"多位一体的管制基本框架体系,坚持全域全类型、全过程、全要素的管制理念。[4]也有学者提出自然资源监管可以区分为载体使用许可、载体产权许可和产品生产许可三个环节。其中,国土空间首先是自然资源的载体,国土空间用途管制对应资源载体使用许可,是载体产权许可和产品生产许可的前置条件。学者认为各类规划冲突的根源是对土地发展权的管理权力的争夺,应当明确以资源保护为出发点的一级土地发展权管理,要对属于地方事权的二

---

[1] 参见程雪阳:《新〈土地管理法〉土地用途管制制度改革的得与失》,载《中国法律评论》2019年第5期。
[2] 参见赵毓芳、祁帆、邓红蒂:《生态空间用途管制的八大特征变化》,载《中国土地》2019年第5期。
[3] 参见黄征学、祁帆:《完善国土空间用途管制制度研究》,载《宏观经济研究》2018年第12期。
[4] 参见毕云龙等:《完善国土空间用途管制制度的再思考》,载《中国国土资源经济》2020年第4期。

级土地发展权管理产生更强的约束力。[1]有学者通过对域外国家和地区生态空间用途管制经验的借鉴，提出要加快建立市场化、多元化的生态补偿机制，明确生态空间权益内涵和标准，发挥政府财政资金的撬动作用，创新生态补偿资金来源和补偿机制，更好地保护生态空间发展权。[2]还有学者从"生态底线"导向的直接自然生态空间用途管制与"精明增长"导向的间接自然生态空间用途管制方式并行的管制策略的角度，提出应当完善国土空间规划体系，建立自然生态空间管制实施机制，加强自然生态空间用途管制要与其他自然资源管理改革制度的统一设计，强化实施自然生态空间管控质量监测评估。[3]

而在落实空间用途管制的核心环节——空间规划约束机制方面，有学者从时间和空间两个维度提出了总规实施总体制度性安排的初步构想，认为应当在原来总规、控规两级规划编制层次之间增加分区规划层次，形成总体规划、分区规划、控制性详细规划三级主体规划，逐层传导和落实总规各项目标指标，逐级深化和细化各项规划内容要求；同时，在规划、国土"两规合一"基础上，以自然资源保护、空间整治和生态修复、经济社会人口和产业住房、公共服务和市政交通、历史文化和城市特色风貌、特定地区规划、乡村体系规划等专项规划为支撑，不断丰富和完善主体规划的内涵内容。[4]也有学者在借鉴国外

---

[1] 参见林坚等：《论空间规划体系的构建——兼析空间规划、国土空间用途管制与自然资源监管的关系》，载《城市规划》2018年第5期。

[2] 参见夏欢、杨耀森：《香港生态空间用途管制经验及启示》，载《中国国土资源经济》2018年第7期。

[3] 参见沈悦、刘天科、周璞：《自然生态空间用途管制理论分析及管制策略研究》，载《中国土地科学》2017年第12期。

[4] 参见杨浚：《从空间维度到时间维度的规划体系和实施机制重塑——北京总规实施总体制度设计的初步构想》，载《北京规划建设》2018年第4期。

绪 论

空间规划体系的基础上，认为应当按照适应中国政治体制和法律基础、适应未来空间开发和空间治理变化的需求，提出构建层层传导的空间规划体系确保国家重大战略部署得以落实；提出在微观尺度空间规划进行空间开发权与土地利用权的分配，作为实施空间用途管制的法律依据，保障地方多样化、灵活化的发展；通过构建"宏观政策性/指导性规划—中观衔接性规划—微观实施性规划"的空间规划体系，为国家建立和完善空间规划体系、提升空间治理能力提供参考。[1]有观点提出应当以主体功能区规划为基础统筹各类空间性规划，编制国土规划和区域规划应以主体功能区规划为依据，编制土地利用规划、城镇体系规划、环境保护规划等应以主体功能区规划、国土规划为依据，市县层面"多规合一"的空间规划应以主体功能区规划、国土规划、区域规划为依据。各地区、各部门、各行业编制相关规划、制定相关政策，在国土开发、保护和整治等方面应与主体功能区规划、国土规划、区域规划相衔接。[2]也有观点认为空间规划体系重构应以"多规合一"为基本理念，按照横向分类和纵向分级相结合的方式来架构，横向上分为"总体规划—专项规划—详细规划"三类，纵向上分为国家、省（自治区、直辖市）、市、县四级。为确保改革目标实现，需做好规划立法、调查监测体系完善、信息平台建设和规划理论储备等保障性改革措施。[3]还有学者从博弈论的角度，提出内部博弈应把握住监管的核心内容，中央政府明确底线与上线要求，给地

---

[1] 参见郝庆：《对机构改革背景下空间规划体系构建的思考》，载《地理研究》2018年第10期。
[2] 参见肖金成：《实施主体功能区战略 建立空间规划体系》，载《区域经济评论》2018年第5期。
[3] 参见邢文秀等：《重构空间规划体系：基本理念、总体构想与保障措施》，载《海洋开发与管理》2018年第11期。

方政府清单式的管制模式；外部博弈把握住市场与政府的边界，政府对于一些必须把握住的要求，诸如生态环境、品质生活、城市安全等基本要素，需要通过许可的形式去管制，而在其他要素方面，政府则作为辅助角色，帮助建立市场良性筛选的秩序即可。[1]

在空间用途管制的效果方面，有学者针对人的主观心理对国土空间用途管制的效果进行了探讨，通过借鉴自由家长制的弹性引导性政策"助推"理念，探讨性地针对心理账户、固有印象、损失厌恶、延后决定、架构误导和过于乐观等人的潜在主观心理特质，通过层级矩阵、环境塑造、损失放大、实时反馈、默认选项和机制补漏等影响路径，提出构建层级用途管制、营造用途管制氛围、扩大奖励惩罚差异、提供实时用地监测、优化管制协议设计和配套完整实施机制等国土空间用途管制优化改革建议。[2] 也有学者研究了国土空间用途管制导致的发展不平衡问题，认为只有创新政府调控手段，激发不同群体和区域参与国土空间优化的积极性，才能达到国土空间管制的政策目的。[3]

对于空间用途管制立法，有学者从空间型规划法制演进的角度，提出中国的空间型规划法制顺应了城市化进程中经济市场化、区域一体化、主体多元化的改革需求，形成了以《城乡规划法》为主体的空间型规划法规体系，但也留下了在计划经

---

[1] 参见黄玫、吴唯佳：《基于规划权博弈的国土空间用途管制构建路径研究》，载中国城市规划学会编：《活力城乡　美好人居——2019中国城市规划年会论文集》，中国建筑工业出版社2019年版，第42~50页。

[2] 参见夏方舟、杨雨濛、陈昊：《基于自由家长制的国土空间用途管制改革探讨》，载《中国土地科学》2018年第8期。

[3] 参见余亮亮、蔡银莺：《国土空间用途管制的区域发展不平衡效应研究进展》，载《土地经济研究》2018年第1期。

济时期权力制约权力的痕迹，产生了"多规"等问题。随着空间规划体系的提出，应当建立以《空间规划法》为主体的法规体系，提升空间规划在城市化进程中的治理能力。[1]也有学者指出从节省立法成本和提高立法效率角度考虑，新的空间规划立法可借鉴现行多数规划立法从规划体系构建、规划编制，到规划实施（包括修改）的总体立法框架。同时，要增加现行规划法律体系下没有深入讨论的涉及规划权法律性质、受规划影响的私主体空间权益保护等实体性内容，以提高立法的质量。[2]还有学者提出，无论是制定专门的《空间规划法》，还是修订现行的《土地管理法》或者《城乡规划法》，并理顺新制定的法律与现行法的关系，或者对其他法律法规进行协调式修改，均非解决空间规划领域问题的最佳方式。在执法资源有限的情形下，两法并立可能会导致选择性执法，使得"执法过度"（即重叠执法）和"执法不足"两种情形同时存在，还可能会导致法律责任的竞合。[3]

（三）研究现状述评

通过对国内外相关研究学术史的回顾，可见对于用途管制的研究已然取得了相当大的成绩，但是仍存在以下几个方面的不足，可以进行进一步的讨论：

首先，研究维度上的不足。从现有研究来看，管理学、经济学、城乡规划学等领域的学者对用途管制的研究，有些虽然是从政策法规制定的角度进入，但是对于用途管制制度涉及的法

---

[1] 参见何明俊：《改革开放40年空间型规划法制的演进与展望》，载《规划师》2018年第10期。

[2] 参见李林林、靳相木、吴次芳：《国土空间规划立法的逻辑路径与基本问题》，载《中国土地科学》2019年第1期。

[3] 参见张忠利：《生态文明建设视野下空间规划法的立法路径研究》，载《河北法学》2018年第10期。

权关系未作深入探讨,其研究范式也没有脱离政府管制理论的范畴。而关于土地制度的研究在法学领域上本属孱弱环节,[1]土地用途管制在法学研究成果中也是出场机会甚少,空间用途管制更是法学领域学者几乎没有触及的处女地。这与自然资源用途管制制度发展的趋势和实践需求是完全不相适应的。当今世界正经历百年未有之大变局,我国发展环境面临深刻复杂变化,新发展理念和新发展格局等对以空间用途管制为核心的自然资源用途管制法治建设提出了新的挑战。在此新形势下,人民群众对自然资源领域的法治期待之高前所未有,全面深化自然资源领域改革、推进自然资源治理体系和治理能力现代化也要求必须对实践中用途管制相关的法律问题予以回应,这都需要进一步加强法学领域的研究。

其次,研究理念上的不足。2014年以来,我国自然资源用途管制方面的研究成果之所以呈现大幅上涨的趋势,是因为党的十八届三中全会对加快生态文明制度建设提出了明确而具体的要求。其中,健全自然资源资产产权制度和用途管制制度是生态文明制度建设的首要问题,并由此引发了关于空间规划机制与用途管制制度之间关联性的思考。需要注意的是,对新时代中国特色社会主义建设过程中为什么要全面深化改革、全面深化改革改什么、怎样全面深化改革等重大理论和现实问题的解答,是马克思主义关于改革与发展的世界观和方法论在新时代的集中体现,折射出创造性运用马克思主义世界观方法论的智慧光芒。[2]申言之,传统的政府管制理论的研究范式不足以

---

[1] 参见陈小君等:《农村土地法律制度研究——田野调查解读》,中国政法大学出版社2004年版,序言第3页。

[2] 参见杨明:《全面深化改革的马克思主义意蕴》,载《红旗文稿》2018年第18期。

被用来检视我国自然资源用途管制的实践。基于这一认识,当我们阐释用途管制制度和产权制度之间关系的理论争议时,就会更加深切地感悟到二者其实是同一个问题的不同面向——只有坚持在马克思主义基本原理的指引下,借由行政机制与市场机制协调发展的路径,让市场在资源配置中起决定性作用,同时更好发挥政府作用,才能够真正实现自然资源用途管制中治理体系和治理能力的现代化。

最后,研究内容上的不足。由于法学领域研究成果的缺位,国内相关研究关注的主要是自然资源用途管制制度的运行机制,但在用途管制权、发展权等核心概念的内涵和外延问题上分歧较大,未形成普遍一致的共识。从文献回顾中可知,大量研究成果展现的是自然资源用途管制的制度设计或机制创新,但由于概念不统一,难以形成成果间的研究合力。同时,学者们主要从行政管理的角度对用途管制制度进行研究,即使有成果关注自然资源用途管制中的产权问题,也是基于对西方产权和市场理论的移植而主张自然资源配置的市场机制,极少从自然资源产权和用途管制权协调的角度开展研究,因而在自然资源产权和用途管制权的边界问题上有所欠缺。更重要的是,理论和实务界往往囿于我国行政征收只适用于具体行政行为,而对管制权超出必要界限的法律救济问题视而不见,使得用途管制制度因缺少必要的拼图而无法得以完善。

三、研究思路

本书的研究对象是自然资源用途管制法律制度,指的是通过编制统一的空间规划,对一定国土空间里的有形、无形、固定、流动、可再生、可耗竭等不同特性的自然资源,按照属性、功能划定生产、生活、生态用途,对不同资源的不同用途施加不同程度的管制措施，并严格按照确定的用途开发、利用、保护自然资源的法律制度。本书遵循"山水林田湖草沙是生命共同体"的理念，拟从国土空间整体和系统的角度，侧重研究在生态系统中起到联结作用的水资源、大气资源等自然资源用途管制法律制度。

本书以问题为导向，既分析了现行自然资源用途管制法律制度存在的问题，论证单纯的行政机制存在的缺陷；又通过对生态文明制度体系建设要求的阐述，明确了单一的某种自然资源量的管制无法满足国家战略的需求。以马克思财产权思想为理论基础，提出行政机制与市场机制相协调是健全国土空间用途管制的基本路径，并通过论证自然资源用途确定、用途保障以及用途变更监管环节的制度设计与法律救济机制，逻辑地建立起用途管制的法律制度架构。

本书的主要内容包括以下几个部分：

第一部分：自然资源用途管制的内生逻辑。自然资源用途管制不是绝对的、应然的，而是因为人类有利用自然资源的需求而使得其有管制的必要，以及存在利用或者管制自然资源的知识和技术条件，即自然资源应具有被管制性，我们才能够对其实施用途管制。进一步，通过阐述自然资源用途管制发展为国土空间用途管制的内在逻辑，提出空间作为用途管制对象的合理解释。

第二部分：自然资源用途管制的制度现状与实践困局。通过对土地资源、水资源、矿产资源、森林资源、野生动植物资源等自然资源用途管制现状的分析，提出实践中的核心问题。从制度本身来看，首先体现在管制主体的分散和管制权的分散，以及由此而来的分散的管制主体所采用的统计口径、数据标准、管理体制等管制基础也是分散而难以相互衔接的，人为地将自然资源整体的空间割裂为不同部门利益的载体；进一步讲，分散的管制主体几乎无法顾及不同自然资源间的关联关系，而是对单一某种自然资源施加管制措施，甚至有可能出现数个管制主体对同一自然资源进行管制但又互不相干的情况。这种层层叠叠、错综复杂的笼罩在自然资源上的管制措施就像是一把打不碎的枷锁牢牢地束缚住了制度发展的可能性。从价值取向来看，用途管制制度一直面临生态价值和经济价值的取舍，并在很大程度上因为经济价值对生态价值的挤压，导致用途管制制度的目标发生偏移，沦为地方政府谋求经济发展的抓手。从功能定位来看，用途管制制度应当实现公共利益和私人财产权益的统一，但自然资源国家所有权概念的不确定性则使得所有权、管治权、使用权等权力（利）在公私法的不同层面产生了交织。这种独特的自然资源权力（利）配置模式对用途管制制度实践的最大影响就是，用途管制制度很难在公共利益和私人财产权益之间保持平衡，[1]并极易因为公权力的过度介入而损害私人财产权，尤其是在有关自然资源的私的权利内容亦有待立法予以形成时，[2]用途管制制度的功能更是会因为其制度本身建立在模糊的概念基础上而发生异化。

第三部分：新时代自然资源用途管制制度的科学内涵与理论内核。国土空间用途管制是新形势下自然资源用途管制的科学内涵。并提出在用途管制的核心问题上，理论的切入点殊途同归，一方面表现为通过论证财产权所能促成的目的或其所具有的本质特征来明确财产权的功能或任务；另一方面则是通过

---

[1] David Dana, Thomas W. Merrill, *Property: Takings*, Foundation Press, 2002, p. 22.

[2] 参见张翔：《国家所有权的具体内容有待立法形成》，载《法学研究》2013年第4期。

对私有财产权的批判,建立管制的路径,界定管制权与财产权的边界,并提出在发展财产权的同时对私有财产权予以扬弃。

第四部分:自然资源用途管制的制度架构。在分析管制主体、管制内容、管制手段等自然资源用途管制的构成要素的基础上,论述自然资源用途管制法权关系的分析框架。在规划权的行使上,提出要摒弃对象中心主义,超越各种规划所关注的单一自然资源,坚持主体性向度,践行以人民为中心的价值取向,克服同质化、碎片化、等级化的抽象空间所带来的矛盾,通过对空间的解放和重构,生产出人类生存和日常生活的空间。在管制权的行使上,提出一方面应从广义上理解自然资源用途管制的内涵,强化国土空间规划作为用途管制核心的地位,建立规划权对管制权的约束机制,并基于"两评价"的结果,明确"三区三线"对管制权行使的刚性要求。另一方面,应当将管制权作为自然资源用途保障的法权核心,通过考察空间以及各种自然资源之间的有机联系,明确用途保障的目标是实现国土空间的整体和系统的功能,而不是对某一种自然资源量的简单控制;并根据空间及其中的自然资源的不同用途和特性,明确自然资源多种功能的优先序,实施不同程度的用途管制。

第五部分:自然资源用途管制的三种实践。选取水资源用途管制作为从单一自然资源用途管制到空间用途管制的典型实践,选取无线电频谱资源用途管制作为空间无形资源的用途管制的典型实践,选取野生动物栖息地空间用途管制作为特定主导功能空间的用途管制,进一步分析自然资源用途管制的制度架构的适用。

第六部分:自然资源用途管制的法律救济研究。自然资源用途管制权应当受到限制,即建立法律救济机制,避免自然资源资产产权受到管制权的过度限制,并认为从目的、判定标准、体系整合等方面来看,用途管制的法律救济应归入征收的法律救济。

四、研究方法

第一,规范研究方法与实证研究方法相结合。本书研究以问题为导向。对现行自然资源用途管制法律制度存在问题的研究,既要使用规范研究的方法,找出法律规定中的问题;也要使用实证研究的方法,挖掘制度实施中的问题。

第二,价值分析方法。以马克思财产权思想为理论基础,运用价值分析方法,对自然资源用途管制中行政机制与市场机制的协调机理进行分析,使公权与私权得以实现平衡。因此,价值分析方法是贯穿于对自然资源用途管制各个环节制度设计的研究中的。

第三,跨学科的交叉研究方法。本书对自然资源用途管制的研究,是建立在现有法学、经济学、政治学等相关研究的基础上的。在理论探讨与制度设计上,综合运用多种学科的研究方法,系统研究自然资源用途管制的制度架构与内容。

第一章

自然资源用途管制的内生逻辑

第一节 自然资源的被管制性

关于自然资源用途管制,几乎每一个重要的方面都早已被讨论过了。学者们能够达成一致的观点是,对自然资源实施用途管制似乎是一个无可争辩的事实。然而,这并不意味着我们已经真正理解自然资源、自然资源用途以及自然资源用途管制。事实上,各国法律中都存在大量的管制土地资源、水资源、矿产资源、森林资源、野生动植物资源等自然资源的制度设计。这首先取决于以下的认识,即人类需要利用自然资源来满足自身对生存的需求、生产的需求、发展的需求等,以及人类只能通过竞争来获取稀缺的自然资源。[1]从管制理论的诸多观点来看,通过市场来实现自然资源的分配,必然会面临市场失灵的问题,从而陷入严重的价值冲突,因此应当对资源的配置实施相应的管制措施。当然,将自然资源的配置完全交予市场来进行,并不必然带来资源稀缺的问题;更为普遍的情况是,资源稀缺不是由资源的绝对匮乏造成的,而是一个经过社会的所谓

---

[1] P. J. Smith, *The Politics of Physical Resources*, Open University Press, 1975, p. vii.

"悲剧性选择"的结果。[1]一个典型的例子是,从世界范围来看,到20世纪50年代末,直接资源短缺已无法成为世界经济发展的枷锁,但随后的超速经济增长加速了资源的消耗,对人类赖以生存的生态环境的挑战则与日俱增。[2]要避免自然资源耗竭和污染的损害,国家不得不选择对自然资源的利用施加一定的管制措施。同时,由于世界在环境和经济上的多样性,与此相关的问题很少是同样的,不同国家和社会将在其优先考虑的细节上采取不同的甚至是截然相反的做法。[3]《联合国人类环境会议宣言》对此的表述是,地球上的自然资源,其中包括空气、水、土地、植物和动物,必须通过周密计划或适当管理加以保护,但不应该损及国家现有或将来的发展潜力,也不应该妨碍人民生活条件的改善。由此可见,自然资源用途管制不是绝对的、应然的,而是因为人类有利用自然资源的需求而使得其有管制的必要,以及存在利用或者管制自然资源的知识和技术条件,即自然资源应具有被管制性,我们才能够对其实施用途管制。具体来说,自然资源的被管制性包含两方面的内容:一是可管制性;二是得管制性。

一、可管制性

所谓可管制性,指的是自然环境中的天然成分可以通过某种方式为人类所发现或认识,并且人类基于对该天然成分特性

---

[1] 参见[美]盖多·卡拉布雷西、菲利普·伯比特:《悲剧性选择——对稀缺资源进行悲剧性分配时社会所遭遇到的冲突》,徐品飞、张玉华、肖逸尔译,北京大学出版社2005年版,第5~7页。

[2] 参见[英]朱迪·丽丝:《自然资源:分配、经济学与政策》,蔡运龙等译,商务印书馆2002年版,第8~10页。

[3] M. W. Holdgate, *A Perspective of Environmental Pollution*, Cambridge University Press, 1979, p. ix.

的掌握，对其利用形式和内容能够施加一定的限制。自然资源的可管制性来源于对自然资源概念相对性的认识。

一方面，可管制性的前提是可利用性，但可利用性仅是可管制性的充分条件。在自然环境中，存在着各种各样的天然要素，但不是所有的要素都是资源，且诸天然要素的资源属性也并非一成不变。通常认为，只有人类可以利用的自然生成物以及作为这些成分之源泉的环境功能才能够被认定为自然资源。[1]在对自然资源利用的过程中，随着经济社会的发展和技术水平的进步，人们加深了对于自然资源特性的了解——许多先前尚不知其特性或者无利用价值的天然要素逐渐被人类发现和利用，[2]并通过对自然资源施加劳动改造，进一步挖掘自然资源的价值。以土地资源为例，获取食物是土地最原始的价值。人类早期对土地的利用一般是基于农业生产的需要，但由于生产力发展水平的限制，只有毗邻水源的土地才具有可利用性。随着农业灌溉技术的进步，即使远离水源的土地也能够用于农业生产时，这些土地才被纳入资源的范畴。生产力的进步与资源特性的认识加深，不仅扩张了土地资源的广度，还促使新型的利用形式得以出现，资源的价值深度进一步显现。譬如，土地的政治功能使得其不仅在国家内部成为资源配置公平性的重要标杆，而且在国与国之间，构成了政治、经济、军事乃至文化发展等领域中基本矛盾冲突的背景；[3]建筑技术和材料技术的进步也推动了居住功能在土地资源价值中逐渐占据更重要的地位。需要

---

[1] 参见蔡运龙编著：《自然资源学原理》（第2版），科学出版社2007年版，第24页。

[2] 参见崔建远主编：《自然资源物权法律制度研究》，法律出版社2012年版，第26页。

[3] 参见吴次芳、谭永忠、郑红玉：《国土空间用途管制》，地质出版社2020年版，第4~5页。

注意的是，对于自然资源用途管制来说，开发利用是知识和技术的储备。只有当人们在开发利用活动中掌握了足够的自然资源生成、储备、循环转化、废弃、再利用等各方面的知识后，才可能对其施加相应的管制措施。以大气资源中的风能为例，人类利用风能的历史可以追溯到公元前，但早期利用风力提水、灌溉、磨面、舂米或者用风帆推动船舶前进，并不足以形成完备的知识体系来管制风能的使用。

另一方面，管制的对象是人，管制的客体是行为，这意味着必须将人们对自然资源的利用置于政治程序构筑的法权关系中，这既是要确认利用自然资源的行为能够获得国家或者法律的承认和保护，同时也是将利用行为限定在合法的框架之下，避免对他人或者公共的利益造成损害。从占有—支配的角度来看，人和自然环境中的天然要素之间的关系可以分为接触、持有、占有、善意占有和所有权五种，[1]其中单纯的接触没有利用的意思表示，持有虽然在物理上能够支配，但欠缺将利用的收益据为己有的意思，[2]因而二者皆无可管制性；而在占有、善意占有和所有权的场合下，基于经济人的假设，人们利用自然资源追求利益最大化的行为极易产生负外部性，因此国家需要在明确自然资源公共属性的基础上，通过立法形成自然资源利用行为中具体的权利内容，并持续性地对各种资源风险进行有效控制。[3]然而，不同的自然资源所具有的公共属性存在差异，可管制性也有所不同：阳光、空气等具有完全公共属性的自然资源，既不排他，也无需竞争，几乎无法由私人取得所有

---

[1] 参见周枏：《罗马法原论》（上册），商务印书馆1994年版，第446~447页。
[2] 参见［德］弗里德里希·卡尔·冯·萨维尼：《论占有》，朱虎、刘智慧译，法律出版社2007年版，第4页。
[3] 参见王旭：《论自然资源国家所有权的宪法规制功能》，载《中国法学》2013年第6期。

权,可管制性也最弱;森林、草场等具有有限的非竞争性和局部的排他性的自然资源,虽然无法建立纯粹的私有财产权利,但是存在清晰的资源边界,[1]可管制性较强。此外,自然资源的某些特殊形态也可因新兴的法权关系的建立而具备可管制性。比如,大气污染和水污染一般被认为是对自然资源利用施加管制的原因,但是在排污权交易的制度设计中,污染物排放亦可能成为一种权利,我们可以说污染本身就具备了可管制性,而不仅仅是管制的正当性基础。

二、得管制性

得管制性即管制的必要性,指的是在自然资源开发利用的过程中,国家应当基于公共利益的需要,并公平衡量公共利益和私人利益,对利用自然资源的行为施加一定的限制。前文关于自然资源用途管制研究动态的评述曾有论及,自然资源配置中的市场失灵是讨论管制必要性的永恒话题,但管制—放松管制—管制改革的实践路径亦为反对政府公权力介入提供了足够的素材,尤其是在对自然资源利用实施的管制愈加复杂的情况下,管制的严厉程度更是需要更加充分的必要性证明。在此背景下,本书认为自然资源用途管制的得管制性仍应进一步明晰其构成要件。

在积极要件方面,公共利益需要被认为是首要的元素。从整体的概念来看,自然资源对全社会所有成员都具有普遍性利益,我们可以将之视为一种单一并具有统一性的伦理价值。[2] 世界环境与发展委员会在 1987 年发布的《我们共同的未来》报

---

[1] 参见王克稳:《论自然资源国家所有权权能》,载《苏州大学学报(哲学社会科学版)》2018 年第 1 期。

[2] F. Sorauf, "The Conceptual Muddle", in C. J. Friedrich (ed.), *Nomos V: The Public Interest*, Atherton Press, 1962, p.184.

第一章 自然资源用途管制的内生逻辑

告书中指出,环境危机、能源危机和发展危机不能分割,地球的资源和能源远不能满足人类发展的需要,并以"持续发展"为基本纲领,提出了"可持续发展"的概念。一般认为,可持续发展理论可以作为解释自然资源用途管制的公共利益需要的基本理论。可持续发展理论要求人类与自然间的和谐相处,既包括应当保护地球自然系统持续成长和维持自然生态系统长期的再生能力,强调个人利益的实现必须符合公共利益的需要;也追求公平分配,通过平衡环境保护、经济增长、人类与社会发展等诸多价值,来满足当代及后代全体人民的基本需求。[1]然而,由于公共利益概念通常给人们留下像一个不包含内在价值的空瓶子的印象,[2]因此即使从通识观念上我们认可应当对自然资源施加管制,也不意味着管制是理所当然的选择。申言之,社会福利、环境保护、粮食安全等公共价值的存在[3]不足以构成得管制性的积极要件,仍需明确是为了公共利益的需要,必然会对私人权利造成限制,且这种限制必须被认为是理性地促进公共利益。[4]关于这一点,更进一步的说明是,作为管制要件的公共利益只能从与私人财产权利相关或者对立的意义上才有可能出现,[5]如果仅仅是宣扬社会福利最大化,而缺乏对公共利益和私人财产权利的公平衡量,则不能认为具备了积极

---

[1] 参见陈明灿:《土地法专题研究》,元照出版公司2008年版,第198~199页。

[2] 参见[英]迈克·费恩塔克:《规制中的公共利益》,戴昕译,中国人民大学出版社2014年版,第36页。

[3] Joseph D. Stinson, "Transferring Development Rights: Purpose, Problems, and Prospects in New York", *Pace Law Review*, Vol. 17, 1996.

[4] 参见谢哲胜:《财产法专题研究》(二),元照出版公司1999年版,第238页。

[5] J. D. Montgomery, "Public Interest in the Ideologies of national Development", in C. J. Friedrich (ed.), *Nomos V: The Public Interest*, Atherton Press, 1962, p. 223.

性的要件。同时，基于公共利益的需要而实施自然资源用途管制，不应对被管制者造成过重的负担，违反应有的比例。[1]

在消极要件方面，源于自然资源用途管制和产权保障的理论争议，主要形成两种意见：一是是否存在其他替代性的解决方案，特别是用私法的手段能否实现公法上自然资源用途管制的相同目的？如果存在这样的私法路径，那么即使是为了公共利益的需要，亦不得实施管制措施。二是为了实施管制措施，政府将承担一定的管制成本，如果实施管制的成本过大而财政难以负担，或者因此对某些过度管制的行为视而不见，不予支付相应的补偿，那么管制的必要性也将被质疑。对于第一种意见，我们首先应当明确无论是采取公法管制路径还是私法产权路径，最终目的都是实现自然资源增益人类发展的功能，[2]区别在于不同的利益立场将反映为不同的法规范构造。域外学者关于这个问题的讨论，往往认为私法上的制度可以替代公法上的管制，比如用民法上的相邻关系代替土地用途分区管制。[3]但即便如此，有批评的观点认为，由于存在外部性的问题，难以借由私人间的契约或规范个别所有权人的权利义务关系来解决。[4]而在我国，这个问题更趋向复杂化。从我国宪法意义上的自然资源国家所有权来看，学者一般认为其不能简单地归入公权力或者私权利的范畴，而是至少兼具二者属性的复合性权利（力），但二者在自然资源国家所有权中的权能分配尚不存在

---

[1] Karl Manheim, "Tenant Eviction Protection and the Takings Clause", *Wisconsin Law Review*, Vol. 925, 1989.

[2] Elisabetta Marmolo, "A Constitutional Theory of Public Goods", *Journal of Economic Behavior & Organization*, Vol. 38, 1999.

[3] Robert C. Ellickson, "Alternatives to Zoning: Covenants, Nuisance Rules, and Fines as Land Use Controls", *The University of Chicago Law Review*, Vol. 40, 1973.

[4] 参见谢哲胜：《土地法》（第2版），翰芦图书出版有限公司2011年版，第227页。

统一的认识。[1]正因为如此，不能仅凭社会福利是否达致最大化来判断私法手段能否替代公法管制，而需要从管制机制与产权机制之间的微妙关系出发，探讨自然资源的得管制性。对于第二种意见，管制成本既包括国家为实施管制措施所需要承担的立法成本、行政成本、司法成本等，也泛指被管制者因承受管制措施而负担的利益损失。在两类成本之间起到联结作用的就是政府因公共利益需要实施管制而向被管制者支付的利益损失的对价——行政补偿。由此可见，得管制性还需建立在国家的财政负担可能性的基础上。

需要注意的是，可管制性和得管制性之间没有先后之分，即不是按照可管制性—得管制性的次序来形成对自然资源被管制性的认识，而是将二者置于同一位阶，综合判断是否可以和应当对自然资源实施用途管制措施。这是因为，可管制性受制于开发利用自然资源的知识体系、科学技术和对自然资源属性的观念认识，得管制性则受制于公共利益概念的不确定性以及公共利益和私人财产权益衡量标准的不确定性，而且这些制约之间也存在着内在的逻辑关联，因此很难单就可管制性或者得管制性来进行判断。

第二节　空间在用途管制中的功能定位[2]

在前文对于研究背景的叙述中，笔者已经将研究的重点集

---

[1] 参见肖泽晟：《宪法意义上的国家所有权》，载《法学》2014年第5期；税兵：《自然资源国家所有权双阶构造说》，载《法学研究》2013年第4期；王涌：《自然资源国家所有权三层结构说》，载《法学研究》2013年第4期；叶榅平：《自然资源国家所有权的双重权能结构》，载《法学研究》2016年第3期等。

[2] 本节部分内容已发表，参见李祎恒：《区域国土空间开发保护的困境及法理求解》，载《学海》2023年第5期。

中于国土空间用途管制，但这只是从实然层面界定了本书研究的主题，并未阐述自然资源用途管制发展为国土空间用途管制的内在逻辑，亦没有提出空间作为用途管制对象的合理解释。事实上，虽然现代社会中很多社会问题背后隐含着共同的空间问题，空间自20世纪70年代以来也成为社会科学研究的热点话题，[1]但在法学领域尚未成为研究的重要向度。关于空间的内涵和外延，以及空间在自然资源用途管制中的功能定位都有待申明。

一、空间的类型化意义

在自然资源学上，对自然资源主要侧重从资源储量（包括当前储量和潜在储量）和资源禀赋[2]两个方面对资源进行分类。在此基础上，根据资源是否可以（短时间）再生，将自然资源划分为不可再生资源和可再生资源。[3]对于不可再生资源，根据是否可以循环利用，可以划分为不可循环利用资源和可循环利用资源。不可循环利用资源主要包括石油、天然气、煤等在开发利用过程中转化为热能等不可回收物的自然资源；可循环利用资源主要指金属矿物资源，但由于无法实现100%的回收

---

[1] 参见庄友刚：《空间生产的历史唯物主义阐释》，苏州大学出版社2017年版，第3页。

[2] 当前储量是在当前资源价格水平下具有开采价值的已探明储量，其规模一般可以用数字确切表示。潜在储量很难用数字说明，因其与资源的市场价格成正比。资源禀赋指的是自然界中蕴藏的资源的天然储量，是地球上可获取资源的上限，与资源的价格无关。参见［美］汤姆·蒂坦伯格、琳恩·刘易斯：《环境与自然资源经济学》（第8版），王晓霞等译，中国人民大学出版社2011年版，第120页。

[3] 理论上，所有自然资源都是自然循环的产物。如果赋予足够的时间，那么几乎所有资源都是可再生的。但是某些资源的再生速率远远低于资源开发利用的速率，因而可以视为不可再生资源。参见［英］朱迪·丽丝：《自然资源：分配、经济学与政策》，蔡运龙等译，商务印书馆2002年版，第24~25页。

利用，因此完全的循环利用仅停留在理论上，且循环利用的过程一般需要消耗大量的能源。[1]对于可再生资源，根据再生速率和开发利用速率的关系，可以划分为临界性（critical zone）资源和恒定性资源。在可再生资源中，如果自然资源开发利用的速率超过其再生的速率，并可能被掠夺式开发至耗竭的程度时，我们将这种资源称为临界性资源；反之，则为恒定性资源。需要注意的是，资源的临界性与人类活动存在一定的关联，即过度开发利用行为可能导致资源的暂时性耗竭，但人类也可以通过实施包括管制措施在内的保护行为来进行干预。举例来说，野生动植物资源可能因为过度捕捞、狩猎、污染或者生存环境被破坏而灭绝，但人类可以对濒临灭绝的物种实施风险评估、划分保护等级、禁止交易或禁止杀害、划定保护地、人工饲养、辅助生殖等方式来延缓或者终止其灭绝的过程。至于恒定性资源，比如光照、潮汐、风力、水流、大气等，传统观念一般认为其有限性近乎于无，可以永久维持，且不会受人类的影响。[2]但是随着知识更新和科技的进步，20世纪70年代以来，有研究表明人类活动，尤其是污染行为对恒定性资源会造成影响，从而使得这种类型的资源也可能进入临界性的状态。当然，在不同类型的自然资源中，人类一直在试图采用资源储量更多、资源禀赋更强、再生速率更快或者可循环利用的自然资源来替代可能存在耗竭危机的资源。但问题在于技术的进步和市场调节并不能保证可再生资源的持续可得性，反而因为人类活动介入了自然资源的自然循环再生的过程，大大加重了资源耗竭或被污染而

---

[1] David W. Pearce & Ingo Walter (ed.), *Resource Conservation: Social and Economic Dimensions of Recycling*, New York University Press, 1977, p. 133.
[2] 参见张璐：《气候资源国家所有之辩》，载《法学》2012年第7期。

无法利用的可能性。[1]当面临这些问题的时候,政府管制就成为一个重要的选择。

从上述资源分类中,我们可以发现一个现象,即资源的分类与自然资源在自然界中的更新速率相联系,表征的是时间对自然资源的影响。相应地,对自然资源实施用途管制也以时间作为考量的主要因素。在土地资源上,无论是总量控制,还是分区管制,抑或保护地役权、土地信托的设立,都是将土地置于一定年限的开发利用过程中;水资源的用途管制也是以水中长期供求关系、年度水量分配方案以及年调度计划为基础才得以开展;至于以环境保护和污染防治为目的实施的自然资源用途管制,更是需要依靠生态系统自身规律演替,借由其休养生息的漫长时间,使生态系统向自然状态演化。[2]其中虽然涉及空间的元素,但总的来看,空间在自然资源分类上并没有足够的显现度。当然,也有一些分类方式是以自然资源的分布或者用途为依据,但毋宁说如此,不如说是反映了人类对自然资源开发利用的需要。申言之,空间在这些自然资源分类中不是作为衡量的标准,而是在人类能动行为的反作用下作为构成不同类型自然资源的要素。这种将空间物化的做法,凸显的是空间的客观物质性,掩盖了空间在生产关系中的重要意义。具体到自然资源用途管制中,我们很难将空间涵摄于复杂的法权关系,因此空间也一直缺位于自然资源用途管制的制度设计。例如,我国《水法》第32条规定了水功能区划制度,这是水资源保护

---

[1] 关于这一点,可以从外部性理论、公共物品理论、交易成本理论等方面予以阐明,在此不再赘述。See Garrett Hardin, "The Tragedy of the Commons", *Science*, Vol. 162, 1968; Ronald H. Coase, "The Problem of Social Cost", *Journal of Law and Economics*, Vol. 3, 1960.

[2] 参见焦居仁:《生态修复的探索与实践》,载《中国水土保持》2003年第1期。

第一章　自然资源用途管制的内生逻辑

环节对水资源实施用途管制的重要制度。从制度设计的原意来看，水功能区划制度目的是对水资源进行空间意义上的用途管制；然而，目前批复的水功能区划主要是基于水质要求来确定不同水域的功能，水功能区管理也主要是基于水域的纳污能力提出限制排污总量意见并进行监测，[1]本质上仍然是从时间维度对水域污染实施管制，并不能实现空间用途管制的目的。

这与近代以来关于时间—空间的认识是密切相关的。从工业革命开始，时空关系的特点就是空间静止而时间加速。[2]由于时间的流变性要比空间明显，传统观点一般把空间看作社会实践活动的场所，并无意识地用历史的飞速变动遮蔽空间的相对稳定性。[3]马克思在批判资本主义的抽象空间时，明确指出"资本越发展，从而资本借以流通的市场，构成资本流通空间道路的市场越扩大，资本同时也就越是力求在空间上更加扩大市场，力求用时间去更多地消灭空间"。[4]资本在空间的布展和跨越事实上将空间从人们认识世界的两大重要维度之一，矮化为空洞的生产条件、场域或载体。米歇尔·福柯论及这一问题时，则指出："空间被当作僵死的、刻板的、非辩证的和静止的东西。相反，时间却是丰富的、多产的、有生命力的、辩证的。"[5]因而在相当长的一段时间内，空间维度一直被认为从属于时间维

---

[1] 参见王一文、刘洪先：《我国水功能区管理立法现状与推进建议》，载《中国水利》2012年第18期。
[2] 参见冯雷：《理解空间：20世纪空间观念的激变》，中央编译出版社2017年版，第11页。
[3] 参见孙全胜：《论马克思"空间生产"的理论形态》，载《上海师范大学学报（哲学社会科学版）》2020年第3期。
[4]《马克思恩格斯全集》（第30卷），人民出版社1995年版，第538页。
[5] Michel Foucault, "Questions on Geography", in Colin Gordon (ed.), Power/Knowledge Selected Interviews and Other Writings 1972-1977, Pantheon Books, 1980, p.70.

度。[1]在此过程中，空间所蕴含的丰富内涵被一一剥离，与之相关的社会矛盾生成机制也被简化为一种自然的客观联系。这种情况一直持续到上世纪中叶，伴随着资本主义工业文明的深入推进，城市化的大规模发展使得空间在传统的自然空间之外，其外延获得了极大的扩张——围绕空间与社会的关系，空间作为生产、生活的基本要素，被纳入生产力和产物之中，成了生产工具的一部分；[2]同时，空间在被开发、设计、使用和改造的过程中，必将物质地、实践地进入人类社会，并经由人类实践的生产性重构，生成互有特性的社会化空间。[3]

正如城市化发展进程开启了时间—空间的结构转换那样，从自然资源用途管制迈向国土空间用途管制的必要前提和背景是：随着我国城镇化发展的稳步推进，发展不平衡不充分的问题也出现了新的形态。当空间的概念在城市空间与自然空间相分离的过程中得到延伸，城市空间的发展对自然空间也会产生更加深入而广泛的索取和反作用——尤其是对自然资源的过度开发利用、区域间的不均衡利用以及对农业生产、生态环境保护的忽视等问题，凸显了资源在空间分配和再分配中的不公平、公民空间权利遭受政治权利的不公正对待等各种空间剥削与空间压迫的不正义、不平等。[4]更确切地说，国土空间用途管制是自然资源用途管制因应于我国经济社会新发展阶段的必然发展趋势，目的是解决新时代新阶段的社会发展中自然资源领域

---

〔1〕 参见张梧：《空间理论的理论空间》，载《理论视野》2016年第11期。

〔2〕 Mark Gottdiener, *The New Urban Sociology*, McGraw-Hill Companies, 1994, p. 49.

〔3〕 参见胡潇：《空间的社会逻辑——关于马克思恩格斯空间理论的思考》，载《中国社会科学》2013年第1期。

〔4〕 参见薛稷：《21世纪以来国外马克思主义空间批判理论的发展格局、理论形态与当代反思》，载《南京社会科学》2019年第8期。

的结构性问题。由此可见,空间的组织和意义是社会变化、社会转型和社会经验的产物,[1]在本书研究的主题上,既然自然资源用途管制所要研究的是公共利益和私人财产权益在自然资源开发利用中的表达,其实质是人们在一定的法权(社会)关系范围内的不同社会性质的利益要求和意识形态需要;因此,我们无法忽视空间在自然资源分类中的标准化意义,而应当从空间在生产关系中的功能定位出发,探究更加科学、更加符合用途管制需要的自然资源分类。

二、空间的构造与价值

2010年,国务院印发了我国第一个国土空间开发规划——《全国主体功能区规划》(以下简称《规划》)。《规划》提出应当根据不同区域的资源环境承载能力、现有开发强度和发展潜力,统筹谋划人口分布、经济布局、国土利用和城镇化格局,确定不同区域的主体功能,并根据空间的结构,对空间进行了区分。一是按照空间的开发方式,将空间分为优化开发区域、重点开发区域、限制开发区域和禁止开发区域。二是按照空间的开发内容,将空间分为城市化地区、农产品主产区和重点生态功能区。全国主体功能区规划编制领导小组办公室时任主任、国家发展和改革委员会时任秘书长的杨伟民在解读《规划》时指出,优化开发区域、重点开发区域、限制开发区域和禁止开发区域,是基于不同区域的资源环境承载能力、现有开发强度和未来发展潜力,以是否适宜或如何进行大规模高强度工业化城市化开发为基准划分的;城市化地区、农产品主产区和重点

---

[1] 参见[美]爱德华·W. 苏贾:《后现代地理学——重申批判社会理论中的空间》,王文斌译,商务印书馆2004年版,第121页。

生态功能区,是以提供主体产品的类型为基准划分的。[1]

两种分类方式具有内在的关联性:首先,优化开发和重点开发区域都属于城市化地区,开发内容相同;但优化开发区域经济比较发达,现有开发强度较高,资源环境问题也更加突出,应该优化进行工业化城市化开发,而重点开发区域的资源环境承载能力较强,可以重点进行工业化城市化开发。其次,限制开发区域包括农产品主产区和重点生态功能区。前者尽管也适宜工业化城市化开发,但从保障国家农产品安全以及中华民族永续发展的需要出发,应该限制进行大规模高强度工业化城市化开发;后者系属生态系统脆弱、资源环境承载能力较低的地区,须把增强生态产品生产能力作为首要任务。最后,禁止开发区域是依法设立的各级各类自然文化资源保护区域,以及其他需要特殊保护,禁止进行工业化城市化开发,并点状分布于优化开发、重点开发和限制开发区域之中的重点生态功能区。国家层面禁止开发区域,包括国家级自然保护区、世界文化自然遗产、国家级风景名胜区、国家森林公园和国家地质公园。省级层面的禁止开发区域,包括省级及以下各级各类自然文化资源保护区域、重要水源地以及其他省级人民政府根据需要确定的禁止开发区域。[2]

从《规划》来看,其对国土空间的两种分类标准是内在统一的,即人类发展对自然资源的需求或者自然资源满足人类发展的可能性,具体表现为资源环境的承载能力(需求)和空间

---

[1] 参见杨海霞:《解读全国主体功能区规划 专访国家发展改革委秘书长杨伟民》,载《中国投资》2011年第4期;杨伟民:《解读〈全国主体功能区规划〉》,载http://www.yancheng.gov.cn/art/2011/12/7/art_13185_1362828.html,2020年12月5日访问。

[2] 参见杨海霞:《解读全国主体功能区规划 专访国家发展改革委秘书长杨伟民》,载《中国投资》2011年第4期;杨伟民:《解读〈全国主体功能区规划〉》,载http://www.yancheng.gov.cn/art/2011/12/7/art_13185_1362828.html,2020年12月5日访问。

生产产品的供给能力（需求）。杨伟民在说明这一点时，以重点生态功能区所提供的生态产品为例，强调要解决重点生态功能区的发展权问题，首先要明确生态产品也是产品。具体来说，人类需求既包括对农产品、工业品和服务产品的需求，也包括对清新空气、清洁水源、舒适环境、宜人气候等的需求。保护和扩大自然界提供生态产品能力的过程也就是创造价值的过程，就是发展，因为发展归根结底是为了满足人的需要。所以，重点生态功能区的发展内容不同，这些区域的主体功能不是生产有形的农产品和工业品等物质产品，而是通过保护自然、修复生态提供生态产品。[1]即便是管中窥豹，我们也能够发现《规划》关于国土空间的分类完全遵循了上文所述之空间概念的要求。《规划》的一大亮点是生态产品概念的提出，这是有别于一般物质生产产品以外的另一种产品，其实质是以自然资源的整体空间（而非单一的自然资源或数种单一自然资源的集合）以及所表现的空间关系作为人类需求的对象，即空间产品。由此推之，《规划》虽然提及了传统的物质生产的产品，如农产品、工业品和服务产品等，但在广义上，一般意义上的物质生产也生产了产品的空间形式和空间关系，[2]这些产品同时也是空间生产的产物。《规划》对优化开发区域、重点开发区域、限制开发区域和禁止开发区域的区分，以及对城市化地区、农产品主产区和重点生态功能区的区分，虽然是建立在土地资源分类的基础上，但其已然脱离了以时间为坐标轴的土地资源传统分类，而将自然

---

[1] 参见杨海霞：《解读全国主体功能区规划 专访国家发展改革委秘书长杨伟民》，载《中国投资》2011年第4期；杨伟民：《解读〈全国主体功能区规划〉》，载http://www.yancheng.gov.cn/art/2011/12/7/art_13185_1362828.html，2020年12月5日访问。

[2] 参见庄友刚：《空间生产的历史唯物主义阐释》，苏州大学出版社2017年版，第38页。

资源纳入空间的考量。以此为基础，结合空间理论对空间功能的认识，我们可以进一步分析新时代新阶段下国土空间的应然结构。

空间已经成为一种稀缺的、可交易用于生产的要素，并在生产的过程中，不断地被重组。在此过程中，包括土地资源、水资源、矿产资源、野生动植物资源、大气资源、无线电频谱资源等在内的一定国土空间上的所有自然资源，都以不同的形式参与到空间生产中来——或是作为生产要素，或是作为产品，进入商业交易的供求链条和价格链条。[1]同时，我们也要看到，空间生产不仅是在已被认识或者开发利用的空间基础上开展，而是会不断地开辟出新的空间或新的空间利用方式。[2]而为了更好地理解空间，我们可以列举很多空间的类型以及不同空间类型所具有的价值：既可以按照空间生产的历史方式划分为绝对空间、神圣空间、历史性空间、抽象空间、矛盾空间、差异空间等形态；[3]也可以从空间的社会性如何作用于空间生产的角度出发，将空间划分为物质性的空间实践、空间表象和表象空间；[4]还可以从空间—资本—劳动三者关系的角度，探究空间使用价值和交换价值的赋予以及空间如何加入生产体系。[5]

---

[1] Henri Lefebvre, *The Production of Space*, Translated by Donald Nicholson-Smith, Blackwell Publishers Inc., 1991, pp. 336~337.

[2] 参见林密：《意识形态、日常生活与空间——西方马克思主义社会再生产理论研究》，中国社会科学出版社2016年版，第292页。

[3] Henri Lefebvre, *The Production of Space*, Translated by Donald Nicholson-Smith, Blackwell Publishers Inc., 1991, pp. 48~52.

[4] 刘怀玉：《现代性的平庸与神奇：列斐伏尔日常生活批判哲学的文本学解读》，中央编译出版社2006年版，第414~418页。

[5] 列斐伏尔延续了马克思在《资本论》结尾处有关资本—土地—劳动三位一体关系的论述，进而以土地这一有形的空间要素为例，讨论了土地在资本主义生产关系中的全方位布展，并从空间、资本和劳动三者关系的角度分析了空间生产的意义。See Henri Lefebvre, *The Production of Space*, Translated by Donald Nicholson-Smith, Blackwell Publishers Inc., 1991, pp. 323~324.

第一章 自然资源用途管制的内生逻辑

据此，列斐伏尔通过建构社会空间的三元辩证法，归纳了空间的各种功能：[1]其一，空间是一切生产和一切人类活动所需要的要素，[2]它不仅具有增进生产力的作用，而且构成空间的资源与能源的流动都是由空间决定的。任何物质生产当然都是空间中的生产，而空间作为生产资料，其实质是在物质空间的基础上，按照人类的需求重新塑造物质空间中各种自然资源的空间形式和空间关系。其二，空间是一种可以被消费的产品。空间可以被赋予交换价值，无论是有形的空间要素，比如土地资源，我们通过界定土地地上、地下的空间权利，甚至在某些情况下，建构土地发展权的机制，使其可以作为商品来进行交易；还是无形的空间要素，比如大气资源，亦可通过建立大气污染物的排污权交易机制，使其在特定的社会经济情况下，成为一种商品。其三，空间是政治控制的工具，其一直是政治的、意识形态性的，是一种完全充斥着意识形态的表现。[3]国家可以通过空间规划的方式来确保对地方的控制、严格的层级、价值的一致性以及区域间的间隔。以《规划》为例，其所构建的"4+3+2"格局，[4]不仅促进了生态空间和农业空间格局日趋明晰，而且还加快了城镇空间结构的重组。[5]其四，空间可以表现为上层建筑的形式。我们关于空间问题的思考一定是围绕物

---

[1] 参见［法］亨利·列斐伏尔：《空间、社会产物与使用价值》，载包亚明主编：《现代性与空间的生产》，上海教育出版社2003年版，第49~51页。
[2]《马克思恩格斯选集》（第2卷），人民出版社1995年版，第573页。
[3] 参见［法］亨利·列斐伏尔：《空间与政治》（第2版），李春译，上海人民出版社2015年版，第46页。
[4] 即按开发强度划分为优化开发、重点开发、限制开发和禁止开发4类地区，按主体功能划分为城市化地区、农产品主产区和重点生态功能区3类地区，编制国家和省2级规划。
[5] 参见黄征学、潘彪：《主体功能区规划实施进展、问题及建议》，载《中国国土资源经济》2020年第4期。

质空间展开的,但空间既是物质的,也是精神的,但不仅仅是两者简单的叠加,而是一种螺旋上升的超越。[1]其五,空间具有巩固生产关系和财产关系的基础性功能,这是空间从作为资源到作为用途管制对象最为直接的关联。空间中所涉及的自然资源产权以及空间本身的权利都是空间被赋予使用价值和交换价值的外在表象。空间的主要矛盾就是源自私人财产造成的空间粉碎化、对可以互相交换之断片的需求,以及在前所未有的巨大尺度上处理空间的科学与技术(资讯)能力。[2]在空间矛盾运行的过程中,空间不断被分裂、同质化为商品而为私人所"占有",直接导致不平衡地理发展的加速,并溢出大量的负外部性,最为严重的情况下就会导致生态危机。[3]为了缓和这种矛盾或者从根本上实现矛盾的转化,我们必须首先改变空间,不仅是从意识形态的上层建筑、社会制度或政治设施的层面进行改变,更重要的是,要打破私有产权对空间的垄断,从对自然的支配统治关系转向对自然的平等取用关系,使空间的使用优先于交换。[4]在具体的政治制度中,这将表现为对空间施加的全面、系统的用途管制。

需要注意的是,从空间功能的角度来看,《规划》对于空间的分类以及基于空间分类而实施的管制措施并未如预想般完全克服了空间生产的主要矛盾。2010年以来,主体功能区划围绕空间开发方式和开发内容构建的空间规划约束机制完全凸显了

---

[1] 参见赵海月、赫曦滢:《列斐伏尔"空间三元辩证法"的辨识与建构》,载《吉林大学社会科学学报》2012年第2期。

[2] 参见[法]亨利·列斐伏尔:《空间、社会产物与使用价值》,载包亚明主编:《现代性与空间的生产》,上海教育出版社2003年版,第55页。

[3] 参见[美]大卫·哈维:《新自由主义简史》,王钦译,上海译文出版社2010年版,第180页。

[4] Henri Lefebvre, *The Production of Space*, Translated by Donald Nicholson-Smith, Blackwell Publishers Inc., 1991, p.343.

空间的政治性和意识形态性，事实上造成了生产要素向大城市及城市群集中，但这种集聚更倾向于城市空间的同质化复制；同时，虽然提出了生态空间的概念，但是缺乏对城市化地区、农产品主产区和重点生态功能区的统筹考虑，处于重点生态功能区的公民在被剥夺了应有的空间权益后却无法获得相应的补偿，强者愈强而弱者恒弱，进一步加剧了区域发展的分化和极化。针对这一情况，2019年中央全面深化改革委员会第六次会议审议通过的中共中央、国务院《关于建立国土空间规划体系并监督实施的若干意见》（以下简称《意见》）提出"将主体功能区规划、土地利用规划、城乡规划等空间规划融合为统一的国土空间规划"。《意见》指出，新时代国土空间开发保护格局应综合考虑人口分布、经济布局、国土利用、生态环境保护等因素，将空间划分为生产空间、生活空间、生态空间。在具体要求上，《意见》提出四点：一是要落实国家安全战略、区域协调发展战略和主体功能区战略，优化城镇化格局、农业生产格局、生态保护格局；二是要坚持节约优先、保护优先、自然恢复为主的方针，科学有序统筹布局生态、农业、城镇等功能空间，划定生态保护红线、永久基本农田、城镇开发边界等空间管控边界以及各类海域保护线，强化底线约束，为可持续发展预留空间；三是要坚持山水林田湖草生命共同体理念，加强生态环境分区管治，量水而行，保护生态屏障，构建生态廊道和生态网络，推进生态系统保护和修复；四是要坚持陆海统筹、区域协调、城乡融合，优化国土空间结构和布局，统筹地上地下空间综合利用，着力完善交通、水利等基础设施和公共服务设施，延续历史文脉，加强风貌管控，突出地域特色。

与《规划》相比，《意见》对空间的分类更加科学、更加合理、更加契合空间的功能定位。一方面，"三生"（生活、生产、生态）空间的分类为自然资源用途管制制度的建立健全提供了基本的逻辑结构。受自然和历史条件局限，在人类社会发展的不同阶段，生产空间、生活空间、生态空间的地位和作用是不平衡的。[1]共通的一点是，三种空间功能的历史形态是相互交织、不可分割的，即便是存在相互间的制约或功能挤占的情形，也可以通过实施管制措施来避免出现三种功能的结构性失衡和空间错配问题。[2]不仅如此，生产、生活、生态三种空间功能背后所隐含的意识形态意义更是在用途管制制度中重新塑造了三元空间的逻辑结构。在二元论中，自然资源是物质的，空间则要么是物质的，要么是精神的。如果空间是仅仅客观存在的物质，那么其与土地、水、海洋等自然资源之间就存在物质间的相互排斥关系，但是由于空间难以被充分测量或描绘，其能够被人们直接感知的部分最终只会使得其成为物质生产的容器，[3]而忽视了空间的社会性质，形成用途管制制度中单一自然资源管制的倾向。如果空间仅仅是人们想象中存在的事物，那么这种全然观念性的认识就会把空间缩减为真实世界的再现物和再表现物，以至于替代了真实世界本身。[4]在这种情况下，空间就会被政治权力抽象为一种同质化的虚假"整体"，[5]其所具有的不同功能将不复存在，并与自然资源天然具有的不同

---

〔1〕 参见刘燕：《论"三生空间"的逻辑结构、制衡机制和发展原则》，载《湖北社会科学》2016年第3期。

〔2〕 参见鲁达非、江曼琦：《城市"三生空间"特征、逻辑关系与优化策略》，载《河北学刊》2019年第2期。

〔3〕 参见［美］Edward W. Soja：《第三空间——去往洛杉矶和其他真实和想象地方的旅程》，陆扬等译，上海教育出版社2005年版，第92页。

〔4〕 参见［美］Edward W. Soja：《第三空间——去往洛杉矶和其他真实和想象地方的旅程》，陆扬等译，上海教育出版社2005年版，第90页。

〔5〕 参见［法］亨利·列斐伏尔：《〈空间的生产〉新版序言（1986）》，载张一兵主编：《社会批判理论纪事》（第1辑），中央编译出版社2006年版，第183页。

第一章　自然资源用途管制的内生逻辑

功能产生对立。在此情形下，任何对空间或者自然资源施加的管制措施都有可能走向管制目的的反面。以耕地资源"占补平衡"制度为例，为了弥补因城市建设而被占用的耕地，地方政府往往将林地、草地甚至是无法开垦的堤防、河道等用于补足耕地数量。[1]这样一来，原本作为土地用途管制制度而建构的"占补平衡"制度不但不能实现补充耕地、保障粮食安全的目的，反而会损害生态系统的整体效能。由此可见，二元论的观点无法妥善解释空间用途管制的问题。

而在三元空间的观点中，空间及其中的自然资源是一体的，生活、生产、生态三者与其说是空间分类的标准，不如说是空间的三重维度，即空间参与空间生产的不同形式。申言之，无论是生活空间、生产空间，还是生态空间，都是一种社会秩序的空间化。[2]这里所说的空间就是社会空间，其既是客观的又是主观的，既是实在的又是隐喻的，既是社会生活的媒介又是它的产物，是活跃的当下环境又是创造性的先决条件，是经验的又是理论化的，是工具性的、策略性的又是本质性的。[3]"三生"空间的用途是满足人们的需求，空间生产的最终目标则是生产出人的类存在的空间，以作为变革日常生活的社会基础。[4]基于这一认识，生活功能是"三生"功能的出发点和落脚点，生活空间是人们认识、利用空间最原始的形态，也是表象空间应然形态。但日常生活是由矛盾定义的：幻觉和真相、力量和

---

〔1〕 参见侯爱敏：《权力·空间视野下的生态环境建设与管理》，东南大学出版社 2016 年版，第 16 页。

〔2〕 Rob Shields, *Lefebvre, Love and Struggle: Spatial Dialectics*, Routledge, 1999, p. 155.

〔3〕 参见［美］Edward W. Soja：《第三空间——去往洛杉矶和其他真实和想象地方的旅程》，陆扬等译，上海教育出版社 2005 年版，第 57 页。

〔4〕 Henri Lefebvre, *The Production of Space*, Translated by Donald Nicholson-Smith, Blackwell Publishers Inc., 1991, pp. 358, 422.

无助、人控制的部分和人不控制的部分交织在一起。[1]一般而言,为了进行生产,人们相互之间便发生一定的联系和关系;只有在这些社会联系和社会关系的范围内,才会有他们对自然界的影响,才会有生产。[2]但在同质化的空间中,无处不在的机械重复打败了别具一格,生产力的迅猛扩张完全占据了既有的生活空间,并趋向于将既有空间和新生产的空间转化为纯粹的商品生产的空间。[3]当空间中布满了价值关系,作为主体的人与人之间的社会关系就会被物化为物与物之间的交换关系,而空间生产的无限扩张和自我突破则必然导致作为社会空间基础的自然空间的分化和断裂,当空间生产的强度超过了自然空间的承载力,就会使空间中的自然资源被过度开发利用,生态环境恶化以及生物灭绝。

由此,空间作为人与物之间关系的象征就彻底取代了其作为人与人之间关系的象征,在法权关系上则反映为在个人、肉体、行为举止的层面复制出一般的法律和政府的形式,这既包括直接的物质生产活动,又涵盖诸如休闲、日常生活、居所和栖息地、对空间场所的使用,以及全球化的主体等各方面内容。[4]但这种法权关系同时也将抽象的空间强化为具有物质力量的意识形态,[5]使得管制措施成为必要和可能的东西——人们得以用其对空间的观念来介入或者否定现有的空间实践。具体来说,

---

[1] 参见[法]亨利·列斐伏尔:《日常生活批判》(第1卷),叶齐茂、倪晓晖译,社会科学文献出版社2018年版,第14~20页。

[2] 《马克思恩格斯选集》(第1卷),人民出版社1972年版,第344页。

[3] Henri Lefebvre, *The Production of Space*, Translated by Donald Nicholson-Smith, Blackwell Publishers Inc., 1991, pp. 76, 325.

[4] Henri Lefebvre, *Writings on Cities*, Translated and Edited by Eleonore Kofman & Elizabeth Lebas, Blackwell Publishing Inc., 2000, p. 187.

[5] 参见温权:《列斐伏尔城市批判理论的空间辩证法内涵》,载《求是学刊》2019年第4期。

第一章　自然资源用途管制的内生逻辑

为了使空间能够回归原始形态，满足人们生存和生活的需要，必须谋求一个具有全新可能性、超越已知的和理所当然的空间之外的战略性的和异类的差异性空间。[1]相对于空间生产无限扩张的特性来说，自然空间或者自然资源是有限的。差异性空间的建立，必然要求明确空间的生产功能的边界，并推动生产空间与生态空间的融合，使得生态空间产品本身能够成为提升生产空间发展的基础和可能，最终使得空间的发展回归日常生活，从而为人的发展的终极价值目标的实现创造条件。

同时，"三生"空间的分类明确了空间内各种自然资源的用途，但不是以此将空间以及空间内的自然资源用途进行固化，并使得空间成为权力主体用以支配或者控制空间生产关系的工具，而是从空间功能的角度确立了国土空间的开发格局，促进一定的国土空间中三种功能的异质性并存，从而实现空间的差异性发展。"三生"空间的确立，打破了自然资源与国土空间在空间层面的二元对立，为国土空间范围内自然资源的开发利用建立了重要性的次序，[2]并成为用途管制措施制定、实施的依据。当我们用"三生"空间来分析不同的地理空间时，实际上是在生产、生活、生态三种功能内在联系的基础上，定义了同一空间中不同自然资源之间、同一自然资源的不同功能之间、不同自然资源的相同功能之间以及不同空间之间上述三方面的复合性关系。这种复合性的关系意味着空间不是各个元素的简单叠加，甚至对空间的主导功能也很难界定。正是因为如此，如果要对空间以及空间内的自然资源施加管制措施，就不能仅从

---

〔1〕　参见［美］Edward W. Soja：《第三空间——去往洛杉矶和其他真实和想象地方的旅程》，陆扬等译，上海教育出版社2005年版，第42页。
〔2〕　参见王威、胡业翠、张宇龙：《三生空间结构认知与转化管控框架》，载《中国土地科学》2020年第12期。

生产、生活、生态某一种功能所对应的法律规则建构的体系出发，而是应当遵循整体性、平衡性和多样性的空间需求，建立充满开放性和可能性的差异性空间用途管制制度。

本章小结

各国法律中都存在大量的管制土地资源、水资源、矿产资源、森林资源、野生动植物资源等自然资源的制度设计。这首先取决于以下的认识，即人类需要利用自然资源来满足自身对生存的需求、生产的需求、发展的需求等，以及人类只能通过竞争来获取稀缺的自然资源。从管制理论的诸多观点来看，通过市场来实现自然资源的分配，必然面临市场失灵的问题，从而陷入严重的价值冲突，因此应当对资源的配置实施相应的管制措施。当然，将自然资源的配置完全交予市场来进行，并不必然带来资源稀缺的问题；更为普遍的情况是，资源稀缺不是由资源的绝对匮乏造成的，而是一个经过社会的所谓"悲剧性选择"的结果。要避免自然资源耗竭和污染的损害，国家不得不选择对自然资源的利用施加一定的管制措施。同时，由于世界在环境和经济上的多样性，与此相关的问题很少是同样的，不同国家和社会将在其优先考虑的细节上采取不同的甚至是截然相反的做法。自然资源用途管制不是绝对的、应然的，而是因为人类有利用自然资源的需求而使得其有管制的必要，以及存在利用或者管制自然资源的知识和技术条件，即自然资源应具有被管制性，才能够对其实施用途管制。具体来说，自然资源的被管制性包含两方面的内容：一是可管制性；二是得管制性。

随着我国城镇化发展的稳步推进，发展不平衡不充分的问题也出现了新的形态。当空间的概念在城市空间与自然空间相分离的过程中得到延伸，城市空间的发展对自然空间也会产生更加深入而广泛的索取和反作用——尤其是对自然资源的过度开发利用、区域间的不均衡利用以及对农业生产、生态环境保护的忽视等问题，凸显了资源在空间分配和再分配中的不公平、公民空间权利遭受政治权利的不公正对待等各种空间剥削与空间压迫的不正义、不平等。围绕空间开发方式和开发内容构建的空间规划约束机制完全凸显了空间的政治性和意识形态性，事实上造成了生产要素向大城市及城市群集中，但这种集聚更倾向于城市空间的同质化复制；同时，虽然提出了生态空间的概念，但是缺乏对城市化地区、农产品主产区和重点生态功能区的统筹考虑，处于重点生态功能区的公民在被剥夺了应有的空间权益后却无法获得相应的补偿，强者愈强而弱者恒弱，进一步加剧了区域发展的分化和极化。国土空间用途管制是自然资源用途管制因应于我国经济社会新发展阶段的必然发展趋势，目的是解决新时代新阶段的社会发展中自然资源领域的结构性问题。

  为了使空间能够回归原始形态，满足人们生存和生活的需要，必须谋求一个具有全新可能性、超越已知的和理所当然的空间之外的战略性的和异类的差异性空间。相对于空间生产无限扩张的特性来说，自然空间或者自然资源是有限的。差异性空间的建立，必然要求明确空间的生产功能的边界，并推动生产空间与生态空间的融合，使得生态空间产品本身能够成为提升生产空间发展的基础和可能，最终使得空间的发展回归日常生活，从而为人的发展的终极价值目标的实现创造条件。

第二章

自然资源用途管制的制度现状与实践困局

第一节 我国自然资源用途管制法律制度的现状[1]

一、土地用途管制制度现状

1997年，中共中央、国务院联合下发的文件《关于进一步加强土地管理切实保护耕地的通知》第一次提出土地"用途管制"。1998年《土地管理法》第4条规定了"国家实行土地用途管制制度"，将土地划分为农用地、建设用地和未利用地，严格限制农用地转为建设用地，控制建设用地总量，对耕地实行特殊保护；并随之建立了土地利用年度计划、农用地转用审批、耕地占补平衡等系列制度，从而确立了以土地用途管制、耕地占补平衡为核心，包括规划管控、建设用地总量控制在内的一系列新型法律制度，基本构建了我国现行土地管理的法律制度体系。[2]2004年，国务院颁布了《关于深化改革严格土地管理的决定》，强化土地用途管制制度，实行严格的土地保护政策。

---

[1] 本节部分内容已发表，参见李祎恒、邢鸿飞：《我国水资源用途管制的问题及其应对》，载《河海大学学报（哲学社会科学版）》2017年第2期。

[2] 参见叶红玲：《从30多年来法律制度体系的建设看我国土地用途管制的核心目标》，载《中国土地》2020年第6期。

第二章 自然资源用途管制的制度现状与实践困局

2008年颁布的中共中央《关于推进农村改革发展若干重大问题的决定》确立了"产权明晰、用途管制、节约集约、严格管理"的十六字方针。2009年,国土资源部发布的《市县乡级土地利用总体规划编制指导意见》指出,市县乡土地利用总体规划要划定城乡建设用地规模边界、扩展边界、禁止建设边界,形成允许建设区、有条件建设区、限制建设区和禁止建设区,并制定各区的管制规则。

2019年8月26日公布、2020年1月1日正式实施的《土地管理法》第4条规定了"国家实行土地用途管制制度"。土地用途管制的基本框架是国家编制土地利用总体规划,规定土地用途,将土地分为农用地、建设用地和未利用地,[1]并严格限制农用地转为建设用地,控制建设用地总量,对耕地实行特殊保护。其中,农用地是指直接用于农业生产的土地,包括耕地、林地、草地、农田水利用地、养殖水面等;建设用地是指建造建筑物、构筑物的土地,包括城乡住宅和公共设施用地、工矿用地、交通水利设施用地、旅游用地、军事设施用地等;未利用地是指农用地和建设用地以外的土地。由此,我国土地用途管制制度的内容主要包括三个方面,即实行耕地保护、限制土地用途与合理进行土地利用规划,从管制方式来看,则具体体现为土地利用方向管制、土地用途转用管制、土地利用程度管制和土地利用效益管制四个面向。[2]

现行《土地管理法》还新增了以下三项改革措施:其一,国家建立国土空间规划体系,合理划分中央和地方土地审批权

---

[1] 参见程雪阳:《新〈土地管理法〉土地用途管制制度改革的得与失》,载《中国法律评论》2019年第5期。

[2] 参见许迎春、刘琦、文贯中:《我国土地用途管制制度的反思与重构》,载《城市发展研究》2015年第7期。

限。《土地管理法》适应"放管服"改革的要求,按照是否占用永久基本农田对中央和地方的土地审批权限进行了调整。国务院只审批涉及永久基本农田的农用地转用,其他的则交由国务院授权省级政府审批。并且根据谁审批谁负责的原则,取消省级征地批准报国务院备案的规定。其二,将基本农田提升为永久基本农田。《土地管理法》第35条第1款规定:永久基本农田经依法划定后,任何单位和个人不得擅自占用或者改变用途。永久基本农田必须落实到地块,纳入数据库严格管理。各省、自治区、直辖市划定的永久基本农田一般应当占本行政区域内耕地的80%以上,具体比例则由国务院根据各省、自治区、直辖市耕地的实际情况来确定。其三,国家土地督察制度正式确立为法律制度。《土地管理法》第6条对土地督察制度作出了如下规定,国务院授权的机构对省、自治区、直辖市人民政府以及国务院确定的城市人民政府土地利用和土地管理情况进行督察。以此为标志,国家土地督察制度正式成为土地管理的法律制度。

土地用途管制制度适合我国基本国情,在发挥土地最佳配置,切实保护土地资源方面起了积极作用。2003年以来开展的土地市场秩序的治理整顿,有效遏制了乱占滥用耕地、盲目扩大建设用地规模的势头。根据2005年《全国土地利用变更调查报告》,全国耕地面积18.31亿亩,人均耕地1.4亩。"十五"期间,全国耕地面积净减少9240万亩,耕地年均净减少1848万亩。其中,前四年全国耕地面积净减少数量年均2174.4万亩,2005年下降为542.4万亩,耕地面积净减少的势头明显减缓。但是,非农建设占用耕地的数量反弹压力仍然较大,还需要在建设用地供应上继续实行从严从紧的政策,严格执行规划

第二章　自然资源用途管制的制度现状与实践困局

计划,加强土地用途管制,切实保护耕地。[1]

然而,随着经济社会的发展,我国土地用途管制制度在实施效果上也不尽如人意。首先,1998年《土地管理法》第17条第1款规定了"各级人民政府应当依据国民经济和社会发展规划……编制土地利用总体规划",因此地方政府有权根据五年一变的国民经济与社会发展规划来调整土地利用总体规划,从而导致土地利用总体规划灵活多变,不具有稳定性。其次,现行土地利用总体规划保留了计划经济时期的思维模式。比如,1998年《土地管理法》第4条第4款要求"使用土地的单位和个人必须严格按照土地利用总体规划确定的用途使用土地"。第20条则规定:"县级土地利用总体规划应当划分土地利用区,明确土地用途。乡(镇)土地利用总体规划应当划分土地利用区,根据土地使用条件,确定每一块土地的用途,并予以公告。"由此,土地利用总体规划完全由政府决策,而非依靠市场在资源配置中起决定性作用,这与土地供求关系的变化发展不相协调。再次,土地用途管制侧重对农用地转为建设用地的管制忽视了对土地利用程度及效益的管制。[2]最后,现行《土地管理法》第15条第1款仍规定了"各级人民政府应当依据国民经济和社会发展规划、国土整治和资源环境保护的要求、土地供给能力以及各项建设对土地的需求,组织编制土地利用总体规划"。国民经济和社会发展规划的规划期为5年,土地利用总体规划执行期一般为15年,那么国土空间规划如何与国家发展规划相衔接?对此,2018年至2019年,中共中央、国务院发布文件称

---

[1] 参见李珍贵:《土地用途管制制度的产生、发展及成效》,载《中国土地学会625论坛——第十六个全国"土地日":依法合理用地 促进科学发展论文集》,2006年。

[2] 参见孟祥舟、林家彬:《对完善我国土地用途管制制度的思考》,载《中国人口·资源与环境》2015年第S1期。

"国家级专项规划、区域规划、空间规划,规划期与国家发展规划不一致的,应根据同期国家发展规划的战略安排对规划目标任务适时进行调整或修编",[1]同时要"建立国土空间规划定期评估制度,结合国民经济社会发展实际和规划定期评估结果,对国土空间规划进行动态调整完善"。[2]但这一改革方法并未写入土地管理法。

二、水资源用途管制制度现状

根据梳理,我国水资源用途管制的法律规范,主要散见于《水法》《水污染防治法》《防洪法》《水土保持法》《取水许可和水资源费征收管理条例》《抗旱条例》《南水北调工程供用水管理条例》《河道管理条例》等法律法规之中。

（一）水资源宏观配置环节的用途管制

根据现行水法律法规的规定,我国水资源宏观配置分五个层级：一是全国水资源综合规划（《水法》第14条）；二是流域和区域综合规划、专业规划（《水法》第14条、第15条）；三是江河水量分配方案（《水法》第45条）；四是水中长期供求规划（《水法》第44条）；五是年度水量分配方案和调度计划（《水法》第46条）。

从实践来看,水资源综合规划虽然有生态环境用水保障目标,但主要侧重于水资源的开发利用,通过对水资源现状、供需情况、水资源平衡等内容的分析,进行相关工程规划,从而实现水资源供需平衡,难以满足用途管制的需要。水资源相关

---

[1] 中共中央、国务院《关于统一规划体系更好发挥国家发展规划战略导向作用的意见》（中发［2018］44号）。

[2] 中共中央、国务院《关于建立国土空间规划体系并监督实施的若干意见》（中发［2019］18号）。

的专业规划不能完全覆盖所有用水部门，特别是没有体现生态用水的需要。目前的区域用水总量控制，缺乏分类（生活、生产、生态）、分行业（工业、农业、服务业）的总量控制指标，无法为水资源用途管制提供有效支撑。

（二）水资源利用环节的用途管制

在水资源利用环节实行用途管制是现行制度安排的重点，主要表现在总体要求和具体制度两个方面。在总体要求上，主要包括区域协调制度（《水法》第20条），用水顺序制度（《水法》第21条），多种用途、综合利用制度（《水法》第26条）等。在水资源利用管理的具体制度上，则主要包括水总量控制制度（《水法》第47条，《取水许可和水资源费征收管理条例》第7条、第15条、第39条），定额管理制度（《水法》第47条，《取水许可和水资源费征收管理条例》第7条、第16条），计划用水制度（《水法》第49条），水工程规划同意书制度（《防洪法》第17条），取水审批制度（《水法》第7条、第48条，《取水许可和水资源费征收管理条例》），各类规划编制中的水资源论证（《水法》第23条），建设项目水资源论证制度（《取水许可和水资源费征收管理条例》第11条），跨流域调水论证制度（《水法》第22条），节约用水制度（《水法》第8条、第50条、第52条，《取水许可和水资源费征收管理条例》第27条），循环用水制度（《水法》第51条、第52条），水价机制（《水法》第48条、第49条、第55条，《取水许可和水资源费征收管理条例》第28条至第37条），高污染、高耗水用水控制机制（《水法》第23条、第51条，《水污染防治法》第41条至第43条）等方面。

在水资源利用环节的用途管制制度虽然比较全面，但大多不具有较强的可操作性，容易流于形式。其一，用水总量控制和定额管理制度是从水量角度对水资源用途进行管制，它虽然要求对区域内用水实行总量控制，对区域内行业用水实行定额管理，以使区域、区域内各行各业的用水不突破用水总量指标。但在制度层面，目前的区域内用水总量控制缺乏配套的督察制度，因而难以为水资源使用环节的用途管制提供有效支撑。其二，用水顺序制度与水资源开发利用阶段用途管制紧密相关。然而，用水顺序制度缺乏具体的实施机制，难以保障基本生态用水和农业用水的需要。其三，未明确具体水源的具体用途，水资源的宏观配置环节与开发利用环节存在脱节现象。在水资源的宏观配置环节，水量分配方案应当明确具体的江河、湖泊、水库和地下水的可取用水量，但是在开发利用环节，江河、湖泊、地下水等各水源的具体用途却未能予以明确，使得水量分配方案预期的水资源用途管制目的无法实现。其四，水资源利用环节的用途管制不但应注重水量管控，而且应注重水质管控，二者不可偏废。循环用水制度旨在通过提高水的重复利用率，减少对水量的需求，实现节约用水的目的。但依据水资源使用环节的用途管制要求，循环使用水的用途还应当与其水质相适应，不能将循环水用于对水质有特别要求的行业，对此，现有立法规定不明。

（三）水资源保护环节的用途管制

我国水资源保护环节的用途管制主要包括以下几个方面：一是水功能区划制度（《水法》第32条）；二是饮用水水源保护区制度（《水法》第33、34条，《水污染防治法》第56条至第63条）；三是入河排污口制度（《水法》第34条，《水污染防治法》第17条、第22条、第65条）；四是水质保护制度（《水法》第32条，《水污染防治法》第45条、第51条）；五是水污染防治制度（《水污染防治法》）。

第二章 自然资源用途管制的制度现状与实践困局

我国水资源保护环节的用途管制存在以下问题：其一，目前批复的水功能区划主要是基于水质要求来确定不同水域的功能，水功能区管理也主要是基于水域的纳污能力提出限制排污总量意见，进行监测，发现问题及时向政府报告和向环保部门通报。[1] 这些内容虽然与水资源用途管制有关，但尚不属于对水资源进行空间意义上的用途管制。因此，有必要按照水资源用途管制的要求，进一步补充、拓展和丰富水功能区划定与管理的相关内容。其二，饮用水水源保护区制度偏重水体保护，对水源地保护不够重视。[2] 其三，对生态用水保障的规定不到位。比如，虽然规定了生态流量和生态水位制度，但未明确生态流量和生态水位应当如何确定，缺乏可操作性。

(四) 水资源载体保护环节的用途管制

我国水资源载体保护环节的用途管制主要包括以下几个方面：一是河湖水域岸线管理制度（《水法》第39条、《防洪法》第20条至第22条）；二是禁止围垦制度（《水法》第40条、《防洪法》第23条）；三是占用补偿制度（《水法》第35条、《防洪法》第27条）。

其中的问题在于：其一，虽然对农村集体经济组织或者其成员兴建水工程设施的行为作了规定，目的在于规制农村用水行为，但实践中，水行政主管部门对农村集体经济组织修建水库的审批，未明确其承载的水资源用途，不利于水资源载体保护环节的用途管制。为对面广量大的农村水塘、水库中的水资源实施有效的用途管制，有必要在确权的同时明确其用途。其

---

[1] 参见王一文、刘洪先：《我国水功能区管理立法现状与推进建议》，载《中国水利》2012年第18期。
[2] 参见侯俊等：《我国饮用水水源地保护法规体系现状及建议》，载《水资源保护》2009第1期。

二,水资源的形态特性决定了水资源必须依靠一定的载体而存在。如果水资源载体遭到毁损,就会对水资源造成损害。现有的涉及水资源载体保护的法律规范仅从水资源保护角度予以规定,缺乏整体考虑,无法应对所有侵害水资源载体的情形。

三、森林资源用途管制制度现状

2005年,国家林业局《关于进一步加强森林资源管理工作的意见》规定,"抓紧编制《全国林地保护利用规划》,按照分类保护、分区管理的原则,确定林地保护、利用等级,制定分区域的林地主导用途和利用方向,实施林地用途管制"。2005年12月,国务院批转国家林业局《关于各地区"十一五"期间年森林采伐限额审核意见的通知》(已失效)提出,要实行森林采伐限额制度,编制林地保护利用规划,并建立征用占用林地专家评审制度和林业主管部门预审制度,实行林地用途管制。2012年7月,国务院办公厅《关于加快林下经济发展的意见》提出要科学规划林下经济发展,将林下经济发展与生态建设工程紧密结合,坚持生态优先,严禁为了追逐经济效益而非法乱砍滥伐。2015年11月,中共中央办公厅、国务院办公厅印发的《深化农村改革综合性实施方案》指出,要深化林业和水利改革,实行最严格的林地用途管制制度。以放活经营权、落实处置权、保障收益权为重点,深化配套改革,完善集体林权制度。实行森林分类经营管理,完善林木采伐权,调动发展林业的积极性。稳步推进国有林场和国有林区改革。有序停止天然林商业性采伐。2016年11月,国务院印发的《"十三五"生态环境保护规划》强调,"保护森林生态系统。完善天然林保护制度……继续实施森林管护和培育、公益林建设补助政策。严格保护林地资源,分级分类进行林地用途管制……推进森林质量精准提升"。

第二章　自然资源用途管制的制度现状与实践困局

2017年3月，国土资源部印发的《自然生态空间用途管制办法（试行）》规定，推进自然生态空间用途管制，对健全国土空间用途管制制度具有重要意义，自然生态空间用途管制"涵盖需要保护和合理利用的森林、草原、湿地、河流、湖泊、滩涂、岸线、海洋、荒地、荒漠、戈壁、冰川、高山冻原、无居民海岛等"。2019年7月，中共中央办公厅、国务院办公厅印发的《天然林保护修复制度方案》提出，建立天然林用途管制制度，其中包括建立天然林休养生息制度并严管天然林地占用。从目前来看，全国大部分地区已经根据区域情况完成了森林分类区划界定和成果上报工作，并且还制定发布了各地的《分类区划界定工作方案》和《森林分类区划界定操作细则》，在省级层面内开展着分类区划界定工作。[1]同时，全国各级林业部门也构建了国家、省、县三级林地保护利用规划体系，对所属区域内的森林进行全面调查、归口管理。

根据以上规定，森林资源用途管制制度主要措施包括以下几方面：一是林业规划制度。《森林法》与《森林法实施条例》明确规定要制定林业长远规划以及需要遵循的基本原则、内容及规划批准程序。国务院《全国林地保护利用规划纲要（2010-2020年）》提出"完善规划体系，分级编制国家、省、县三级林地保护利用规划，下一级规划应根据上一级规划编制，并与主体功能区规划、土地利用总体规划等相关规划做好衔接。省、县两级林地保护利用规划要经上级林业主管部门审核，由同级人民政府批准。严禁擅自修改林地保护利用规划，确需修改的要报原批准机关批准"。原国家林业局《林业发展"十三五"规划》也明确了建立健全林业规划制度，为2050年基本实现林

---

[1] 参见徐艳玲：《略论森林分类经营现状及对策》，载《科技创新与应用》2013年第10期。

业现代化奠定坚实基础。然而在实践中，林业规划缺乏强制力，影响了用途管制目标的实现。二是林业分类分区管理制度，即按照区域和类型来明确森林资源的用途。这有利于各分区森林资源的用途变化的管理模式，便于积极引导与规范，确保其用途变更与森林资源整体保护要求相协调。三是限额采伐制度。《森林法》第六章明确规定了国家实施森林采伐许可制度，严格按照采伐许可证的规定进行采伐。森林采伐限额制度是国家通过制定统一的年度木材生产计划，对森林和林木实行限制采伐，以控制森林资源的消耗量不超过森林资源的生长量，从而达到提高森林覆盖率，改善我国生态状况，以及充分发挥森林在经济发展和社会和谐发展中的作用。

四、矿产资源用途管制制度现状

矿产资源用途管制的主要抓手是矿产资源规划制度。矿产资源规划是国家对矿业经济进行宏观调控的一种手段。矿产资源规划从单纯强调开发利用到注重保护开发、实现社会效益、资源效益、经济效益、环境效益相统一的变化，其基本职能也被扩展为根据国民经济整体发展的需要和产业政策，对矿业经济的发展进行规范和引导，制定矿业经济发展的总体目标、矿产资源开发利用和保护的重大方针和政策，研究矿业生产力的合理布局和矿产品结构调整方向，提出矿产资源开发利用和保护的战略措施，实现矿业的可持续发展。

1996年修正后的《矿产资源法》明确规定"勘查、开采矿产资源，必须依法分别申请、经批准取得探矿权、采矿权，并办理登记"，国家对矿产资源的勘查、开发实行统一规划、合理布局、综合勘查、综合开采与利用的原则。《矿产资源法实施细则》进一步规定，全国矿产资源规划，在国务院计划行政主管部门指导下,由国务院地质矿产主管部门根据国民经济和社会发展中、长期规划,组织国务院有关主管部门和省、自治区、直辖市人民政府编制,报国务院批准后实行。2020年,经过全国三轮矿产资源规划编制实施后,自然资源部组织正式开展矿产资源规划(2021-2025年)编制工作,重在进行国土空间规划,提高资源安全保障能力,处理好开发与保护、当前与长远、整体与局部等关系,确保市场在资源配置中起决定性作用,同时要发挥政府的宏观调控作用,推进矿业绿色发展。确保资源供给与经济社会发展需求相适应,资源开发利用与生态环境保护相协调,规划管控与管理改革相衔接。[1] 按照自上而下、上下联动、齐抓共管的原则,全面启动全国、省、市县各级规划的编制。规划基期为2020年,目标年为2025年,展望到2035年。

矿产资源规划制度主要包括以下三方面内容:

第一,两类四级矿产资源规划体系的确立。为了满足分类管理与政府职能转变的要求,构建了协调统一的两类四级矿产资源规划体系,分为全国、省、市、县四级。其中,全国规划发挥了全局宏观性作用,重点落实国家矿产资源安全战略,明确资源管理和矿业发展的战略导向。省级规划发挥了统筹协调作用,指导约束国家规划的实行,并配合落实国家规划要求,谋划本省区域内工作布局。市、县级规划则突出监管作用,并需有针对性地实施专项规划。

第二,矿产资源规划管理制度体系的建立。原国土资源部非常重视我国矿产资源规划管理制度的建设,并相继出台完善了一系列规划管理制度。例如,《矿产资源规划编制实施办法》(国土资源部令第55号)明确了矿产资源规划的含义、作用以

---

[1] 参见史瑾瑾:《省级矿产资源规划中矿业权设置区划编制浅析》,载《中国国土资源经济》2020年第3期。

及定位，规定了矿产资源规划编制、实施与监管的基本要求。《关于贯彻落实〈矿产资源规划编制实施办法〉严格规划管理的通知》（国土资厅发〔2013〕24号）（已失效）对矿产资源规划编制实施办法进行了细化规定。《省级矿产资源总体规划编制技术规程》（已失效）与《市县级矿产资源总体规划编制指导意见》（已失效）则明确了省、市县级规划编制的重点、技术要求和成果要求等。

第三，矿产资源规划调控手段体系的形成。我国已形成由总量调控、分区管理、准入管理等构成的"三位一体"的规划管理体系。一是矿产资源开发利用总量调控制度，即通过综合研究判断资源开发利用形势、市场供需形势、产业发展态势以及改革发展大势等，制定差别化的调控方向，稳定市场预期，引导投资方向，保障矿业经济平稳运行。二是规划分区管理制度。该制度主要是通过分区的规划，构建与国土空间开发战略相适应的矿业格局。三是准入管理制度。充分考虑经济、社会、资源、环境、安全等条件，明确资源勘查、开发准入条件，实行区域差别化、矿种差别化管理准入政策。

五、野生动植物资源管理制度现状

（一）野生动物资源管理制度

1988年，第七届全国人民代表大会常务委员会第四次会议通过了《野生动物保护法》，并于1989年3月1日起施行。后《陆生野生动物保护实施条例》于1992年3月1日起施行。凡是在我国境内从事野生动物的保护、驯养繁殖、开发利用活动的组织和公民，必须遵守《野生动物保护法》。《野生动物保护法》规定保护的野生动物，是指珍贵、濒危的陆生、水生野生动物和有益的或者有重要经济、科学研究价值的陆生野生动物。

珍贵、濒危的水生野生动物以外的其他水生野生动物的保护，适用渔业法的规定。国家对野生动物实行加强资源保护、积极驯养繁殖、合理开发利用的方针，鼓励开展野生动物科学研究。2004年8月28日，第十届全国人民代表大会常务委员会第十一次会议《关于修改〈中华人民共和国野生动物保护法〉的决定》第一次修正了《野生动物保护法》。2009年8月27日，第十一届全国人民代表大会常务委员会第十次会议《关于修改部分法律的决定》第二次修正了《野生动物保护法》。2016年7月2日，第十二届全国人民代表大会常务委员会第二十一次会议修订了《野生动物保护法》。2018年10月26日，第十三届全国人民代表大会常务委员会第六次会议《关于修改〈中华人民共和国野生动物保护法〉等十五部法律的决定》第三次修正了《野生动物保护法》。

1. 分类分级保护制度

在分类保护方面，国家保护的野生动物分为两类：一类是珍贵、濒危的野生动物；一类是有益的或者有重要经济、科学研究价值的陆生野生动物。在分级保护方面，国家重点保护的野生动物分为一级保护野生动物和二级保护野生动物。两类两级野生动物具体体现在三个名录当中，即《国家重点保护野生动物名录》《地方重点保护野生动物名录》和《国家保护的有益的或者有重要经济、科学研究价值的陆生野生动物名录》。

2. 野生动物栖息地保护制度

对野生动物栖息地的生态保护是用以实现对野生动物保护的重要途径，而栖息地作为具体特定地段上对生物起作用的生态因子总和，比一般所说的环境、土地等概念具有更加具体的意义。在实践中，野生动物栖息地的概念除了土地，往往有更大范围的包括具有感知能力和不具有感知能力的动物资源、水资源、地下资源等在内的庞大的立体的多重元素结合。包含森林、湖泊、湿地、山林等在内的野生动物栖息地，从本质上来说是自然资源生态系统。

一般而言，国务院野生动物保护主管部门应当会同国务院有关部门，根据野生动物及其栖息地状况的调查、监测和评估结果，确定并发布野生动物重要栖息地名录。省级以上人民政府依法划定相关自然保护区域，保护野生动物及其重要栖息地，保护、恢复和改善野生动物生存环境。对不具备划定相关自然保护区域条件的，县级以上人民政府可以采取划定禁猎（渔）区、规定禁猎（渔）期等其他形式予以保护。

3. 野生动物物种保护制度

野生动物物种保护包含两方面的内容：一是对本国既有物种的保护；二是对外来物种的风险防范。在本国物种保护方面，国家支持有关科学研究机构因物种保护目的人工繁育国家重点保护野生动物，并对其他的人工繁育国家重点保护野生动物实行许可制度。人工繁育国家重点保护野生动物应当使用人工繁育子代种源，建立物种系谱、繁育档案和个体数据。人工繁育国家重点保护野生动物应当有利于物种保护及其科学研究，不得破坏野外种群资源，并根据野生动物习性确保其具有必要的活动空间和生息繁衍、卫生健康条件，具备与其繁育目的、种类、发展规模相适应的场所、设施、技术，符合有关技术标准和防疫要求，不得虐待野生动物。涉及科学技术保密的野生动物物种的出口，按照国务院有关规定办理。在防范外来物种风险方面，一般禁止或者限制在相关自然保护区域内引入外来物种，从境外引进野生动物物种的，应当经国务院野生动物保护主管部门批准。从境外引进野生动物物种的，应当采取安全可靠的防范措施，防止其进入野外环境，避免对生态系统造成危害。确需将其放归野外的，按照国家有关规定执行。

(二) 野生植物资源管理制度

为保护、发展和合理利用野生植物资源，保护生物多样性，维护生态平衡，1996年9月30日，国务院发布了《野生植物保护条例》，自1997年1月1日起施行。2017年10月7日，国务院时任总理李克强签署第687号中华人民共和国国务院令，对《野生植物保护条例》进行了修改。《野生植物保护条例》所保护的野生植物，是指原生地天然生长的珍贵植物和原生地天然生长并具有重要经济、科学研究、文化价值的濒危、稀有植物，还包括药用野生植物和城市园林、自然保护区、风景名胜区内的野生植物。

根据《野生植物保护条例》的规定，国务院林业行政主管部门主管全国林区内野生植物和林区外珍贵野生树木的监督管理工作。我国对野生植物资源实行加强保护、积极发展、合理利用的方针，保护依法开发利用和经营管理野生植物资源的单位和个人的合法权益，鼓励和支持野生植物科学研究、野生植物的就地保护和迁地保护。人民政府也会奖励在野生植物资源保护、科学研究、培育利用和宣传教育方面成绩显著的单位和个人。《野生植物保护条例》规定保护的野生植物分为国家重点保护野生植物与地方重点保护野生植物两大类。国家重点保护野生植物又分为国家一级保护野生植物和国家二级保护野生植物。地方重点保护野生植物，是指国家重点保护野生植物以外，由省、自治区、直辖市保护的野生植物。

六、空间用途管制制度现状

党的十八届三中全会通过的《关于全面深化改革若干重大问题的决定》提出"划定生产、生活、生态空间开发管制界限，落实用途管制"。2015年9月，中共中央、国务院印发的《生态文明体制改革总体方案》指出"构建以空间规划为基础、以用途管制为主要手段的国土空间开发保护制度……健全国土空间用途管制制度"。2017年，国土资源部印发《自然生态空间用途管制办法（试行）》，提出建立覆盖全部自然生态空间的用途管制制度。2017年，党的十九大报告首次明确要求对全部国土空间均实现用途管制。国务院于2017年1月发布的我国首个国家级空间规划《全国国土规划纲要（2016—2030年）》为健全空间规划体系和指导省级、市县级空间规划编制指明了方向。2018年，自然资源部组建并设立国土空间用途管制司，同年3月，第十三届全国人民代表大会正式授予该司行使所有国土空间用途管制的职责。2018年11月，中共中央、国务院出台的《关于统一规划体系更好发挥国家发展规划战略导向作用的意见》提出"国家级空间规划以空间治理和空间结构优化为主要内容，是实施国土空间用途管制和生态保护修复的重要依据"。从实践来看，虽然各地相继开始了国土空间规划的编制和空间的用途管制，但本质上仍未实现"多规合一"，即便在各种规划的衔接上，也未能做到完全的协调一致。

第二节　用途管制制度的实践困局[1]

在我国自然资源用途管制法律制度的实践中，一个核心的问题是整体的发展格局呈现不平衡、不充分的状态，其原因是多方面的。从制度本身来看，首先体现在管制主体的分散和管制权的分散，以及由此而来的分散的管制主体所采用的统计口

---

[1] 本节部分内容已发表，参见李祎恒：《区域国土空间开发保护的困境及法理求解》，载《学海》2023年第5期。

径、数据标准、管理体制等管制基础也是分散而难以相互衔接的,人为地将自然资源整体的空间割裂为不同部门利益的载体;进一步,分散的管制主体几乎无法顾及不同自然资源间的关联关系,而是对单一某种自然资源施加管制措施,甚至有可能出现数个管制主体对同一自然资源进行管制但又互不相干的情况。这种层层叠叠、错综复杂的笼罩在自然资源上的管制措施就像是一把打不碎的枷锁牢牢地束缚住了制度发展的可能性。从价值取向来看,用途管制制度一直面临生态价值和经济价值的取舍,并在很大程度上因为经济价值对生态价值的挤压,导致用途管制制度的目标发生偏移,沦为地方政府谋求经济发展的抓手。从功能定位来看,用途管制制度应当实现公共利益和私人财产权益的统一,但自然资源国家所有权概念的不确定性则使得所有权、管治权、使用权等权力(利)在公私法的不同层面产生了交织。这种独特的自然资源权力(利)配置模式对用途管制制度实践的最大影响就是,用途管制制度很难在公共利益和私人财产权益之间保持水平的平衡,[1]并极易因为公权力的过度介入而损害私人财产权,尤其是在有关自然资源的私的权利内容亦有待立法予以形成时,[2]用途管制制度的功能更是会因为其制度本身建立在模糊的概念基础上而发生异化。

一、制度枷锁:管制手段与管制基础的关联

自然资源用途管制的管制基础主要指的是我国实行的多部门分割的自然资源管理体制。在 2018 年机构改革之前,发展和

---

[1] David Dana, Thomas W. Merrill, *Property*: *Takings*, Foundation Press, 2002, p. 22.

[2] 参见张翔:《国家所有权的具体内容有待立法形成》,载《法学研究》2013年第 4 期。

改革部门、国土资源部门、住房和城乡建设部门、水利部门、农业部门、林业部门、海洋部门、环境保护部门、交通部门、能源部门等多个部门都可以依法对城市用地（居住、工业、商业等建设用地与非建设用地）、农村用地（农用地、集体建设用地、未利用地等）、草原、森林、水域和海洋等单一的某种自然资源实施不同程度或不同指向的用途管制措施。从行政管理的角度来看，有观点将这种状况戏称为"九龙共治"——不仅在管制措施的衔接上存在问题，而且还经常出现冲突的情形。机构改革之前，不同部门出台的土地利用分类标准有20多种，分类数目多、种类繁杂。各种分类标准自成体系，主要体现了制定部门的管理职能，服务于各自管理对象（单一某种自然资源）的调查、评价与规划管控需求。[1]这些分类体系封闭而独立，难以与其他部门出台的土地用途标准保持一致。在实践中，各个部门为了履行本部门职责，都侧重片面强调本部门管制措施的重要性而忽视了该种自然资源可能具有的其他功能，或是将被本部门管制的单一自然资源从整个空间中分离出来而不考虑不同自然资源之间的功能关联性和空间整体性。

即使是在同一个部门内部，由于行政层级的不同，管制的权限也是天差地别，并可能出现两种极端的现象：一是地方行政部门管辖区域内包含中央部门依职权直接管制的自然资源，比如各大流域机构作为水利部的派出机构，在流域范围内对水资源实施的管制措施，与地方水利部门对水资源实施的管制措施之间，可能因为管制目的的不同而发生冲突。以黑河流域为例，在取水许可的审批和管理方面，黑河流域管理局与流域内青海、甘肃、内蒙古三省（区）地方人民政府及水行政主管部

---

〔1〕 参见龚健等：《面向自然资源统一管理的国土空间规划用地分类体系及用途管制探索》，载《规划师》2020年第10期。

第二章 自然资源用途管制的制度现状与实践困局

门、东风场区、水库和水电站主管部门或者单位都应依法进行分级管理。然而,黑河流域管理局和三省(区)的取水许可审批权限存在重合的可能——黑河流域管理局和三省(区)水行政主管部门所依据的取水许可审批权限的规定并未采用统一的计算标准,从而导致了取水许可审批权限的冲突。[1]实践中,一家单位取水同时由黑河流域管理局和地方人民政府发放取水许可证的情形也已经出现。二是为了激活基层部门的积极性和

---

[1]《黑河取水许可管理实施细则(试行)》规定,黑河流域管理局在取水许可审批上的权限针对的是黑河干流河段上的地表水,工业与城镇生活取水按照"万立方米/日"的标准计算,日取水量1万立方米以上的由黑河流域管理局审批;农业取水按照"立方米/秒"的标准计算,设计流量5立方米每秒以上的由黑河流域管理局审批。三省(区)取水许可审批权限都是包括地表水和地下水的,而且计算标准各有差别。在取用地表水方面,《青海省取水许可和水资源费征收管理办法》规定,取水按照"万立方米/日"的标准计算。日取水量在5万立方米以上的由省人民政府水行政主管部门审批,日取水量在1万立方米至5万立方米的由州(地、市)人民政府水行政主管部门审批。《甘肃省取水许可和水资源费征收管理办法》规定,取水按照"万立方米/年"的标准计算。工业、服务业、商业、建筑业、火力发电循环式冷却和城镇生活取水年取水量不足100万立方米的,由县市区水行政主管部门审批;年取水量在100万立方米以上不足500万立方米的,由市州水行政主管部门审批;年取水量在500万立方米以上的,由省水行政主管部门审批。农业取水年取水量不足500万立方米的,由县市区水行政主管部门审批;年取水量在500万立方米以上不足2000万立方米的,由市州水行政主管部门审批;年取水量在2000万立方米以上的,由省水行政主管部门审批。《内蒙古自治区取水许可和水资源费征收管理实施办法》规定,取水按照"万立方米/年"的标准计算。工业取水年取水量不足100万立方米的,由旗县级人民政府水行政主管部门审批;年取水量在100万立方米以上不足300万立方米的,由盟行政公署、市人民政府水行政主管部门审批;年取水量在300万立方米以上的,由自治区人民政府水行政主管部门审批。农业、生态取水年取水量不足500万立方米的,由旗县级人民政府水行政主管部门审批;年取水量在500万立方米以上不足1000万立方米的,由盟行政公署、市人民政府水行政主管部门审批;年取水量在1000万立方米以上的,由自治区人民政府水行政主管部门审批。另外,盟行政公署、市人民政府所在地的城市生活用水,由盟行政公署、市人民政府水行政主管部门审批;旗县级人民政府所在地或者实行集中统一供水乡镇的生活用水,由旗县级人民政府水行政主管部门审批。其中,年取水300万立方米以上的应当报自治区水行政主管部门备案。

明确基层部门的职责,将行政权力大量下放至基层,使得不具有自然资源管制能力、技术储备等要件的基层部门成为事实上的管制主体,[1]架空了自上而下的用途管制制度。

基于以上管制基础,自然资源用途的管制手段则无外乎部门主导下以行政审批为主要形式的管理措施。从我国自然资源用途管制的制度现状来看,自然资源用途的确定及管制措施的实施主要通过指标控制、分区管制和名录管理等手段进行。以土地资源用途管制为例,指标控制主要是以耕地保有量、永久基本农田保护面积、新增建设用地占用耕地规模、土地整治补充耕地面积、生态保护红线面积以及建设用地总规模等约束性指标为核心,采用纵向逐级下达、下位规划不得突破上位规划、辅以年度计划管理控制占用时序等手段,来实现用途管制的目的。[2]

分区管制以自然资源用途分类为基础,亦是种类繁多。如土地利用总体规划划分了允许建设区、有条件建设区、限制建设区、禁止建设区四种分区,城乡总体规划划分了已建区、适建区、限建区三种分区,主体功能区规划划分了优化开发区、重点开发区、限制开发区和禁止开发区四种分区,环境保护规划划分了聚居发展维护区、食物安全保障区、资源开发引导区、自然生态保留区、生态功能调节区五种分区等。由于分区标准的不统一,各种分区之间究竟是何种关系几乎无法形成共识性意见,因而分区管制往往流于形式。实践中,部分地区生态保护红线划定工作未与土地利用总体规划、城市总体规划进行有

---

〔1〕 参见侯爱敏:《权力·空间视野下的生态环境建设与管理》,东南大学出版社 2016 年版,第 14 页。

〔2〕 参见张晓玲、吕晓:《国土空间用途管制的改革逻辑及其规划响应路径》,载《自然资源学报》2020 年第 6 期。

效衔接和比照，出现了部分永久基本农田、规划的建设用地位于生态保护红线范围内的现象。[1]

名录管理是分区管制的一种特殊形式，如《建设项目环境影响评价分类管理名录（2021年版）》就根据建设项目特征和所在区域的环境敏感程度，综合考虑了建设项目可能对环境产生的影响，对建设项目的环境影响评价实行了分类管理。该名录将国家公园、自然保护区、风景名胜区、世界文化和自然遗产地、海洋特别保护区、饮用水水源保护区；永久基本农田、基本草原、自然公园（森林公园、地质公园、海洋公园等）、重要湿地、天然林，重点保护野生动物栖息地，重点保护野生植物生长繁殖地，重要水生生物的自然产卵场、索饵场、越冬场和洄游通道，天然渔场，水土流失重点预防区和重点治理区、沙化土地封禁保护区、封闭及半封闭海域；以居住、医疗卫生、文化教育、科研、行政办公为主要功能的区域以及文物保护单位都纳入了环境敏感区名录管理。但仅从这一项目录中，我们也得以管窥名录管理的问题，即名录管理需要界定"重要""重点""主要"等大量不确定的概念，且部分概念来自其他部门的规范性文件，这对于制定名录的部门来说，很难超越职权去定义其他部门管辖范围内的区域。

由此可见，分区管制和名录管理在实践中的管制效能并不突出，自然资源用途管制最重要的抓手其实是指标控制。通过指标控制，行政机关事实上将空间以及空间内的各种自然资源依据其行政管理职权简化为单一某种自然资源的量。这种对自然资源数量的管制于单一的行政部门来说，是在有限的行政资源和技术储备等条件下，实施用途管制的最优选择。一方面，

---

[1] 参见祁帆等：《自然资源用途管制制度研究》，载《国土资源情报》2017年第9期。

部门的精细化分工使得不同部门所掌握的知识、技术、人才等方面的储备都有所不同,很难跨领域对不属于其职权范围的其他自然资源实施用途管制。另一方面,部门具有的行政资源是有限的,并因中央部门和地方部门之间的权力分配而呈现不平衡的样态。比如,2004年国务院《关于深化改革严格土地管理的决定》规定,"调控新增建设用地总量的权力和责任在中央,盘活存量建设用地的权力和利益在地方"。在这种情况下,不同层级的部门之间亦需要围绕用途管制的权力展开博弈。而为了降低博弈的成本与贯彻中央部门对地方部门的引导与约束,并便于中央部门对地方部门的监督考核,采取指标控制的压力传导性机制也有其必要性。

二、价值困惑:生态价值与经济价值的取舍

从自然资源用途管制的制度现状来看,一个突出的特点是更关注作为物的自然资源的经济价值,而忽略其作为生态环境要素的生态价值。[1]在人与自然界的关系上,人通过自身的劳动对自然界加以改造,使其成为人化自然。这种物质生产活动首先是人为了自己的生存而进行的活动——人像动物一样发挥自己的机能,为了吃、喝、穿、住等直接占有、拥有和消费自然界的需要而进行生产,并以直接需要的量作为生产的尺度。[2]在此过程中,自然界被当作人的无机身体,为人提供维持其生存的东西,成为人的自然和人赖以存在的前提。[3]从法权关系的角

---

〔1〕 参见黄锡生:《自然资源物权法律制度研究》,重庆大学出版社2012年版,第100页。

〔2〕 中共中央马克思恩格斯列宁斯大林著作编译局译:《1844年经济学哲学手稿》,人民出版社2000年版,第180页。

〔3〕 中共中央马克思恩格斯列宁斯大林著作编译局译:《1844年经济学哲学手稿》,人民出版社2000年版,第90页。

第二章 自然资源用途管制的制度现状与实践困局

度来说,人把自然界中的物(自然资源)当作自己所有物来看待,并排斥他人对自己所有物的占有,从而产生了私有财产的观念。但是,国家和社会对于私人享有自然资源的权利并非完全放纵,在很大程度上,私人其实无法完整而全面地占有自然资源。近代民法上所有权神圣不可侵犯的理念到现代民法中已经消失无踪,且为所有权社会化的理念所替代,即为明证。更不要说,基于公共利益的目的,公权力无时无刻不在限制私人财产权利。面对这种威胁,同时也是为了实现占有自然资源用于个体生存的目的,私人必然会选择将其所占有的自然资源予以价值化,并享受价值化带来的利益。这里所说的价值,主要指的就是自然资源作为物的经济价值,包括使用价值和交换价值。人通过消费自然资源,才觉得自己是在进行自主的活动,因为只有当自然资源被使用的时候,才是为人所有的。[1]但是,这种对于经济价值的利己性追求虽然可能会排除国家、社会或他人对自己占有私有财产的干涉,但也会使得人与自然界的关系成为单纯的人与物的关系。用马克思的话来说,就是"忧心忡忡的穷人甚至对最美丽的景色都没有什么感觉;经营矿物的商人只看到矿物的商业价值,而看不到矿物的美和独特性;他没有矿物学的感觉"。[2]

与此同时,人与人之间的关系则走向了对立。在区域和区域之间,各方都希望将自然资源在本区域内转化为经济价值,即便这种行为可能损害其他区域的利益。仍以黑河流域为例,黑河中下游土地资源丰富,光热条件好,加上近年来农业扶持

---

[1] 中共中央马克思恩格斯列宁斯大林著作编译局译:《1844年经济学哲学手稿》,人民出版社2000年版,第85页。
[2] 中共中央马克思恩格斯列宁斯大林著作编译局译:《1844年经济学哲学手稿》,人民出版社2000年版,第87页。

政策和粮价上涨，农民种地增收的积极性和愿望较高，非法扩耕问题非常突出。张掖市的灌溉用水明显超过规划控制指标，严重挤占了下游缺水地区的水资源。根据张掖市2012年水利统计年报，黑河中游灌区农田灌溉面积达351.42万亩，比《近期治理规划》确定的农田灌溉面积289.38万亩多62.04万亩，按每亩净灌溉定额400立方米计，中游地区需要多耗水2.5亿立方米；该年制种玉米面积达117.5万亩，比上一年度增加近5万亩。黑河流域下游缺水地区也存在开荒扩耕现象，据卫星遥感影像分析，与1999年相比，鼎新灌区新增耕地面积约6.4万亩，额济纳旗新增耕地面积约3.5万亩。额济纳旗近年来还积极发展发电、旅游、化工等项目，用水量不断增加。在个人与个人之间，由于人只有通过私人劳动才能将其所有的自然资源予以价值化，并在与他人交换自然资源产品的过程中，实现自身劳动的社会价值，因此人与人的关系就表现为具有经济价值的商品与商品之间的关系。如果自然资源产品不具有或者丧失了经济价值，那么其所有者作为人的存在就无法得到他人的承认，由此导致了个人主义的唯经济论——人们只会关注那些能够为他们带来经济利益的自然资源，以至于想把不能被价值化或作为私有财产占有的一切都消灭，[1]从而将自然界实际地贬低为可以通过货币进行量化的私有财产。申言之，如果只从商品生产的角度来考察人与自然界之间的关系，那么为了满足商品交换的需要，自然资源首先将被同质化为生产的要素和原料，随即作为虚假的"整体"，又被碎片化为可以零散出售的产品。[2]自

---

[1] 中共中央马克思恩格斯列宁斯大林著作编译局译：《1844年经济学哲学手稿》，人民出版社2000年版，第79页。
[2] 参见［法］亨利·列斐伏尔：《〈空间的生产〉新版序言（1986）》，载张一兵主编：《社会批判理论纪事》（第1辑），中央编译出版社2006年版，第183页。

第二章　自然资源用途管制的制度现状与实践困局

然资源所共同构成的自然空间也被拆解为割裂的、分离的、不连续的部分，按照经济价值集聚的"中心—边缘"的等级排列，人也被等级化地安排在这些零散的空间中，"从最卑贱者到最高贵者，从马前卒到统治者"。[1]在此过程中，自然资源整体以及自然空间作为人类生活空间的基础性价值也同时被掩盖在对经济价值的追求之下。人则被商品关系所遮蔽而逐渐物化，听命于资本；而作为物的自然资源亦成为一部分人支配另一部分人的工具，而非社会关系的纽带。由此，人与人之间就形成了纯粹的否定关系。

然而，对于人来说，"个别人对土地的私有权，和一个人对另一个人的私有权一样，是十分荒谬的"。[2]作为人的无机身体，自然界不仅是人类生存的基础，也是人类自我实现的基础。各种自然资源相互联系所形成的整体空间，是人的活动领域，承载着人的精神意识和政治形态。[3]在这个空间中，人与自然界中的其他要素一样，是自然界的一部分，并在自然界中生活。自然界为人的生存和生活提供了外在的环境——土地、水、大气、野生动植物、海洋、森林、湿地等各种自然资源共同构成了人类存在的必要条件。这种基础性的价值与人类基于技术发展和社会进步而逐步加深对自然资源经济价值的利用无关，并不具有排他性的特征；而是一种不排斥他人共同享有，甚至是在越多的人共同享有的情况下，才能够真正彰显出来价值。更确切地说，人享有自然界的这种价值的同时，也在为他人、其他物种和生命个体创造着生存的条件，并对整个生态系统的稳

---

[1] Henri Lefebvre, *The Production of Space*, Translated by Donald Nicholson-Smith, Blackwell Publishers Inc., 1991, p. 282.

[2] 《马克思恩格斯选集》（第2卷），人民出版社2012年版，第641页。

[3] 参见孙全胜：《论马克思"空间生产"生态批判伦理的路径及启示》，载《内蒙古社会科学》2020年第2期。

定和平衡发挥着积极的作用。[1]我们将这种价值称为生态价值或者环境价值。

在自然经济时代,人类虽然已经按照自身的需求对自然界进行了开发利用,但由于科技能力有限,对自然界的改造没有超出必要的空间界限,没有面临经济价值和生态价值的取舍难题。即使存在一定范围的过度开发,也会因为自然界本身的生态修复功能而趋向二者的平衡。但在近代社会以后,资本主义的空间生产超越了自然空间的界限,将全球范围内所有空间都视为资本增殖的对象,并不断开辟新的市场空间,以生产自己的空间。[2]为了追求资本利润最大化,资本主义的空间生产要求实现自我的无限增长,摧毁一切阻碍发展生产力、扩大需要、使生产多样化、利用和交换自然力量和精神力量的限制。[3]需要注意的是,自然界确实给人类生产提供了基本的条件,但是自然界本身发展的节奏和周期与资本运作的节奏和周期却有着天壤之别。[4]资本将自然界视为纯粹的对象性存在、将其价值贬低为对人的需要的服从的同时,自然界也在被资本肢解、消费的过程中,逐渐丧失了其作为生态系统整体所具有的生态修复功能,由此产生的后果是:自然界的生态价值与经济价值之间发生了严重失衡,而为了获取经济价值,人类罔顾自然界生态价值的存在,带来日益复杂的环境问题,并将最终导致人类自身在自然界中的生存危机。

---

〔1〕 参见刘福森:《生态文明建设中的几个基本理论问题》,载《光明日报》2013年1月15日。

〔2〕 Henri Lefebvre, *The Production of Space*, Translated by Donald Nicholson-Smith, Blackwell Publishers Inc., 1991, p.325.

〔3〕《马克思恩格斯全集》(第30卷),人民出版社1995年版,第390页。

〔4〕 参见[美]詹姆斯·奥康纳:《自然的理由——生态学马克思主义研究》,唐正东、臧佩洪译,南京大学出版社2003年版,第10页。

要想消减危机发生的可能性，我们不得不对自然界商品化的过程进行管制，尽可能地使自然资源的用途回归到两种价值平衡的状态。但是，如果只是简单地认为经济价值和生态价值之间是非此即彼的关系，且在不同的理念之下，对一者的追求必然导致对另一者的抛弃，正如过度强调经济价值而忽视生态价值那样，那么亦不符合用途管制的目的。上文已述，自然资源用途管制制度目的在于促进不同价值的异质性并存。自然资源及其构成的整体性空间既是社会生产的要素，也是生产的产品；既为人类的劳动实践提供了外部的环境和生产资料，也最初和最终成为人类生存和生活的必要条件。从这个角度来说，无论是对自然资源经济价值的需求，还是对生态价值的需求，都是为了实现人与自然的均衡化发展，并最终实现人自由而全面的发展。这首先要求尊重差异性个体的真实权利，并为其创造非资本生产的差异性空间。[1]还需要以差异性空间的建立为基础，以土地、水、大气、海洋等自然资源的生态环境承载力为刚性约束，强化底线管制，明确空间在何种层面上必须用来满足群体需要和发展可能性。同时仍要注意，对生态价值的追求不是一定要牺牲对自然资源经济价值的取用，而是为了更长远的利用，建立保护性使用优于毁灭性消费的用途管制次序。

三、功能异化：财产权保障与用途管制的冲突

卢梭最早将异化的概念应用于哲学，他在分析自由是不是一个人不可转让（异化）的权利时，认为如果转让（异化）自由不意味着失去自由，那么就可以"寻找出一种结合的方式，使它能以全部共同的力量来卫护和保障每个结合者的人身和财

---

[1] 参见薛稷：《21世纪以来国外马克思主义空间批判理论的发展格局、理论形态与当代反思》，载《南京社会科学》2019年第8期。

富,并且由于这一结合而使每一个与全体相联合的个人又只不过是在服从自己本人,并且仍像以往一样自由"。[1]黑格尔将异化的概念系统化为理论,并以此构建了绝对精神自我运动的哲学。在黑格尔哲学体系中,异化是自我意识证实自己本质力量、完成自我复归的一个必然环节,异化的过程是主体从个别性自我成长为普遍性自我的过程。[2]黑格尔从劳动的角度,"把人的自我产生看作一个过程,把对象化看作非对象化,看作外化和这种外化的扬弃",这体现了黑格尔异化理论"伟大之处"——"辩证法,作为推动原则和创造原则的否定性"。[3]与黑格尔对异化的本质上的肯定不同,费尔巴哈从消极意义上将异化视为主体无法实现自我复归的自我丧失状态,指出人将自己的本质异化为神而存在。[4]在人异化为神的过程中,费尔巴哈所持的否定性意见认为,人类并不是为了在此过程中发现自己的本质从而实现两者的统一,而是要由此发现宗教虚幻的和不真的性质,[5]即人越异化,人的自我丧失就越严重。相对于黑格尔来说,费尔巴哈的异化理论更趋向唯物主义,但并没有把这种观点推及至现实世界,而是在意识世界中讨论人的本质属性,这当然无法获得正确的答案。在黑格尔和费尔巴哈异化理论的基础上,马克思一方面坚持了辩证法,另一方面则从费尔巴哈以异化论为核心的人道主义走向了历史唯物主义,对现实世界中

---

[1] [法]卢梭:《社会契约论》,何兆武译,商务印书馆2003年版,第19页。

[2] 参见韩立新:《从费尔巴哈的异化到黑格尔的异化:马克思的思想转变——〈对黑格尔的辩证法和整个哲学的批判〉的一个解读》,载《思想战线》2009年第6期。

[3] 《马克思恩格斯全集》(第3卷),人民出版社2002年版,第320页。

[4] 参见[日]广松涉:《唯物史观的原像》,邓习议译,南京大学出版社2009年版,第205~211页。

[5] 参见刘海江、萧诗美:《异化思想的辩证演绎:黑格尔、费尔巴哈与马克思》,载《武汉大学学报(人文科学版)》2016年第6期。

的异化概念进行分析，并以此考察了私有财产的本质。[1]由此，在历史唯物主义的异化理论中，人的劳动、私有财产的社会性质与人的生存、生活状态是联系在一起的。具体在用途管制制度中，必然会出现功能的异化；或者说，在异化的社会中，用途管制制度功能的异化是不可避免的。

上文在论及用途管制制度建构的目的时，我们已经能够形成的比较清晰的认识是，用途管制制度的出发点和落脚点都在于推动人与自然的共生、共存以及人类社会的可持续发展，并最终实现人的发展。人通过自身的劳动将自然界改造成人化自然，自然界为人的生存、生活提供的产品是人本质力量的实现和自我确证。据此，用途管制制度虽然在形式上采取了公法的路径来约束人的行为，但本质上是为了保障共同体成员的整体利益和每个个体的合法权益。然而，在用途管制制度运行的过程中，原本应当用于保障人的利益的制度反而会反过来反对人类自身。当制度成为权力来支配人的行为时，人就被对象化和工具化为一个私人的存在，既看不到他的社会联系，也看不到他和其他人之间的关系。[2]具体来说，这种功能异化表现为以下两个方面：

第一，以公共利益为名，对私人财产权益过度干涉，且不予补偿或补偿不足以弥补私人财产权被管制的损失。基于财产权保障的一般原理，立法应当赋予财产权以存续保障和价值保障两个方面的保障内容和意义。[3]前者目的是保障权利人得以享有财产权，而不受他人的不法侵害；后者则是针对财产权受

---

〔1〕 关于异化劳动和私有财产性质的问题，下文在分析马克思主义财产权思想时会进行详细阐释，此处不再赘述。

〔2〕 参见刘海江：《马克思哲学视域中的物权问题》，人民出版社2013年版，第185页。

〔3〕 BVerfGE 1, 264-277; BVerfGE 50, 290-340; BVerfGE 58, 81~112.

到损害且无法恢复的情况下,权利人可以要求获得财产权的价值。用途管制制度对私人财产权的限制亦应当遵循存续保障和价值保障的要求,即非经公平衡量公共利益和私人财产权益,且前者的需求优于后者,不得实施用途管制;同时,若用途管制措施对特定主体造成了特别的财产权损失,或者对于不特定的主体造成了难以承受的损失,可能危及其基本的生存状态或令其丧失了人格尊严,那么应当对被管制的主体给付正当补偿。但由于公共利益外延的确定和补偿与否、给予何种程度的补偿都需要法律予以规定,因此为了降低利益衡量的难度,用途管制制度运行中极易将公共利益的需求当成私人权益以外、与其毫无关联的利益需求,并将其作为用途管制的唯一目的。虽然公共利益本身并不存在明确而具体的主体,但其与私人利益之间不是非此即彼的关系,有学者甚至将其看成组成共同体的若干成员的利益的总和。[1]从公共利益产生的历史来看,其最初其实是私人利益中分化出来的与公共福祉相关的特别权能,[2]并在发展的过程中经由立法形成为独立的权益。需要注意的是,公共利益虽然与个人利益存在一定的联系,但"公共利益既不是单个个人所欲求的利益的总和,也不是人类整体的利益,而是一个社会通过个人的合作而生产出来的事物价值的总和;这种合作极为重要,其目的就在于使人们通过努力和劳动而能够构建他们自己的生活,进而使之与人之个性的尊严相一致"。[3]

---

〔1〕 [英] 边沁:《道德与立法原理导论》,时殷弘译,商务印书馆2000年版,第58页。

〔2〕 Hugo Grotius, *Drei Bücher über das Recht des Kriegs und Friedens: in Welchem das Natur und Völkerrecht und das Wichtigste aus dem öffentlichen Recht Erklärt Werden*, Bd. I, L. Heimann, 1877, S. 241 ff.

〔3〕 [美] 约翰·罗尔斯:《正义论》,何怀宏、何包钢、廖申白译,中国社会科学出版社1988年版,第211页。

基于此，公共利益和私人权益之间存在一种否定性的辩证关系，但这种辩证关系最终会形成二者间的平衡关系，并对二者都产生促进的功能。倘若将公共利益完全作为个人利益的对立面，那么其内在蕴含的与个人相关的成分以及其功能上对个人发展和人格尊严的增进就无从谈起，在这种错误认识下形成的用途管制制度的功能也必将发生异化。

第二，追求部门利益或区域利益的实现而忽视公共利益和个人权益。用途管制制度的实施应当有益于个人生活状态的改善或者公共福祉，但由于具体的实施主体往往是地方政府或者政府部门，所以经常出现区域利益或部门利益代替公共利益或者个人权益的情形。一方面，在 2018 年国家机构改革之前，自然资源用途管制的职权由发展改革、国土资源、城乡规划、生态环保等数个行政部门共同行使，部门职责交叉重复、衔接不畅等问题在实践中呈现多发态势。另一方面，地方政府长期将经济发展目标置于政绩考核体系的核心位置；即使随着发展的需要，加大了对生态环境价值的考虑，但也只会趋向重视本区域内的生态环境状况，并存在将与本区域发展目标不符的高污染、高耗能产业转移至其他区域的现象。事实上，区域利益或部门利益只是用途管制制度实施中产生的过程性价值，其存在本应作为达致用途管制制度目的的附加。然而由于用途管制制度合目的性规则的丧失，部门利益或区域利益无法得到有效的约束，也会导致用途管制制度功能的异化。

本章小结

在我国自然资源用途管制法律制度的实践中，一个核心的问题是整体的发展格局呈现不平衡、不充分的状态，其原因是多方面的。从制度本身来看，首先体现在管制主体的分散和管制权的分散，以及由此而来的分散的管制主体所采用的统计口径、数据标准、管理体制等管制基础也是分散而难以相互衔接的，人为地将自然资源整体的空间割裂为不同部门利益的载体；进一步，分散的管制主体几乎无法顾及不同自然资源间的关联关系，而是对单一某种自然资源施加管制措施，甚至有可能出现数个管制主体对同一自然资源进行管制但又互不相干的情况。这种层层叠叠、错综复杂的笼罩在自然资源上的管制措施就像是一把打不碎的枷锁牢牢地束缚住了制度发展的可能性。从价值取向来看，用途管制制度一直面临生态价值和经济价值的取舍，并在很大程度上因为经济价值对生态价值的挤压，导致用途管制制度的目标发生偏移，沦为地方政府谋求经济发展的抓手。从功能定位来看，用途管制制度应当实现公共利益和私人财产权益的统一，但自然资源国家所有权概念的不确定性则使得所有权、使用权、管制权等权力（利）在公私法的不同层面产生了交织。这种独特的自然资源权力（利）配置模式对用途管制制度实践的最大影响就是，用途管制制度很难在公共利益和私人财产权益之间保持水平的平衡，并极易因为公权力的过度介入而损害私人财产权，尤其是在有关自然资源的私的权利内容亦有待立法予以形成时，用途管制制度的功能更是会因为其制度本身建立在模糊的概念基础上而发生异化。

第三章

新时代自然资源用途管制制度的科学内涵与理论内核

第一节 自然资源用途管制的科学内涵

十八大以来,针对自然资源管理领域存在的问题,一系列新思想、新理念相继被提出。这些新思想、新理念对自然资源用途管制制度的建立健全起到了创新性的指导作用,为用途管制提供了更加科学的理论依据,更新了用途管制的内涵,并指明了用途管制实施的基本路径。

党的十八大报告提出了我国实现社会主义现代化和中华民族伟大复兴"五位一体"的总体布局,即经济建设、政治建设、文化建设、社会建设以及生态文明建设。十八大报告指出,建设生态文明,是关系人民福祉、关乎民族未来的长远大计,必须树立尊重自然、顺应自然、保护自然的生态文明理念,把生态文明建设放在突出地位,融入经济建设、政治建设、文化建设、社会建设各方面和全过程。十八大报告虽然没有明确提出自然资源用途管制实施的创新路径,但对于生态文明建设的重要论述,为自然资源用途管制科学内涵的形成奠定了坚实的基础。其一,十八大报告提出了空间的三种用途——生活、生产、生态，指出了空间与用途管制之间的关系。十八大报告提出，国土是生态文明建设的空间载体，要按照人口资源环境相均衡、经济社会生态效益相统一的原则，控制开发强度，调整空间结构，促进生产空间集约高效、生活空间宜居适度、生态空间山清水秀。同时，要加快实施主体功能区战略，推动各地区严格按照主体功能定位发展，构建科学合理的城市化格局、农业发展格局、生态安全格局。其二，十八大报告指出了自然资源用途管制与生态文明建设之间的关系。十八大报告将生态文明制度建设作为自然资源用途管制的逻辑起点，提出要节约集约利用资源，推动资源利用方式根本转变，加强全过程节约管理，大幅降低能源、水、土地消耗强度，提高利用效率和效益，并为能源、水、土地、矿产等资源的开发利用设定了用途红线。其三，十八大报告在传统的行政管理手段的基础上，提出了用途管制实施的市场机制。十八大报告提出要建立反映市场供求和资源稀缺程度、体现生态价值和代际补偿的资源有偿使用制度和生态补偿制度，并要积极开展节能量、碳排放权、排污权、水权交易试点。

十八届三中全会通过的中共中央《关于全面深化改革若干重大问题的决定》（以下简称《改革决定》）是在新的历史起点上全面深化改革的纲领性文件，也是在十八大报告提出生态文明建设的要求后，明确指出自然资源用途管制制度应当如何实施的标志性文件。《改革决定》提出要建立系统完整的生态文明制度体系，必须健全自然资源资产产权制度和用途管制制度。一方面要对水流、森林、山岭、草原、荒地、滩涂等自然生态空间进行统一确权登记，形成归属清晰、权责明确、监管有效的自然资源资产产权制度。另一方面则是要建立空间规划体系，划定生产、生活、生态空间开发管制界限，落实用途管制，并

第三章　新时代自然资源用途管制制度的科学内涵与理论内核

健全能源、水、土地节约集约使用制度。针对自然资源管理领域"九龙共治"的现象，《改革决定》提出要建立"两个统一"：一是要健全国家自然资源资产管理体制，统一行使全民所有自然资源资产所有者职责；二是要完善自然资源监管体制，统一行使所有国土空间用途管制职责。关于自然资源资产产权制度和用途管制制度之间关系，习近平总书记指出，"国家对全民所有自然资源资产行使所有权并进行管理和国家对国土范围内自然资源行使监管权是不同的，前者是所有权人意义上的权利，后者是管理者意义上的权力。这就需要完善自然资源监管体制，统一行使所有国土空间用途管制职责，使国有自然资源资产所有权人和国家自然资源管理者相互独立、相互配合、相互监督"。[1]

更重要的是，习近平总书记在《关于〈中共中央关于全面深化改革若干重大问题的决定〉的说明》中阐述了自然资源用途管制所需要遵循的基本原则，即"山水林田湖是一个生命共同体"的重要论断。[2] 习近平总书记指出，"我们要认识到，山水林田湖是一个生命共同体，人的命脉在田，田的命脉在水，水的命脉在山，山的命脉在土，土的命脉在树。用途管制和生态修复必须遵循自然规律，如果种树的只管种树、治水的只管治水、护田的单纯护田，很容易顾此失彼，最终造成生态的系统性破坏。由一个部门负责领土范围内所有国土空间用途管制职

---

〔1〕 习近平：《关于〈中共中央关于全面深化改革若干重大问题的决定〉的说明》，载 https://news.12371.cn/2013/11/15/ARTI1384513621204530.shtml，2024 年 7 月 1 日访问。

〔2〕 2017 年 7 月 19 日，习近平总书记主持召开中央全面深化改革领导小组第三十七次会议，将"草"纳入山水林田湖同一个生命共同体之中，使"生命共同体"的内涵更加广泛、完整。参见成金华、尤喆：《"山水林田湖草是生命共同体"原则的科学内涵与实践路径》，载《中国人口·资源与环境》2019 年第 2 期。

责,对山水林田湖进行统一保护、统一修复是十分必要的"。[1]这一论述开启了对自然资源实施整体性和系统性用途管制的大门。与传统的以单一某种自然资源为管制对象的用途管制制度不同的是,"山水林田湖是一个生命共同体"的原则强调运用系统论的思想管理自然资源,将各种自然资源构成的空间视作一个整体,注重从不同自然资源之间的相互影响、相互作用的角度实施管制措施。而且,"山水林田湖是一个生命共同体"的原则首要关注的要素就是人本身,是将人作为自然界的一部分,同时也是自然界的管理者,来考虑自然资源用途管制的制度安排。2013年,中央城镇化工作会议进一步提出,优化城镇化布局和形态和提高城镇建设水平要根据区域自然条件,科学设置开发强度,通过划定每个城市特别是特大城市开发边界,把城市放在大自然中,让城市融入大自然,把绿水青山保留给城市居民。由此,我们亦可见自然资源用途管制的目的所在。

《改革决定》基本确立了自然资源用途管制的指导思想,从生态文明建设的角度界定了新发展阶段下自然资源用途管制的基本内涵,也是自然资源用途管制的狭义内涵。在此背景下,2015年,中共中央、国务院发布的两份重要文件——《关于加快推进生态文明建设的意见》(以下简称《建设意见》)与《生态文明体制改革总体方案》(以下简称《总体方案》),进一步形成了自然资源用途管制狭义内涵的具体内容。《建设意见》在总结中国探索经济增长与资源环境相协调的理论成果和实践经验的基础上,完整、系统地提出了生态文明建设的指导思想、基本原则、目标愿景、主要任务、制度建设重点和保障措施。

---

〔1〕 习近平:《关于〈中共中央关于全面深化改革若干重大问题的决定〉的说明》,载 https://news.12371.cn/2013/11/15/ARTI1384513621204530.shtml,2024年7月1日访问。

第三章　新时代自然资源用途管制制度的科学内涵与理论内核

《总体方案》在《建设意见》的基础上，明确了生态文明体制改革的理念，并从维护生态系统整体性的角度出发，提出要将用途管制扩大到所有自然生态空间。首先，《总体方案》系统论述了人与自然的关系。《总体方案》提出，要树立绿水青山就是金山银山的理念，清新空气、清洁水源、美丽山川、肥沃土地、生物多样性是人类生存必需的生态环境，坚持发展是第一要务，必须保护森林、草原、河流、湖泊、湿地、海洋等自然生态。其次，《总体方案》认可了自然生态的价值，提出要树立自然价值和自然资本的理念。《总体方案》认为，自然生态是有价值的，保护自然就是增值自然价值和自然资本的过程，就是保护和发展生产力，就应得到合理回报和经济补偿。再次，《总体方案》提出要对通过指标实施自然资源用途管制的方式进行调整。具体来说，就是要简化自上而下的用地指标控制体系，将开发强度指标分解到各县级行政区，作为约束性指标，控制建设用地总量。同时要划定并严守生态红线，严禁任意改变用途，防止不合理开发建设活动对生态红线的破坏。最后，《总体方案》在国家发展和改革委员会、国土资源部、环境保护部及住房和城乡建设部四部委于2014年联合下发的《关于开展市县"多规合一"试点工作的通知》的基础上，提出要一张蓝图干到底，要求建立自然资源用途管制的规划约束机制，即整合目前各部门分头编制的各类空间性规划，编制统一的空间规划，根据主体功能定位，划定生产空间、生活空间、生态空间，明确城镇开发边界，以及耕地、林地、草原、河流、湖泊、湿地等的保护边界。

随即，2016年通过的《国民经济和社会发展第十三个五年规划纲要》（以下简称《规划纲要》），从建立空间治理体系和完善生态环境保护制度两个方面对用途管制制度的内涵进行了扩充。在完善生态环境保护方面，《规划纲要》提出要建立健全生态保护红线制度、总量管理制度、多元化生态补偿机制、绿色税收体系、生态价值评估制度、领导干部自然资源资产离任审计制度以及生态环境损害评估和赔偿制度等。值得注意的是，在空间治理方面，《规划纲要》将空间规划、用途管制、差异化绩效考核等制度都纳入空间治理体系的范畴，并以此来推动城市化、农业和生态安全战略格局的主体功能区布局。根据空间治理的具体要求，用途管制制度有望成为建立以"两横三纵"为主体的城市化战略格局、以"七区二十三带"为主体的农业战略格局、以"两屏三带"为主体的生态安全战略格局以及可持续的海洋空间开发格局等主体功能区布局的关键制度。据此，2017年1月中共中央办公厅、国务院办公厅印发的《省级空间规划试点方案》与国务院印发的《全国国土规划纲要（2016—2030年）》，都提出要根据资源禀赋、生态条件和环境容量，明晰国土开发的限制性和适宜性，划定城镇、农业、生态三类空间开发管制界限，科学确定国土开发利用的规模、结构、布局和时序。

基于以上认识，2017年，国土资源部会同国家发展和改革委员会、财政部、环境保护部、住房和城乡建设部、水利部、农业部、林业局、海洋局、测绘地信局九个部门，制定了《自然生态空间用途管制办法（试行）》（以下简称《办法》），首次对自然资源用途管制的基本制度、主管部门、管控依据以及管控措施等具体内容作出了规定。其一，《办法》首次明确了自然生态空间的内涵，并按照"山水林田湖是一个生命共同体"的理念，将用途管制扩大到所有自然生态空间。所谓自然生态空间是指具有自然属性、以提供生态产品或服务为主导功能的国土空间，涵盖需要保护和合理利用的森林、草原、湿地、河流、湖泊、滩涂、岸线、海洋、荒地、荒漠、戈壁、冰川、高山冻原、无居民海岛等，基于"三生"空间划分的考虑，生态空间涵盖除农业空间、城镇空间之外的所有国土空间。其二，《办法》提出将空间规划作为自然生态空间用途管制的统一依据。《办法》对空间规划的内容作出了规定，认为规划应当明确生态空间保护目标、总体格局、重点区域和管制要求，落实生态保护红线和其他生态空间的数量与布局。同时，《办法》还规定了中心城区和乡镇级土地利用总体规划、城乡规划、林地保护利用规划等各类涉及空间开发、利用、保护、整治的专项规划应当与空间规划相衔接，对生态空间用途管制进行细化。其三，《办法》按照自然生态空间的功能定位，对空间实施分级分类管理。其中，分级管理指的是将生态空间范围内划定的具有特殊重要生态功能必须强制性严格保护的区域，划入生态保护红线，原则上按禁止开发区的要求进行管理，实行特殊保护。其他生态空间，原则上按限制开发区域的要求进行管理，执行区域准入制度，限制开发利用活动，在不妨害现有生态功能的前提下，允许适度的国土开发、资源和景观利用。分类管理是指《办法》暂不改变目前各部门已有管理事权，国土资源、农业、水利、林业等相关行政主管部门，按照部门职能，对各类生态空间的开发利用进行管控。其四，《办法》重点明确了生态、农业与城镇空间的转用管理和生态空间内部用途转化规则与要求。《办法》从区域和地块两个不同层面入手，强化了对自然生态空间的用途管制。在区域层面制定区域准入条件，明确允许的开发规模、强度、布局，以及允许、限制、禁止的产业类型；对每一地块的不同用途之间的转换实施用途转用许可，不仅严格管制建设空间占用生态空间，也严格控制生态与农业空间之间，以及生态空间内不同类型之间的用途转化。对于没有发生土地用途转变的生态空间，实行承载力管控，防止过度垦殖、放牧、采伐、取水、渔猎、旅游等，对生态空间的功能造成损害。

从《办法》的规定来看，尚有两点需要改进：一是《办法》规定的实施用途管制的主体包括国土资源、发展改革、环境保护、城乡规划主管部门会同水利、农业、林业、海洋等部门，未能贯彻《改革决定》提出的"统一行使所有国土空间用途管制职责"的要求，破解"九龙共治"的难题；二是《办法》将用途管制的对象限定为自然生态空间，没有从空间所具有的生活、生产、生态三种功能相互作用的角度对所有国土空间实施用途管制，对人与自然关系的理解也仍然停留在管理与被管理的关系上。在 2017 年召开的党的十九大上，习近平总书记首次提出"新时代中国特色社会主义思想"。其中关于生态文明体制改革方面，十九大报告明确要求对全部国土空间均实现用途管制，并设立国有自然资源资产管理和自然生态监管机构，统一行使全民所有自然资源资产所有者职责、所有国土空间用途管制和生态保护修复职责以及监管城乡各类污染排放和行政执法职责。这是党和政府的文件中首次明确要求统一行使全部国土空间用途管制，[1]同时解决了《办法》存在的两方面问题。党的十九届三中全会审议通过了中共中央《关于深化党和国家机构改革的决定》和《深化党和国家机构改革方案》，其中针对自然资源所有者不到位、空间规划重叠等问题，将国土资源部的职责，国家发展和改革委员会的组织编制主体功能区规划职责，住房和城乡建设部的城乡规划管理职责，水利部的水资源调查和确权登记管理职责，农业部的草原资源调查和确权

---

[1] 参见黄征学、蒋仁开、吴九兴：《国土空间用途管制的演进历程、发展趋势与政策创新》，载《中国土地科学》2019 年第 6 期。

第三章　新时代自然资源用途管制制度的科学内涵与理论内核

登记管理职责，国家林业局的森林、湿地等资源调查和确权登记管理职责，国家海洋局的职责，国家测绘地理信息局的职责整合，组建自然资源部，作为统一行使所有国土空间用途管制和生态保护修复职责的部门。从自然资源部的三定方案来看，自然资源部虽然统一承担自然资源用途管制的职责，但下设的国土空间用途管制司只具体承担以下五项职责：①负责拟订国土空间用途管制制度规范和技术标准；②提出土地、海洋年度利用计划并组织实施；③组织拟订耕地、林地、草地、湿地、海域、海岛等国土空间用途转用政策，指导建设项目用地预审工作；④承担报国务院审批的各类土地用途转用的审核、报批工作；⑤拟订开展城乡规划管理等用途管制政策并监督实施。需要注意的是，通过对比，国土空间用途管制司负有的职责仅与自然资源用途管制的狭义内涵相对应，不能覆盖十八届三中全会以来自然资源用途管制的全部内容，仍需其他部门配合才能对所有国土空间统一实施用途管制。

一方面，在规划制度和用途管制制度的关系上，2018年11月，中共中央、国务院出台的《关于统一规划体系更好发挥国家发展规划战略导向作用的意见》提出，"国家级空间规划以空间治理和空间结构优化为主要内容，是实施国土空间用途管制和生态保护修复的重要依据"，从而在前述《办法》的基础上，明确了统一国土空间用途管制也应当以空间规划为依据。2019年5月，中共中央、国务院发布《关于建立国土空间规划体系并监督实施的若干意见》，进一步明确了国土空间用途管制制度中规划约束机制的内容，即以国土空间规划为依据，对所有国土空间分区分类实施用途管制。一是在城镇开发边界内的建设，实行"详细规划+规划许可"的管制方式。二是在城镇开发边界外的建设，按照主导用途分区，实行"详细规划+规划许可"和

"约束指标+分区准入"的管制方式。三是对以国家公园为主体的自然保护地、重要海域和海岛、重要水源地、文物等实行特殊保护制度。四是用途管制制度仍应为地方管理和创新活动留有空间。

另一方面，在资产产权制度与用途管制制度的关系上，2019年4月，中共中央办公厅、国务院办公厅印发的《关于统筹推进自然资源资产产权制度改革的指导意见》（以下简称《指导意见》）则是从自然资源资产产权保障的角度，对用途管制制度进行了细化，更加确证自然资源资产产权制度与用途管制制度是"一体两面"的关系。针对过去分部门管理导致的规划不协调、规划管控作用弱、生态修复与保护分散、生态保护补偿机制不健全等问题，《指导意见》将强化自然资源整体保护作为自然资源资产产权制度改革的目标，提出要编制实施国土空间规划，划定并严守生态保护红线、永久基本农田、城镇开发边界等控制线，建立健全国土空间用途管制制度、管理规范和技术标准，对国土空间实施统一管控，强化山水林田湖草整体保护。同时，针对海域空间、自然保护地等特定的国土空间，《指导意见》也提出了相应的用途管制措施。

基于上述科学依据，我们可以对自然资源用途管制作如下定义：自然资源用途管制是国家在明确全部国土空间内各种自然资源权属的基础上，按照自然资源及其组合形成的空间整体所具有的生态、农业农村、城镇等核心价值，以及其所承载的经济社会活动的不同功能，以统一国土空间规划为依据，对国土空间实施的分区分类、区域准入、转用许可等管制措施，从而实现国土空间及其中各种自然资源对人类生存和发展的促进功能的最大化。

第三章　新时代自然资源用途管制制度的科学内涵与理论内核

第二节　自然资源用途管制的理论内核[1]

制度需求是理论发展的第一推动力。马克思说："理论在一个国家实现的程度，总是取决于理论满足这个国家的需要的程度。"[2]在新的发展阶段建立健全自然资源用途管制制度，单纯依靠传统的管制理论，已然出现了体系上的不足。而且，从自然资源用途管制内涵的演进来看，其是以马克思主义中国化的最新成果——习近平新时代中国特色社会主义思想为指引而逐步形成的。习近平新时代中国特色社会主义思想是21世纪中国的马克思主义，是马克思主义与中国实际相结合的又一次历史性的飞跃，和马克思主义的基本原理是一脉相承的。因此，自然资源用途管制的立论基础既是从中国实际出发的习近平新时代中国特色社会主义思想，同时亦来自作为理论源头的历史唯物主义的基本原理。正如用途管制与产权保障之间"一体两面"的关系一样，在用途管制的核心问题上，理论的切入点殊途同归，一方面表现为通过论证财产权所能促成的目的或其所具有的本质特征来明确财产权的功能或任务；另一方面则是通过对私有财产权的批判，建立管制的路径，界定管制权与财产权的边界，并提出在发展财产权的同时对私有财产权予以扬弃。

一、私有财产权的本质

产权不是一个严谨而纯粹的法律概念，产权经济学家将对财

---

[1] 本节部分内容已发表，参见李袆恒：《农业基础设施产权问题的"本"与"末"——以小型农田水利工程为例》，载《法学论坛》2018年第2期；李袆恒：《马克思主义法学理论的教学实践——以〈物权法〉的本科教学为例》，载夏锦文主编：《法学教育评论》（第3辑），法律出版社2019年版，第30~42页。

[2] 《马克思恩格斯选集》（第1卷），人民出版社2012年版，第11页。

产进行利用或者行为的权力统称为产权,[1]并在论述有关法律上的问题时,即使是在不同场合,也各取所需地使用了"产权"一词。[2]一般而言,产权概念主要是用于分析市场交易中的资源配置,指的是在交易关系中产权人对财产的支配权。但由于对产权概念缺少统一认识,经过学者的广泛使用,逐渐形成了"权利束"[3]的概念体系。需要注意的是,大多数的西方产权经济学家对于产权问题的认识虽然已经从单纯的人对物的支配转向人与人之间的关系,认为产权是一种通过社会强制而实现的对某种经济物品的多种用途进行选择的权利;[4]然而,这种对于调节人与人之间关系的社会制度的关注,并没有超出法权层面,只是就产权论产权,无法从根本上揭示财产关系和产权制度的本质。[5]

早在产权经济学产生之前,马克思就已经对财产权问题进行了论述,并对私有财产权的本质作出了科学的判断。马克思财产权思想是在吸收空想社会主义者的财产权理论观点的有益成分的基础上,经过对资本主义经济运动过程的分析、批判,才得以形成的,从本质上阐述了财产权的概念。需要注意的是,马克思财产权思想的形成及其对财产权本质概念的揭示,并非

---

[1] 参见[美]罗纳德·H. 科斯等:《财产权利与制度变迁——产权学派与新制度学派译文集》,刘守英等译,格致出版社、上海三联书店、上海人民出版社2014年版,第38页。

[2] 参见[美]Y. 巴泽尔:《产权的经济分析》,费方域、段毅才译,格致出版社、上海三联书店、上海人民出版社1997年版,前言第1页。

[3] 参见[美]罗伯特·考特、托马斯·尤伦:《法和经济学》(第5版),史晋川等译,格致出版社、上海三联书店、上海人民出版社2010年版,第66页;[美]罗纳德·H. 科斯等:《财产权利与制度变迁——产权学派与新制度学派译文集》,刘守英等译,格致出版社、上海三联书店、上海人民出版社2014年版,第70页。

[4] [英]约翰·伊特维尔、默里·米尔盖特、彼得·纽曼编:《新帕尔格雷夫经济学大辞典》(第3卷),陈岱孙译,经济科学出版社1992年版,第1101页。

[5] 参见吴易风:《产权理论:马克思和科斯的比较》,载《中国社会科学》2007年第2期。

第三章 新时代自然资源用途管制制度的科学内涵与理论内核

一蹴而就,而是在一个发展过程中逐步进行的。《黑格尔法哲学批判》一文指出,"私有财产的真正基础,即占有,是一个事实,是不可解释的事实,而不是权利。只是由于社会赋予实际占有以法律的规定,实际占有才具有合法占有的性质,才具有私有财产的性质"。[1]在这一时期,马克思财产权思想尚未形成独立的观点,对于财产权的认识没有超出传统财产权理论的范畴。

当马克思把私有财产的关系内在地区分为"作为劳动的私有财产的关系和作为资本的私有财产的关系,以及这两种表现的相互关系"时,他通过对劳动与资本之间的分离和对立关系的讨论,揭示了私有财产权的存在基础。[2]在此,马克思提出了"异化劳动"的概念,用以概括私有制条件下劳动者同他的劳动产品及劳动本身的关系。首先,马克思根据资本主义社会的现实情况,即"工人生产的财富越多,他的生产的影响和规模越大,他就越贫穷。工人创造的商品越多,他就越变为廉价的商品。物的世界的增值同人的世界的贬值成正比",提出"劳动生产的不仅是商品,它还生产作为商品的劳动自身和工人,而且是按它一般生产商品的比例生产的",由此得出了异化劳动的第一个表现,即"工人对自己的劳动的产品的关系就是对一个异己的对象的关系"。[3]其次,马克思提出"异化不仅表现在结果上,而且表现在生产行为中,表现在生产活动本身中。如果工人不是在生产行为本身中使自身异化,那么工人活动的产品怎么会作为相异的东西同工人对立呢?产品不过是活动、生产的总结。因此,如果劳动的产品是外化,那么生产本身必

---

〔1〕《马克思恩格斯全集》(第1卷),人民出版社1972年版,第382页。
〔2〕 参见周尚君:《对财产权问题的法哲学思考——从〈巴黎手稿〉重新审视》,载《求是学刊》2012年第6期。
〔3〕《马克思恩格斯文集》(第1卷),人民出版社2009年版,第156~157页。

然是能动的外化,活动的外化,外化的活动。在劳动对象的异化中不过总结了劳动活动本身的异化、外化"。[1]据此,马克思提出了异化劳动的第二个表现,即劳动者同自己的劳动活动相异化。在马克思看来,劳动者的"这种劳动不是他自己的,而是别人的……在宗教中,人的幻想、人的头脑和人的心灵的自主活动对个人发生作用不取决于他个人,就是说,是作为某种异己的活动,神灵的或魔鬼的活动发生作用,同样,工人的活动也不是他的自主活动。他的活动属于别人,这种活动是他自身的丧失"。正是因为如此,劳动成了"一种自我牺牲、自我折磨的劳动",并转化成了"反对他自身的活动"。[2]再次,马克思提出"类本质"的概念,指出人与动物的区别在于,人是类存在物,不仅因为人在实践上和理论上都把类——自身的类以及其他物的类——当作自己的对象,"自由的有意识的活动恰恰就是人的类特征"。但是,"异化劳动从人那里夺去了他的生产的对象,也就从人那里夺去了他的类的生活,即他的现实类的对象性,把人对动物所具有的那种优点变成缺点,因为人的无机的身体即自然界被夺走了"。据此,马克思提出了异化劳动的第三个表现,即人同自己的类本质相异化。这就意味着,"把类生活变成维持个人生活的手段",既是"使类生活和个人生活异化",也是"把抽象形式的个人生活变成同样是抽象形式和异化形式的类生活的目的"。[3]最后,在以上三个表现的基础上,马克思直接指出异化劳动的第四个表现,即"人同自己的劳动产品、自己的生命活动、自己的类本质相异化的直接结果就是人同人相异化。当人同自身相对立的时候,他也同他人相对立。

---

[1]《马克思恩格斯文集》(第1卷),人民出版社2009年版,第159页。
[2]《马克思恩格斯文集》(第1卷),人民出版社2009年版,第160页。
[3]《马克思恩格斯文集》(第1卷),人民出版社2009年版,第162~163页。

第三章　新时代自然资源用途管制制度的科学内涵与理论内核

凡是适用于人对自己的劳动、对自己的劳动产品和对自身的关系的东西，也都适用于人对他人、对他人的劳动和劳动对象的关系"。[1]通过对异化劳动的论述，马克思指出，"私有财产是外化劳动即工人对自然界和自身的外在关系的产物、结果和必然后果"。[2]由此，马克思开始从经济关系的角度考察财产权问题，体现出了马克思财产权思想与传统理论的重大区别，而这种区别在后续的著述中也被进一步阐释。在《神圣家族》中，马克思和恩格斯提出，财产权问题绝不仅仅是人与物的关系，而且是人与人的关系，"对象作为为了人的存在，作为人的对象性存在，同时也就是人为了他人的定在，是他同他人的人的关系，是人同人的社会关系"。[3]

通过对辩证唯物主义和历史唯物主义原理的运用，马克思明确指出了传统法权关系研究的错误之处，即由于法律是由国家制定的，权利归属由法律予以确认，[4]容易产生法律是以意志为基础的，而且是以脱离现实基础的自由意志为基础的错觉和把权利归结为纯粹意志的法律幻想。[5]马克思认为，法权关系是一种反映经济关系的意志关系，这种法权关系或意志关系的内容是由这种经济关系本身决定的；[6]他还提出，财产权就是生产关系的法律表现，是一定所有制关系所特有的法的观念。[7]马克思从人与人之间经济关系的角度考察财产权问题，并从社会经济基础中抽象出所有制的概念。虽然他并没有直接对所

---

[1]《马克思恩格斯文集》（第1卷），人民出版社2009年版，第163~164页。
[2]《马克思恩格斯文集》（第1卷），人民出版社2009年版，第166页。
[3]《马克思恩格斯文集》（第1卷），人民出版社2009年版，第268页。
[4] 参见［法］孟德斯鸠：《论法的精神》（下册），张雁深译，商务印书馆1963年版，第189~190页。
[5]《马克思恩格斯选集》（第1卷），人民出版社1972年版，第69~71页。
[6]《马克思恩格斯全集》（第23卷），人民出版社1972年版，第102页。
[7]《马克思恩格斯全集》（第30卷），人民出版社1974年版，第608页。

有制进行定义，但从相关论述中，应该可以对所有制作如下定义，即所有制是人们之间发生的生产、分配、交换以及消费等经济关系的总和。申言之，特定社会的生产关系决定了财产权的性质，关于财产权的各种制度安排则是生产关系的实现形式。[1]

二、财产权的功能及任务

马克思通过对财产权进行系统的历史考察，从生产关系的角度，揭示了财产权的本质，即生产关系在法律上层建筑领域的反映。从形式上看，财产权就是对财产的占用方式。马克思按照社会形态的发展顺序来考察财产权的相关问题。马克思首先提出了财产权问题历史研究的起点，即在人的依赖关系的社会形态下，"劳动者是所有者"。他认为，"财产最初无非意味着这样一种关系：人把他的生产的自然条件看作是属于他的、看作是自己的、看作是与他自身的存在一起生产的前提；把他们看作是他本身的自然前提，这种前提可以说仅仅是他身体的延伸。其实，人不是同自己的生产条件发生关系，而是人双重地存在着：主观上作为他自身而存在着，客观上又存在于自己生存的这些自然无机条件之中"。[2]但是，这种财产关系"必然地只和有限的而且是原则上有限的生产力的发展相适应"。[3]随着生产力的提高，用于交换的剩余产品的增加，旧有的共同体经济结构必然走向解体，劳动与财产也不再同一，而是渐渐分离。在"以物的依赖性为基础的人的独立性"的社会形态下，马克思分析了与资本主义所有制相适应的资本主义财产权的基

---

[1] 参见林岗、张宇：《历史唯物主义与马克思主义经济学的分析范式》，载张宇、柳欣主编：《论马克思主义经济学的分析范式》，经济科学出版社2005年版，第92页。

[2] 《马克思恩格斯全集》（第46卷）（上），人民出版社1972年版，第491页。

[3] 《马克思恩格斯全集》（第46卷）（上），人民出版社1972年版，第497页。

第三章 新时代自然资源用途管制制度的科学内涵与理论内核

本规律，认为"为了把资本同雇佣劳动的关系表述为所有权的关系或规律，我们只需要把双方在价值增殖过程中的行为表述为占有的过程。例如，剩余劳动变为资本的剩余价值，这一点意味着：工人并不占有他自己劳动的产品，这个产品对他来说表现为他人的财产，反过来说，他人的劳动表现为资本的财产。资产阶级所有权的这第二条规律是第一条规律转变来的……第一条是劳动和所有权的同一性；第二条是劳动表现为被否定的所有权，或者说，所有权表现为对他人劳动的异己性的否定"。[1]由此得出了以下结论：资本主义"所有权在资本方面就辩证地转化为对他人的产品所拥有的权利，或者说转化为对他人劳动的所有权，转化为不支付等价物便占有他人劳动的权利，而在劳动能力方面则辩证地转化为必须把它本身的劳动或它本身的产品看作他人财产的义务"。[2]正是通过对"不通过交换却又在交换的假象下占有他人劳动"[3]这一资本主义财产权的本质表现的揭示，马克思推翻了资本主义财产权存在的正当性，并针对资本主义发展所暴露出来的内在历史局限性，形成了马克思主义财产权思想关于财产权功能与任务的基本认识。

首先，马克思科学评价了私有财产的历史功绩和作用，肯定了私有财产是决定社会向前发展的力量，并且批评了简单消灭私有财产的"粗陋的共产主义"思想，指出"一切私有财产，就它本身来说，至少都对较富裕的私有财产怀有忌妒和平均化欲望，这种忌妒和平均化欲望甚至构成竞争的本质。粗陋的共产主义不过是这种忌妒和这种从想象的最低限度出发的平均化的顶点……对整个文化和文明的世界的抽象否定，向贫穷的、

---

[1]《马克思恩格斯全集》（第30卷），人民出版社1995年版，第463页。
[2]《马克思恩格斯全集》（第30卷），人民出版社1995年版，第450页。
[3]《马克思恩格斯全集》（第30卷），人民出版社1995年版，第505页。

没有需求的人——他不仅没有超越私有财产的水平,甚至从来没有达到私有财产的水平——的非自然的单纯倒退,恰恰证明私有财产的这种扬弃不是真正的占有"。[1]马克思进而提出,"共产主义是对私有财产即人的自我异化的积极的扬弃,因而是通过人并且为了人而对人的本质的真正占有;因此,它是人向自身、也就是向社会的即合乎人性的人的复归,这种复归是完全的复归,是自觉实现并在以往发展的全部财富的范围内实现的复归。这种共产主义,作为完成了的自然主义,等于人道主义,而作为完成了的人道主义,等于自然主义,它是人和自然之间、人和人之间的矛盾的真正解决,是存在和本质、对象化和自我确证、自由和必然、个体和类之间的斗争的真正解决。它是历史之谜的解答,而且知道自己就是这种解答"。[2]马克思借助异化劳动的概念,揭示了资本主义私有财产的本质,并指出只有消除异化劳动才能扬弃资本主义私有财产以及人的自我异化,而共产主义正是对资本主义私有财产的积极的扬弃。而且,共产主义对私有财产的扬弃不是仅仅停留在物的层面,而是对人本身的解放。由此可见,对私有财产的扬弃,恰恰没有否定财产权本身,而是在否定了导致人的自我异化的资本主义财产权的同时,肯定了以劳动者自己占有自己的生产资料并据此占有自己的劳动成果为特征的财产权形式,并指出了财产权对于发展社会生产和劳动者本人的自由个性的重要意义。

其次,马克思通过对人的发展的"三大社会形态"理论的论述,进一步明确了财产权的功能和任务。在《1844年经济学哲学手稿》中"人类发展的目标""人类社会的形态"的基础上,马克思反复围绕多数人的财产、以自己劳动为基础的财

---

[1]《马克思恩格斯全集》(第42卷),人民出版社1979年版,第118页。
[2]《马克思恩格斯文集》(第1卷),人民出版社2009年版,第185~186页。

第三章 新时代自然资源用途管制制度的科学内涵与理论内核

产以及构成个人的一切自由、活动和独立的基础的财产等问题进行了阐述,强调"共产主义的特征并不是要废除一般的所有制,而是要废除资产阶级的所有制","共产主义并不剥夺任何人占有社会产品的权力,它只剥夺利用这种占有去奴役他人劳动的权力"。[1]在三大社会形态中,"人的依赖关系"的社会形态是第一种社会形态,"以物的依赖性为基础的人的独立性"的社会形态是第二种社会形态,马克思提出的第三种社会形态就是"建立在个人全面发展和他们共同的、社会的生产能力成为从属于他们的社会财富这一基础上的自由个性"的社会形态。[2]马克思所描述的第三种社会形态,是一种没有阶级、没有国家、没有法律的理想社会状态。在这种真正平等的社会形态下,传统意义上的法权关系被占有关系所取代,而财产权也得以实现其最终的任务,成为人的充分的自由和全面的发展的基础。

最后,马克思提出了"重新建立个人所有制"的思想,对财产权如何实现其功能和任务进行了论述。在马克思主义财产权思想中,人的解放是最高的目标。这一崇高目标在马克思主义财产权思想从初步形成到最终成熟的整个过程中,都是从未动摇、一以贯之地予以追求的。所谓人的解放,就是每个人的全面而自由的发展,即每个社会成员既要自由地发展和发挥自己的全部力量和才能,并且不会因此而危及这个社会的基本条件;又要把其他人的发展看作自己发展的条件,用自己的发展去促成社会全体成员的全面发展。[3]为了实现人的解放和全面

---

[1] 《马克思恩格斯文集》(第2卷),人民出版社2009年版,第47页。
[2] 《马克思恩格斯全集》(第30卷),人民出版社1995年版,第107~108页。
[3] 参见乔洪武:《实现人的自由全面发展的基本条件》,载《科学社会主义》2004年第6期。

而充分的发展,作为对资本主义所有制的否定,个人所有制首先要求每个劳动者都能普遍地、平等地、自由地占有生产资料。但这种占有并不是私有制,而是建立在协作和对土地及靠劳动本身生产的生产资料的共同占有基础上的个人所有。更确切地说,这种个人所有不是分散的、单独的个人私有,而是在自由人联合体的概念下联合起来的社会个人所有。此外,马克思主义财产权思想对于资本主义财产权批判的关键在于,资本主义财产权在资本方面表现为不支付等价物便占有他人劳动的权利,在劳动能力方面则表现为必须把它本身的劳动或它本身的产品看作他人财产的义务。要消灭异化劳动,使人成为自己的社会结合的主人、自然界的主人以及自己本身的主人,就必须在生产资料公有制的基础上切实保障普通人拥有自由地追求自身财产的权利,从而充分保障每个人的财产权,满足个人的全面需要。

三、财产权与管制权行使的边界

上文已述,自然资源用途管制制度的核心问题在于调和作为个人利益代表的财产权和作为公共利益代表的用途管制权。其中的关键则在于,自然资源产权不仅包括私人享有的自然资源使用权,还包括自然资源国家所有权,而用途管制权亦由代行自然资源资产产权的自然资源部门行使,因而在制度设计上,需要特别关注财产权与管制权行使边界的问题。从国家公权力对私人财产权限制的角度来看,自然资源用途管制中的财产权与管制权的行使边界问题既根植于一般意义上的管制权对财产权的限制中,同时也体现为自然资源用途管制权与自然资源资产产权之间的相互为用。前者关注的是公共利益和个人利益之间的关系,后者关注的是共同体享有的产权与一般私主体享有

第三章　新时代自然资源用途管制制度的科学内涵与理论内核

的私有财产权之间的区别。

在论述上述问题之前,有一个理论前提需要明确,即个人所有制重建的前提是社会生产力的高度发达。这是因为,"全面发展的个人——他们的社会关系作为他们自己的共同的关系,也是服从于他们自己的共同的控制的——不是自然的产物,而是历史的产物。要使这种个性成为可能,能力的发展就要达到一定的程度和全面性,这正是以建立在交换价值基础上的生产为前提的,这种生产才在产生出个人同自己和同别人的普遍异化的同时,也产生出个人关系和个人能力的普遍性和全面性"。[1] 如果生产力没有达到一定的水平,比如在社会主义初级阶段,社会物质生活没有极大的丰富,那么在财产权的制度安排上就无法实现个人所有制所要求的按需分配。在这种情况下,每个人都不能任意地行使其财产权,而必须考虑其他个体对财产权的行使,以及其他个体所组成的联合体在财产权方面的追求。由此产生的问题是,如何调和私人财产权与公共利益之间的矛盾,为财产权和管制权之间确定一个比较合理的界限,从而最大限度保障私人财产权和公共利益,以实现个体和共同体的共同发展?

马克思主义财产权思想以人的解放和全面而自由的发展为最高目标,意味着一切研究的出发点是人本身。在《德意志意识形态》中,马克思和恩格斯强调:"各个人的出发点总是他们自己,不过当然是处于既有的历史条件和关系范围之内的自己,而不是意识形态家们所理解的'纯粹的'个人。"[2] 作为现实的人,第一位的需求就是生存,即"为了生活,首先就需要

---

[1]《马克思恩格斯全集》(第46卷)(上),人民出版社1979年版,第108~109页。

[2]《马克思恩格斯文集》(第1卷),人民出版社2009年版,第571页。

吃喝住穿以及其他一些东西"，马克思将之称为"历史的第一个前提"。[1]因而马克思主义财产权思想从不否认私人利益的合理性，而是将之作为人的基本需要和人类实践活动的出发点和落脚点。但是，马克思同时强调，"私人利益本身已经是社会所决定的利益，而且只有在社会所设定的条件下并使用社会所提供的手段，才能达到；也就是说，私人利益是与这些条件和手段的再生产相联系的。这是私人利益；但它的内容以及实现的形式和手段则是由不以任何人为转移的社会条件决定的"。[2]申言之，人的活动是在一定的社会物质生活条件下进行的，私人利益的实现也必须在一定的社会历史条件下并借助一定的社会所提供的手段才能实现。[3]因而对于私人利益而言，社会关系就是个人活动的必然性约束性条件。对此，马克思认为，"每个人为另一个人服务，目的是为自己服务；每一个人都把另一个人当作自己的手段互相利用……（1）每个人只有作为另一个人的手段才能达到自己的目的；（2）每个人只有作为自我目的（自为的存在）才能成为另一个人的手段（为他的存在）；（3）每个人是手段同时又是目的，而且只有成为手段才能达到自己的目的，只有把自己当作自我目的才能成为手段，也就是说，每个人只有把自己当作自为的存在才把自己变成为他的存在，而他人只有把自己当作自为的存在才把自己变成为前一个人的存在，——这种相互关联是一个必然的事实，它作为交换的自然条件是交换的前提"。[4]这就意味着，个人行使其财产权以获取利益，需要和他人的私人利益进行交换，并以满足他人的私人

---

〔1〕《马克思恩格斯选集》（第1卷），人民出版社2012年版，第158页。
〔2〕《马克思恩格斯全集》（第30卷），人民出版社1995年版，第106页。
〔3〕参见郭湛、谭清华：《公共利益：马克思唯物史观的解读》，载《哲学研究》2008年第5期。
〔4〕《马克思恩格斯全集》（第30卷），人民出版社1995年版，第198页。

第三章　新时代自然资源用途管制制度的科学内涵与理论内核

利益为前提条件，实现自己的利益。而这种不同个体间利益的相互作用，就有可能产生一个共同的利益。具体来看，"共同利益恰恰只存在于双方、多方以及各方的独立之中，共同利益就是自私利益的交换。一般利益就是各种自私利益的一般性"。[1] 这种个体私益的一般性表现，就是所谓的公共利益。

公共利益与私人利益的关系是财产权保障的前置问题，立法机关与司法机关对这个问题的答案将直接决定其在财产权保障方面所持的立场，从而对自然资源用途管制制度的建构产生重大影响。长久以来，关于这一问题的解释经历了以下几个阶段。早期由于受古典自由主义的影响，公共利益被认为应当优先于私人财产权益。这种观念发展到现代，逐渐被简化为单纯的"公益绝对优先论"，即认为公共利益是国家权力正当性的依据和国家权力行使的目的，当公共利益与私人财产权发生冲突时，公共利益应当优先于私人财产权益，基于此国家有权力采取财产权限制以及剥夺的措施。[2] 公益绝对优先论虽能自圆其说，但已经脱离了立论时假设的前提。事实上，公共利益优于私人财产权益的前提是私人财产权神圣不可侵犯的理念，如果对此有所忽视，就无法真正理解立法者将公共利益置于私人财产权益之前的本意。以德国为例，20世纪以前，各邦立法普遍规定公共利益优于个人财产权益，但是其原因在于具有强制买卖性质的财产权限制事实上受到了很多限制，甚至必须以国家循私法途径购买公共福祉所需的私人财产权为前置条件，即只有在通过私法途径不能达成协议取得私人财产权的情况下，才

---

[1]《马克思恩格斯全集》（第30卷），人民出版社1995年版，第199页。
[2] 参见房绍坤等：《公益征收法研究》，中国人民大学出版社2011年版，第179页。

能启动管制程序。[1]正是因为如此,基于减少谈判成本、降低外部性等社会效用考虑,立法者才有意地将公共福祉置于私人财产权益之前,以为国家和社会的建设与发展提供必要的条件。而随着财产权负有社会义务的理念为现代国家的宪法所接受,另一种关于公共利益与私人财产权益关系的观点开始登上主流理论的舞台。该理论同样立足于对私人财产权益的保护,但亦强调财产权的社会义务性,并以此为前提,认为既然财产权负有社会义务,其行使应当有助于公共利益,那么如果国家以超出财产权社会义务程度的公权力行为剥夺或限制私人财产权益时,其所依据的公共利益就已经不是一般国家行政所追求的公共利益,而必须是一种经过利益衡量后的极重要、重大、特别的公共利益。[2]从保障私人财产权益的角度来看,第二种观点的目的与第一种观点是相同的,不同之处在于第二种观点承认财产权负有社会义务,并因此对公共利益进行一般与特别的区分,认为私人财产权益优于一般的公共利益,但应让步于特别的公共利益。[3]除这两种观点外,也有学者提出所谓公益绝对优先论、私益绝对优先论等观点,但都失之偏颇,仅具有学术探讨的意义,而未在立法中有所体现。

基于第二种观点,我们不难发现只有当公共利益的价值高于财产权的私使用性时,财产权的社会义务才能够成立,这就产生了对公共利益与私人财产权益予以衡量的要求。由此出现

---

[1] Ernst Forsthoff, *Lehrbuch des Verwaltungsrechts*, C. H. Beck, 1973, S. 330; Hans Diester, *Enteignung und Entschädigung nach altem und neuem Recht*, Deutsche Industrie Verlag, 1955, S. 35.

[2] Hans Schulte, *Eigentum und öffentliches Interesse*, Duncker & Humblot, 1970, S. 85.

[3] 特别的公共利益,或称可作为征收原因的公共利益,其概念并不确定,并具体表现为利益内容的不确定性和受益对象的不确定性。这一问题并非本书重点,故不作详述。

第三章 新时代自然资源用途管制制度的科学内涵与理论内核

了新的问题,即为什么公共利益能够与私人财产权益在同一平台上进行比较。从公共利益产生的历史来看,其最初是作为私人财产权的一项特别权能而存在的,[1]并在发展过程中,由于立法的确认而从私人财产权中独立出来,成为限制私人财产权的一种手段。有学者因此将公共利益看成"组成共同体的若干成员的利益的总和"。[2]虽然我们不能单纯地认为公共利益就是私人财产权的简单相加,正如整体的功能不是部分功能的简单相加一样。但是,这同时也揭示了公共利益与私人财产权益在本质上是具有某种共通性的,这种共通性也正是我们能够衡量公共利益与私人财产权益的原因。本书认为,至少在自然资源用途管制中,公共利益与私人财产权益的共通之处在于二者的本质都是财产利益,即私人财产权系由具体的私人拥有的财产利益,而公共利益则是由不特定的多数人享有的财产利益。政府之所以能够实施自然资源用途管制,就是因为公共利益所代表的财产利益大于私人拥有的财产利益,更直接地说,是因为私人财产权益被施加管制措施后作为整体能够发挥的社会效用要大于其作为部分能够发挥的社会效用与管制成本之和。需要注意的是,此处所谓的社会效用的标准不仅仅是直接经济效益,亦不能将公共利益与私人财产权益割裂开来进行评判,否则就

---

[1] 神圣罗马帝国时期,从自然法中形成的观念是臣民享有既定的、与生俱来的权利,但随着统一公权力概念的逐渐形成,君主拥有了一项名为"紧急状态权"的权力,可对臣民的私人财产权加以限制。此时的"紧急状态权"指的是基于公共用途才能对私人财产权施加侵害的权力,并要求君主向臣民支付补偿金。See Max Layer, *Principien des Enteignungsrechtes*, Duncker & Humblot, 1902, S. 124. 紧急状态权的出现,将私人财产权划分为有关私人利益的一般权能与有关公共利益的特别权能。See Hugo Grotius, *Drei Bücher über das Recht des Kriegs und Friedens: in Welchem das Natur und Völkerrecht und das Wichtigste aus dem öffentlichen Recht Erklärt Werden*, Bd. I, L. Heimann, 1877, S. 241 ff.

[2] [英]边沁:《道德与立法原理导论》,时殷弘译,商务印书馆2000年版,第58页。

有可能产生认识上的偏差。[1]

然而,正如罗尔斯所说:"公共利益既不是单个个人所欲求的利益的总和,也不是人类整体的利益,而是一个社会通过个人的合作而生产出来的事物价值的总和;这种合作极为重要,其目的就在于使人们通过努力和劳动能够构建他们自己的生活,进而使之与人之个性的尊严相一致。"[2]如果只是从经济效益的角度来看待公共利益与私人财产权益之间的关系就难免有违法律所坚持的公平正义的原则,亦不符合法律对人格尊严和公民生存等基本人权保障的要旨。而且,公共利益与私人财产权益之间也并非完全不可调和,不特定的多数人在很多情形下是包括利益受损的特定人的。原因在于,公民个体不可能脱离社会而存在,其私人财产权益也无法单独存在。特别是对于土地资源来说,在我国土地公有制的大前提下,私人所能够享有的土地财产权益更不可能脱离公有土地所有权制度而存在。但也正因为如此,政府依其法定职权对集体土地所有权施加用途管制和代表国家行使国有土地所有权的行为才有可能在除财产权限制之外,对私人的财产权益造成更深层次的影响。如果我们能够拨开这种更深层次影响的面纱,以之为切入点,或可对管制过程中公共利益与私人财产权益之调和有更加清晰的认识。

在理想社会中,个人利益与公共利益之间非但不存在任何矛盾,而且是具有共同的价值取向,都是为了实现人的全面而自由的发展。但在向理想社会发展的过程中,公共利益虽然是私人利益的一般性表现,但并不同于私人利益。公共利益与私

---

[1] 有观点认为,在征收过程中,不存在同时促进公共利益与私人财产权益的可能。See Laura S. Underkuffler, "Property: A Special Right", *Notre Dame Law Review*, Vol. 71, 1996.

[2] [美]约翰·罗尔斯:《正义论》,何怀宏、何包钢、廖申白译,中国社会科学出版社1988年版,第211页。

第三章　新时代自然资源用途管制制度的科学内涵与理论内核

人利益之间的差别，首先来自个体对利益追求的特殊性，而最重要的原因则是随着生产力的发展，社会分工逐步开始细化和复杂化。对此，马克思和恩格斯指出："随着分工的发展也产生了单个人的利益或单个家庭的利益与所有互相交往的个人的共同利益之间的矛盾；而且这种共同利益不是仅仅作为一种'普遍的东西'存在于观念之中，而首先是作为彼此有了分工的个人之间的相互依存关系存在于现实之中。"[1]

在新的发展阶段中，公共利益与私人利益最明显的联系在于，政府以公共利益需要为由，对自然资源施加用途管制。基于公共利益与私人财产权益同质性的认识，即使由于利用方式的差别而使表现形式有所不同，但我们仍可以认为是财产利益由具体的私人享有转为由不特定的多数人享有。而从政府的角度来看，其所实行的管制行为在整体上是促进公共利益发展的，即使某一具体的管制行为对特定主体而言是侵害，对其他不特定的主体而言却是助益，因而公民经常能够从政府剥夺或限制私人财产权益的过程中获得许多利益，而无需直接为此种获益承担费用。[2]事物总是存在两面性的，同样的道理，自然资源后续的开发利用亦可能对被管制人以及其他利益关系人造成管制侵害外的其他侵害。其原因一方面在于公共利益概念的不确定性。随着经济、社会和文化的发展，公共利益概念的外延也在不断地扩张，甚至经济发展也被部分学者和司法机关判决承认属于公共利益。然而，经济发展本身就是一把双刃剑。在缺乏控制的情况下，单纯地追求经济发展，宏观上将会造成资源的极大浪费、环境的严重污染以及生态系统的退化；而在微观

---

[1]《马克思恩格斯选集》（第1卷），人民出版社2012年版，第163页。
[2] Hanoch Dagan, "Takings and Distributive Justice", *Virginia Law Review*, Vol. 85, 1999.

上,当我们将目光注视在高耗能、高污染以及其他破坏生态环境的土地开发利用方式上时,就会发现这种土地开发利用方式仍会给被管制人及利益关系人造成侵害,事实上违反了政府施加用途管制时所欲实现的公共利益的初衷。另一方面的原因则是政府在土地征收和后续开发利用中的双重身份。申言之,政府既是具有法定职权的行政管理者,可以作出具体的管制决定,又能够代表国家行使自然资源国家所有权,进行空间及其中自然资源的开发利用或出让使用权。如果缺少充分的约束,在政绩压力的驱使下,政府所具有的这两种身份就会发生错位。[1]政绩的需求将替代公共利益的需求,成为政府进行经济导向性用途管制的原动力,而偏离了公共利益或不特定多数人利益的需要,空间及其中自然资源的后续开发利用就可能对空间整体的生态环境造成侵害。

反之,如果要保证空间的开发利用不对被管制人及其他利益关系人造成额外的侵害,那么贯彻生态文明建设的要求是势在必行的,而这亦与我国目前坚持的节约资源和保护环境的基本国策一致。随着我国城镇化的进一步推进,毋庸置疑的是生态环境恶化的源头就在于未在用途管制的过程中贯彻生态文明建设的要求,而使得政府得以从经济发展的角度出发,作出用途管制的决定,实现对政绩的追求。事实上,生态文明建设之要求本就应当归入自然资源用途管制中的公共利益的范畴。而且,生态文明建设的要求能够同时对公共利益和私人利益产生促进作用。需要注意的是,将生态文明建设的要求纳入公共利益的范畴仅针对上述第一方面原因,并不能在实务中解决政府双重身份带来的问题。而如果缺少相应的对策,则会使理论上

---

[1] 参见李祎恒、金俭:《国有土地使用权"收回"之质疑》,载《学术界》2011年第8期。

第三章　新时代自然资源用途管制制度的科学内涵与理论内核

的努力无法落到实处，反而"掏空"了公共利益的内涵。

本章小结

制度需求是理论发展的第一推动力。马克思说："理论在一个国家实现的程度，总是取决于理论满足这个国家的需要的程度。"在新的发展阶段建立健全自然资源用途管制制度，单纯地依靠传统的管制理论，已然出现了体系上的不足。而且，从自然资源用途管制内涵的演进来看，其是以马克思主义中国化的最新成果——习近平新时代中国特色社会主义思想为指引而逐步形成的。习近平新时代中国特色社会主义思想是 21 世纪中国的马克思主义，是马克思主义与中国实际相结合的又一次历史性的飞跃，和马克思主义的基本原理是一脉相承的。因此，自然资源用途管制的立论基础既是从中国实际出发的习近平新时代中国特色社会主义思想，同时亦来自作为理论源头的历史唯物主义的基本原理。正如用途管制与产权保障之间"一体两面"的关系一样，在用途管制的核心问题上，理论的切入点殊途同归，一方面表现为通过论证财产权所能促成的目的或其所具有的本质特征来明确财产权的功能或任务；另一方面则是通过对私有财产权的批判，建立管制的路径，界定管制权与财产权的边界，并提出在发展财产权的同时对私有财产权予以扬弃。马克思在论述财产权问题时，揭示了人的类存在的特性，并通过对人同自己的劳动产品、自己的劳动活动、自己的类本质以及人自身之间的关系的论述，阐明了私有财产的本质。在此基础上，我们才得以总结归纳财产权或管制权行使问题分析的一般框架。

第四章

自然资源用途管制的制度架构

第一节 自然资源用途管制的构成要素

一、管制主体

根据《深化党和国家机构改革方案》，2018年机构改革后，自然资源用途管制的职权由国土部门、发改部门、水利部门、住建部门、农业农村部门等诸多部门共享转为由自然资源部门统一行使。同时，自然资源部门还是全民所有土地、矿产、森林、草原、湿地、水、海洋等自然资源资产所有者职责的统一行使主体，因而具有自然资源资产产权和用途管制权的双重职权。而在自然资源部门内部，则组建了专门的国土空间用途管制部门，集中行使土地、森林、水、湿地、海洋等自然资源用途管制的职权。据此，自然资源部门内部的国土空间用途管制部门是形式上的自然资源用途管制的主体；然而，上述用途管制的依据已经明确了自然资源用途管制不仅包括提出和组织实施空间利用计划以及国土空间用途转用的审批和监管，更重要的是将国土空间规划、永久基本农田保护、生态红线管控、城市开发边界划定等内容囊括其中，这就意味着在自然资源部门内部，用途管制职权仍由国土空间用途管制部门、国土空间规划部门、国土空间生态

第四章　自然资源用途管制的制度架构

修复部门、耕地保护监督部门、矿产资源保护监督部门、海洋战略规划与经济部门、海域海岛管理部门等部门共同行使。此外，由于自然资源用途管制制度与自然资源资产产权制度之间是"一体两面"的关系，因而自然资源所有者权益部门、自然资源开发利用部门以及矿业权管理部门的职权也会涉及用途管制的内容。由此，在管制主体方面，有以下几点需要进一步厘清：

第一，自然资源部门具有的自然资源资产产权管理和用途管制两项职权之间应当如何协调？这个问题的实质是自然资源资产产权与用途管制权之间的关系，并由两项权利（力）皆由自然资源部门行使产生的同一个部门双重身份的识别问题。对于自然资源部门来说，其作为自然资源所有者权益的行使主体所承担的自然资源资产产权管理的职权，虽然具有一定的私法意义，但与一般意义上的民法上的所有权存在显著区别。一般认为，《宪法》第9条规定是自然资源国家所有权的宪法依据。对于自然资源国家所有权的性质，一直存在争议：一是将自然资源国家所有权与国家主权性权力等同；二是将自然资源国家所有权定性为民法上的所有权；三是将自然资源国家所有权认定为公法上的所有权；四是认为自然资源国家所有权蕴含着宪法所有权和民法所有权的双阶构造，纯粹私权说和纯粹公权说都不足以妥适解释；五是在承认自然资源国家所有权同时包含私法权能和公法权能的基础上，认为其中还应包括国家作为自然资源所有权人应当承担的宪法义务。[1]

---

[1] 参见税兵：《自然资源国家所有权双阶构造说》，载《法学研究》2013年第4期；徐祥民：《自然资源国家所有权之国家所有制说》，载《法学研究》2013年第4期；单平基：《自然资源国家所有权性质界定》，载《求索》2010年第12期；巩固：《自然资源国家所有权公权说》，载《法学研究》2013年第4期；王涌：《自然资源国家所有权三层结构说》，载《法学研究》2013年第4期；王克稳：《论自然资源国家所有权权能》，载《苏州大学学报（哲学社会科学版）》2018年第1期。

自然资源部门在行使自然资源资产产权的职权时，主要采用行政管理的手段，因而很容易与用途管制职权的行使产生"混淆"。申言之，自然资源部门代表国家行使自然资源资产产权的职权时，主要致力于摸清我国自然资源资产的家底，明确产权归属，并对自然资源的所有、使用、收益、处分等权能进行相应的制度安排，既要避免自然资源的过度开发利用所造成的生态环境恶化，又要通过自然资源的可持续利用实现人类社会的稳定发展以及人自身的全面发展；自然资源部门行使用途管制职权时，则主要致力于按照自然资源的承载能力和功能定位，划定国土空间的开发利用边界，统筹不同功能的空间之间的用途转用，以打破区域经济、城乡经济发展的空间不平衡现状，从而实现国土空间的差异化发展，并进一步推动人与自然的和谐发展。由此亦可知，之所以说自然资源资产产权与用途管制权之间是"一体两面"的关系，是因为两种职权行使的根本目的是一致的，这也是导致"混淆"的重要原因。需要注意的是，自然资源资产产权的行使与用途管制权的行使在效果上存在显著的不同。资产产权的行使目的是保障国家、集体作为自然资源所有者的权利（力），并为自然资源使用权的产生提供可能，其实质是在立法形成自然资源所有权和使用权内容的基础上，借由自然资源部门的具体或者抽象的行政行为来明确自然资源资产产权的保障内涵。用途管制权的行使则是对自然资源资产产权的限制——不仅限制自然资源使用权人滥用权利，同时也对行政机关管理自然资源的行为实施合目的性的限制。然而，如果将用途管制权的行使视为资产产权的行使，就有可能使得某些超出必要限度的限制措施被认为是对公共利益或者财产权自身的保障，而利益受到损害的被管制者将无法获得相应的补偿；反之，如果将资产产权的行使视为用途管制权的行使，则可能在形成产权保障内涵时将某些必要的部分排除在保障的范围外，从而"掏空"了自然资源资产产权的实质性内容，使其沦为纸面上的权利（力）。而要想避免"混淆"所致之两种错误倾向，我们首先必须辨明自然资源及其构成的国土空间作为财产的制度需求，更确切地说，是财产的存续本身以及对财产利用的边界。进一步，则是要针对自然资源在宪法上的特殊地位，界定其公法上所应负担的义务，并从立法对自然资源所欲达致的目的出发，清晰财产权保障与管制之间的关联。除此以外，管制主体在实施用途管制措施时，应当将管理权的行使限定在国土空间用途确定和转用监管等环节，为市场机制在自然资源的二次配置环节发挥功能提供可能。

第二，国土空间用途管制部门与国土空间规划部门、国土空间生态修复部门等其他具有用途管制职权的部门之间应当如何衔接？在自然资源部门内部，用途管制权事实上由多个部门共享。从各部门承担的职责以及国土空间用途管制的要求来看，国土空间规划以及空间规划约束机制在用途管制制度体系中处于核心位置。自中共中央、国务院发布《关于建立国土空间规划体系并监督实施的若干意见》以来，自然资源部开始积极推进国土空间规划体系的建设工作，先后出台了《省级国土空间规划编制指南（试行）》《资源环境承载能力和国土空间开发适宜性评价指南（试行）》《关于开展国土空间规划"一张图"建设和现状评估工作的通知》《市级国土空间总体规划编制指南（试行）》等规范性文件，目的是将主体功能区规划、土地利用规划、城乡规划、海洋功能区划等空间规划融合为统一的国土空间规划。对于自然资源用途管制制度来说，国土空间规划的意义在于明确了国土空间的本质特征和适宜用途，即通过实施资源环境承载能力和国土空间开发适宜性两项评价，划定了城镇、农业、生态三类空间的格局和功能分区，从而更好发挥规划对自然资源用途管制的引领作用。据此，具体用途管制措施的实施，应当以国土空间规划为基础，对超出资源环境承载能力、与国土空间不相适应的自然资源开发利用行为进行限制。具体来说，国土空间用途管制部门在行使职权时，不能仅关注其职权范围内对自然资源量的指标控制，包括城镇开发边界、永久基本农田保护红线以及生态保护红线等特定用途国土空间边界的刚性管控内容；更重要的是，要从空间主导功能的角度，将管制措施的制定、实施、评价等全过程纳入用途管制整体的目的性考量，即服务于国土空间规划确定的城镇、农业、生态三类空间功能，实现山水林田湖草一体化的管护修复。

第三，中央自然资源部门与地方自然资源部门在用途管制上的利益格局应当如何优化？从权力内容来看，不同层级的自然资源部门承担的用途管制权在行使权限、行使内容、行使重点等方面是不同的；从区域发展的角度来看，不同层级的自然资源部门及其所在的不同层级政府对国土空间的利益需求也是不同的。省级、市级、县级以及乡镇的国土空间用途管制应当服从于全国国土空间用途管制的全局安排，地方自然资源部门以及地方政府应当严格执行国家层面用途管制的政策方针。在理想状态下，不同层级政府之间的利益诉求应当是统一的，都是为了国家、社会以及个人的整体发展；但在实践中，地方自然资源部门作为政府的组成部门，首先需要服从于地方政府，而地方政府基于经济发展的要求，往往会将既定的规划束之高阁或违背用途管制的全局安排。要想实现地方利益和国家整体利益的一致性，我们必须更加深入地认识"山水林田湖是一个生命共同体"的理论内核。申言之，城镇、农业、生态三类空间是生命共同体的不同面向，三者之间不是相互排斥、相互否定的关系,而是一个统一体。以生态保护红线为例,生态与农业、生态服务与人的需求间存在有机的联系,[1]如果将生态服务与人的需求割裂开来,那么本质上有悖于国土空间的整体性和系统性用途管制的要求。因此,对国土空间实施用途管制不是要排除经济发展可能性,即使是对生态脆弱地区实施的限制自然资源开发利用的用途管制措施,也应当建立生态补偿制度,对这些区域进行补偿,缓解地方政府的财政压力。而且,要遏制地方政府过度开发自然资源的行为,还应健全考核评价机制,加强对地方政府行为的监管。

二、管制内容

自然资源用途管制不能满足对自然资源量的管制,而应当从功能角度实施国土空间整体的用途管制。基于"山水林田湖是一个生命共同体"的理念,国土空间用途管制的内容也与过去的单一某种自然资源管制的内容产生了较大差别。

首先,国土空间用途管制应当确立城镇、农业、生态三类空间协同发展的目标。从管制本身来看,国土空间用途管制应当侧重对空间以及空间内诸自然资源开发利用的限制,包括通过自然资源资产产权管理实施的空间确权、通过国土空间规划实施的空间分类分级和区域准入以及根据空间发展情况灵活地调整空间用途的转用许可等内容。如果仅出于管制内容的考虑,那么所谓的国土空间用途管制与传统的单一某种自然资源量的管制在本质上并无差别。十八大以来,自然资源用途管制能够形成新的内涵,完全得益于其建立在新的管制目标上。从前文关于空间在用途管制中的功能定位和国土空间用途管制科学依

---

[1] 参见岳文泽、王田雨:《中国国土空间用途管制的基础性问题思考》,载《中国土地科学》2019年第8期。

据的论述中，我们应能发现，国土空间用途管制事实上确立了明确管制目标，其中最为直观的就是城镇、农业、生态三类空间的协同发展目标。在"山水林田湖是一个生命共同体"的理念指导下，三类空间的协同发展一方面意味着国土空间作为一个完整的系统，对其进行开发利用必须遵循自然规律，不能以牺牲某一种元素或排除某一种空间功能为代价，去追求另一种元素的增长或另一种空间功能的实现；而是应当将城镇、农业、生态三类空间发展的要求进行加权叠加，在特定空间中侧重发展某一种或某几种空间功能，并兼顾其他空间功能的发展。无论是中央全面深化改革领导小组第三十七次会议通过的《建立国家公园体制总体方案》，还是部分地区关于"公园城市"的实践，[1]都明确了空间的发展不是将空间发展为单一的城镇空间、农业空间或者生态空间，而是将城镇、农业、生态等全要素融合的创新发展。另一方面，三类空间的协同发展保留了空间持续发展的可能性。习近平总书记在党的十九大报告中将"坚持人与自然和谐共生"和"坚持推动构建人类命运共同体"列入新时代坚持和发展中国特色社会主义的基本方略，[2]指出"人与自然是生命共同体，人类必须尊重自然、顺应自然、保护自然……我们要建设的现代化是人与自然和谐共生的现代化"。在人与自然的关系上，自然资源用途管制虽然是对全部国土空间开展，但并不是要将全部国土空间都纳入同质化的制度设计中。从自然生态空间用途管制到国土空间用途管制，从生活、生产、生态的三种空间功能到城镇、农业、生态的三种空间功能……

---

[1] 2018年，习近平总书记在成都视察期间首次提出"公园城市"理念，并对成都作出"要突出公园城市特点，把生态价值考虑进去"的重要指示。

[2] 参见黎庶乐：《生态文明建设与构建人类命运共同体》，载《光明日报》2018年6月4日。

十八大以来自然资源用途管制内涵的形成过程已经非常明确地展现了这一点,即差异化的空间发展要求必须为空间的未来发展在用途管制中留足余地。申言之,如果只是为了用途管制而实施用途管制,那么所谓的空间用途管制的目的仍然是改变自然、征服自然,仍然是单一地追求对自然的索取,这与之前的用途管制制度并无二致。我们当然明白,城镇、农业、生态三类空间的协同发展不能完全覆盖全部的国土空间,正如人对自然界的开发利用不可能覆盖自然界的全部一样。但是这种协同发展在空间功能上的"留白"恰恰为新的社会空间的产生奠定了基础,并进一步将自然资源用途管制的目的从空间本身推向人与自然命运共同体的建构,最终实现作为主体的人的自由而全面的发展。

其次,国土空间用途管制应当明确空间发展的边界和安全底线。在土地用途管制中,主要是以耕地红线和建设用地指标为抓手来实施管制措施。实践中虽然一再强调18.65亿亩耕地红线不能被突破,但占用耕地实施非农建设的情形仍然屡禁不止;而由于区域发展不平衡,建设用地指标的分配在总量控制的情况下,在全国范围内往往通过指标交易等方式集聚到经济比较发达的地区,在地区范围内难以惠及城市或者重点城镇以外的地区。更重要的是,土地用途管制是从经济发展、粮食安全等角度实施的管制措施,对生态安全、人与自然的关系欠缺必要的考虑。至于针对水资源、森林资源、矿产资源、野生动植物资源等其他自然资源所实施的具有用途管制效果的管理措施,则尚未形成体系化的用途管制制度,亦无法实现用途管制的目标。因此,在突破了传统的指标控制标准的藩篱后,国土空间用途管制就面临着如何形成新的管制边界的问题。一般而言,用途管制权的实施需要兼顾公共利益和自然资源产权,上述问题进而转化为如何界定自然资源用途管制中公共利益的边界。这里的公共利益具体表现为人类生存所共同需要的生态环境要素，即基于自然规律所形成的自然资源开发利用的无形边界。从资源管理角度来看，各种自然资源都有其无形的自然规律边界——土地资源的无形边界是土地生产力与土壤肥力之间的转化阈值，生物资源的无形边界是生物多样性变化程度的阈值，水资源的无形边界则包括地表水与地下水的空间边界，年月日和季节性变化的时间边界，以及自然保护区、饮用水源区、污染区等功能性差异的质量边界等。[1] 在特定的空间中，各种自然资源无形边界的叠加和相互作用就构成了整体空间发展的边界，这也是为什么不同的国土空间范围内，侧重发展的空间功能也有所不同，亦即空间差异化发展的自然约束。需要注意的是，公共利益的概念天然地具有模糊性，空间发展的边界也是如此，并会随着科技的进步与经济社会的发展而不断发生变化，甚至是在人们的认识中被反复突破和重新形塑。在这种情况下，自然资源用途管制就是要将空间发展的边界落实为具体的管制底线，将公共利益予以类型化。基于城镇、农业、生态三种空间功能，公共利益可以划分为三条目标导向型的刚性约束底线，即城镇开发边界、永久基本农田保护红线以及生态保护红线。2014年以来，"三线"在全国开展试点，形成了"三线"划定的技术路线，部分地区还出台了相关的管理规定。[2] 从实践来看，"三线"将城镇、农业、生态三类空间划分为生态保护红线及一般生态区、永久基本农田保护红线及一般农业区、城镇

---

[1] 参见沈镭：《守住自然生态安全边界》，载《中国自然资源报》2021年4月21日。

[2] 参见吕冬敏：《浅谈空间规划中"三区三线"的划定与管制》，载中国城市规划学会编：《共享与品质——2018中国城市规划年会论文集》，中国建筑工业出版社2018年版，第265~275页。

开发边界及城镇预留区六种分区。通过划分"三线",在用途管制制度中事实形成了围绕空间的功能,对自然资源产权保障内涵的建构。以城镇开发边界为例,根据《关于建立国土空间规划体系并监督实施的若干意见》,城镇开发边界聚焦建设与非建设的管理边界,是城市集中建设区的范围边界,也是管控城市空间增长、引导建设用地、设施配套集中供给的政策边界。[1]中共中央、国务院《关于进一步加强城市规划建设管理工作的若干意见》将城镇开发边界的划定目的表述为"根据资源禀赋和环境承载能力,引导调控城市规模,优化城市空间布局和形态功能,确定城市建设约束性指标"。由此可见,在城镇开发边界内外,对土地资源是否可用于建设存在显著的区别,亦即对资源开发利用的形式进行了限制。相应的,对城镇开发边界外的国土空间实施的用途管制,更多注重永久基本农田保护红线和生态保护红线的底线管控。

最后,国土空间用途管制应当重点围绕在空间中发挥联系或贯通作用的自然资源以及具有示范效应的特定空间开展。自然资源用途管制在国土空间的全面施行,并不意味着对全部自然资源和国土空间施加同等程度的管制措施。从"三区三线"的内容来看,自然资源用途管制的重点在于城镇建设、基本农田保护以及生态保护。其中,城镇建设和基本农田保护主要是针对土地资源开展的用途管制;生态保护虽然强调从生态系统完整性和主体功能区定位的角度对全部国土空间实施用途管制,但侧重保护具有重要水源涵养、生物多样性维护、水土保持、防风固沙、海岸生态稳定等功能的生态功能重要区域,以及水土流失、土地沙化、石漠化、盐渍化等生态环境敏感脆弱区域。

---

[1] 参见张兵等:《城镇开发边界与国家空间治理——划定城镇开发边界的思想基础》,载《城市规划学刊》2018年第4期。

对关键自然资源与特定空间区域实施重点管制，一方面是基于差异化空间建设的需要，即我们不可能也无需将所有或大部分的空间建设成同一主体功能的空间，比如经济价值集聚的城镇空间；也不能以特色发展为名，不考虑空间内自然资源的禀赋和资源的承载能力，开展碎片化、同质化的特色空间建设，而是应当综合考虑城镇、农业、生态的空间功能需求，实施和而不同的国土空间用途管制。作为维护公益和私益平衡的重要手段，用途管制制度的实施需要与具有差异性的不同利益主体的空间权益相适应，防范经济导向型的同质化空间发展剥夺农业和生态空间权利的风险，进而使得国土空间能够产出丰富、多元的空间产品，以满足人类生活发展的需求。另一方面，在特定区域开展重点管制，为空间权利冲突的解决提供了示范效应，并能够推动空间的可持续发展。国土空间用途管制的过程，既是城镇、农业、生态三种空间功能相互协调的过程，也是三种空间功能背后的空间利益相互斗争和争夺人类日常生活控制权的过程。尤其是在生态功能重要区域或生态环境敏感脆弱区域，生态功能往往会遭受本区域农业生产需求或城镇化发展需求的挤占，甚至可能会受到临近区域城镇、农业、生态功能发展需求的影响。比如，20世纪90年代以来，因黑河流域经济社会快速发展，尤其是中游地区灌溉农业规模不断扩大，水资源消耗量急剧增加，使得进入下游的水量不断减少，由此引发了下游地区的河道断流、湖泊干涸、草场退化、沙尘暴肆虐等生态环境问题，严重影响了当地经济社会的可持续发展，甚至威胁到了华北地区的生态安全。针对这种情况，1999年，中央机构编制委员会办公室批准组建了水利部黄河水利委员会黑河流域管理局，专司管制黑河干流水量统一调度，重点实施黑河干流年度关键调度期内"全线闭口，集中下泄"的管制措施，以确保黑河下游额济纳绿洲的生态用水。从 2005 年开始，黑河下游的东居延海全年不干涸，为内陆河人工调水工作的典型。同时，对特定区域实施重点管制意味着重点管制区域以外的国土空间获得了未来发展的可能性。国土空间或其中的自然资源一旦被确定用途并切实用于该种特定用途，则几乎无法转为其他用途或者需要支付巨额的转用成本方能实现用途改变。前文已述，国土空间与自然资源都存在开发利用的临界值和一定程度上的不可恢复性，一旦空间的用途被现实地确定或者自然资源被使用而转变了形态，那么就丧失了发展为其他主体功能或形态的意义。从《市级国土空间总体规划编制指南（试行）》的规定以及各地根据《市级国土空间总体规划编制指南（试行）》制定的总体规划来看，战略性预留空间制度是新发展阶段中国土空间用途管制的一大创新。在城镇空间未来发展的时间轴上提前预留和冻结一部分用地，以期在规划远期能够在城市集中建设区内保留更多的蓝绿空间和非建设用地，是国土空间用途管制在时空关系上的完美契合。在重点功能区周边划定留白区域，既实现了自然资源用途管制从时间到空间再到时间与空间融合的管制理念，为未来的发展预留空间资源，也有效规避了对 GDP 的盲目追求和某些难以挽回的短视决策，一定程度上降低了对私权的过度干预。

三、管制手段

一直以来，以土地用途管制为代表的自然资源用途管制主要依靠行政手段来推动，对用途管制根本目的的考虑有所欠缺，形成的相关制度无法满足新的发展阶段下国土空间用途管制的需求。甚至可以说，传统的用途管制手段既难以避免对经济发展目的的畸形追求，过度关注容易量化的管制指标，忽视整体空间的系统性功能，也未必能够真正满足公共利益和私人产权的共同需求，实现人与自然的和谐发展。因此，在新形势下完善自然资源用途制度，有必要采取更加科学化和现代化的管制手段。

十八届三中全会以来，习近平总书记系统阐述了"国家治理体系和治理能力现代化"这一现代政治的核心理念，为中国特色自然资源治理体系和治理能力现代化提供了科学的思想武器和行动指南。治理视角采用的观察问题的方法是不同于管理的。原因在于，治理是在摒弃管理的基础上形成的，[1]其所偏重的统治机制并不依靠政府的权威和制裁，而是要依靠多种进行统治的以及互相发生影响的行为者的互动。[2]从本质上来看，治理的目的在于服务，[3]治理现代化要求作为治理主体的政府、社会以及公众等多种力量，以宪法和法律为依据，在受到严格拘束的法律范围内，依循公开、透明的法定程序，使相互冲突的或不同的利益得以调和，并进行合作共赢善治，同时还强调行使行政权力的政府应对人民负责，以及可以被依法问责和追责。

在自然资源用途管制中，治理现代化与产权制度构建是不可分离的。在整个国家治理体系中，经济治理的现代化居于重要位置。[4]中共中央《关于全面深化改革若干重大问题的决定》明确指出，经济体制改革是全面深化改革的重点，核心问题是处理好政府和市场的关系，使市场在资源配置中起决定性作用和更好发挥政府作用。对于自然资源用途管制制度来说，

---

〔1〕 参见江必新等：《国家治理现代化——十八届三中全会〈决定〉重大问题研究》，中国法制出版社 2014 年版，第 10 页。

〔2〕 参见［英］格里·斯托克：《作为理论的治理：五个论点》，华夏风译，载《国际社会科学杂志（中文版）》1999 年第 1 期。

〔3〕 参见陈广胜：《走向善治——中国地方政府的模式创新》，浙江大学出版社 2007 年版，第 129 页。

〔4〕 参见许海清：《国家治理体系和治理能力现代化》，中共中央党校出版社 2013 年版，第 89 页。

第四章 自然资源用途管制的制度架构

正确处理政府和市场关系的关键在于让市场这一资源配置最有效率的形式在产权制度形成的过程中发挥决定性作用；与此同时，传统的行政管理模式应当转化为治理模式，使得政府围绕市场决定性作用的实现来发挥作用，[1]从而实现资源配置效率的最优化和效益最大化。虽然，治理不取决于产权模式，但它有可能识别产权的制度安排中不好的实践。[2]将自然资源用途管制置于治理的视角下，不仅仅意味着对产权问题的解决，更重要的是，通过实现空间管制制度与空间产权制度方面的妥善安排，从而达到国土空间治理的本质目的。

一方面，自然资源用途管制从不回避国土空间治理的目的，即在差异性的空间发展中实现人的全面发展，而且对这一目的的追求也未像单纯的行政管理体制那样，随着工作的推进，可能异化为制度建设本身。申言之，在行政管理模式下，自然资源用途管制制度建构的目的是方便行政管理，甚至是某些极端情况下对政绩的畸形追求，最终使得制度改革以形成用途管制制度为结果，却无益于人的发展。而在治理的视角下，用途管制制度的稳定运行只是空间发展的一个中间目标。中间目标虽然也是治理现代化进程中确立的需要实现的目的，但其与最终目的不同的是，中间目标可能只是实现最终目的的一种手段。而之所以要确立中间目标，是因为治理现代化所追求的最终目的在每一次具体的治理活动中不一定都能够体现。另一方面，国土空间治理注重对用途管制制度是否能够实现空间治理的目的进行评价。实践中，各地都出台了相应的配套政策文件，而

---

〔1〕 参见江必新等：《国家治理现代化——十八届三中全会〈决定〉重大问题研究》，中国法制出版社2014年版，第148页。

〔2〕 参见［英］艾琳·麦克哈格等主编：《能源与自然资源中的财产和法律》，胡德胜等译，北京大学出版社2014年版，第367页。

在决策的过程中，不可避免地会遇到不同制度的选择应用问题。在行政管理模式中，用途管制制度本身就是目的，那么相关政策或法规的出台已经完成了自然资源管理的任务。然而，这些政策或法规的实施效果以及用途管制制度运行中相关主体的权利保障和责任承担的情况却很少被关注，这使得用途管制制度无法在运行中得到修正，即使出现了问题，也很难及时解决。在治理的视角下，用途管制制度的构建是一个过程，最终目的是调和公益和私益，实现空间的差异性发展，如果用途管制实施中产生的问题有碍于目标的实现，就应当通过不断的修正来予以完善。

　　基于以上认识，在管制手段上摒弃单纯的行政管理手段，而采用治理的方式，是新时代国土空间用途管制的应有之义。当我们考察管制手段的效果时，必须考虑到实现资源的最大化利用，而这种最大化的利用不是指经济效用的最大化，而是指包括生活、生产、生态等在内的空间整体效用的最大化。上文已述，空间本身就是一种资源，经由空间生产，可以对物质资料的空间进行重置，并重构创造出更加符合人需要的空间产品。[1]因而空间权利可以被视为资源财富存在的形式之一，即生产要素的存在形式之一。[2]从稀缺资源配置的实质来看，就是对资源的权利的安排。一般而言，一项制度从形成开始，必须不停地对其实现的社会总效用进行分析，如果其社会受益小于实现成本的话，就意味着该制度存在未被内部化的外部成本；如果同时又有另一项替代的制度的预期实现成本小于预期收益，且

---

〔1〕 参见庄友刚：《空间生产的历史唯物主义阐释》，苏州大学出版社2017年版，第113页。

〔2〕 参见周林彬、董淳锷：《法律经济学》，湖南人民出版社2008年版，第80~101页。

第四章　自然资源用途管制的制度架构

成本收益比小于原先制度的话,那么其对原先制度的替代就不可避免了。需要注意的是,这种评价标准在价值判断上并不意味着对公平、正义等价值的违背。在很多情况下,公平、正义等价值标准正好符合那些根据我们的观察是有效率的标准,即我们所称的那些正义的价值可能实际上就是产生有效率的结果所需的各种标准的重要组成部分,是一些被我们内化了的价值。[1]而且,公平、正义等本身是一种"主观"的价值,[2]概念模糊而难以确定,甚至某些不公正的伎俩很大程度上依赖于对公平正义的前提假定。[3]

进一步,在我们选择具体的用途管制手段时,要保证最终选择或修正后方案的收益至少要超过其他任何一项替代方案可能产生的最大效益。不可否认的是,这种可能性出现的最为关键的假设就是可用资源的稀缺性。虽然在一般意义上,制度是以公共产品的形式被生产和使用的,但事实上,也可以将制度纳入稀缺物品的范围,将之视为人们需要付出代价才能够使用的资源。[4]尤其是在国土空间用途管制中,当形成某种空间主导功能的管制措施一经适用,就会排斥保障其他空间功能的管制措施时,制度的稀缺性体现得就更加明显。也就是说,基于资源的稀缺性,用途管制制度的不同措施可能互相之间占有了对方的资源,如果把它们用于实现国土空间治理的一个中间目

---

[1]　参见[美]大卫·D.弗里德曼:《经济学语境下的法律规则》,杨欣欣译,法律出版社2004年版,第20页。

[2]　Heidi L. Feldman, "Objectivity in Legal Judgment", *Michigan Law Review*, Vol. 92, 1994.

[3]　参见[美]盖多·卡拉布雷西、菲利普·伯比特:《悲剧性选择——对稀缺资源进行悲剧性分配时社会所遭遇到的冲突》,徐品飞、张玉华、肖逸尔译,北京大学出版社2005年版,第9页。

[4]　参见李明义、段胜辉编著:《现代产权经济学》,知识产权出版社2008年版,第12~21页。

标，就必须放弃另一个方案的实现；但是，由于每一个具体的制度设计不可能只是针对一个中间目标，以联系的观点来看，其在实行过程中必然会对该中间目标以外的其他空间治理活动产生影响，甚至是决定了其他管制决策的走向。因此，实现某一个具体的管制措施，就意味着对其他替代方案以及更广范围内的国土空间治理活动所需资源的挤占，并让参与治理的利益主体只能就该决策方案进行博弈以享受利益。

第二节　自然资源用途管制的法权关系及其实现[1]

一、用途管制法权关系的分析框架

马克思在论述财产权问题时，揭示了人的类存在的特性，并通过对人同自己的劳动产品、自己的劳动活动、自己的类本质以及人自身之间的关系的论述，阐明了私有财产的本质。由此，我们才得以总结归纳财产权或管制权行使问题分析的一般框架——既然这些关系体现的是基于所有制而产生的、在物的外壳掩盖下的人与人之间的利益关系，[2]那么我们对于财产权与管制权问题的分析就应当明确以下几个方面的关系，即人与自身、人与自身的类以及人与其他物的类的关系。[3]

---

[1] 本节部分内容已发表，参见李祎恒：《农业基础设施产权问题的"本"与"末"——以小型农田水利工程为例》，载《法学论坛》2018年第2期；李祎恒：《马克思主义法学理论的教学实践——以〈物权法〉的本科教学为例》，载夏锦文主编：《法学教育评论》（第3辑），法律出版社2019年版。

[2] 参见胡立法：《产权理论：马克思与科斯的比较中需要厘清的几个问题》，载《毛泽东邓小平理论研究》2009年第2期；张兴茂：《马克思所有制与产权理论研究》，载《河南大学学报（社会科学版）》2001年第4期。

[3] 中共中央马克思恩格斯列宁斯大林著作编译局译：《1844年经济学哲学手稿》，人民出版社2000年版，第56页。

第四章　自然资源用途管制的制度架构

（一）第一个层次：基于人与自身的关系的分析

与人自身相比，自身的类、其他物的类对于人来说，都是人的对象，与人之间是客体与主体的关系。因而在人与自身、人与自身的类以及人与其他物的类的关系中，处于核心的部分是人与自身的关系。人与自身的关系，天然地包含着两重含义：一是作为主体的人的自我意识或是人格；二是作为人的自我意识载体的客观身体。其中，人与客观身体之间的关系也是一种主客体之间的关系，与另外两种主客体关系并无本质区别，即所谓的"同一种事情的另一种说法"。[1]通过层层剥离，人的真正本质得以被发现，马克思称之为人的类本质，就是"自由的有意识的活动"。[2]借由这种活动，人将自己的客观身体、他人以及自然界当作认识和改造的对象，并在此过程中满足人的需要，实现人的发展。申言之，作为纯粹主体性力量的人格必须依赖载体的存在而存在，从而使人自身成为对象性的存在；[3]同时，人与客观身体之间的关系虽然从本质上无异于其他两种主客体关系，但是这种关系的特殊性在于，自我意识与人的客观身体是不可分割的统一体，只有确定人格存在，人自身才得以成为现实的存在。

在财产权或管制权的问题中，应用人与自身的关系进行分析，我们就能够发现以"一体两面"形式而存在的问题根源。一方面，作为主体的人不单单指的是自然人个体，能够通过某种组织形式形成的共同体，只要具备单一、独立的人格，也应

---

[1]　中共中央马克思恩格斯列宁斯大林著作编译局译：《1844年经济学哲学手稿》，人民出版社2000年版，第56页。

[2]　中共中央马克思恩格斯列宁斯大林著作编译局译：《1844年经济学哲学手稿》，人民出版社2000年版，第57页。

[3]　中共中央马克思恩格斯列宁斯大林著作编译局译：《1844年经济学哲学手稿》，人民出版社2000年版，第106页。

当被纳入人的范畴中。然而对于共同体来说,作为主体性资格的人格并不像自然人个体那样,是基于一定的自然生理条件而当然产生的。

另一方面,承载自然人人格的是人的肉体,但是对于共同体来说,其自我意识的载体只能是肉体的替代品,在自然资源用途管制制度中,是属于其所有的自然资源所形成的资产。所谓"有恒产者有恒心,无恒产者无恒心",[1]即使对于自然人来说,财产也是人格的物的代形,[2]更不要说不具备肉体的共同体,资产更是其得以成为现实存在物的基础。但不论是自然人的肉体,还是共同体的资产,都不是完全不受限制的。自然人个体"和动植物一样,是受动的、受制约的和受限制的存在物";[3]共同体赖以存在的基础也不是先验且绝对的,而是透过政治权力所决定的物质与社会关系,[4]因而要受到法律对财产权内涵界定的限制。这种限制来源于自然人或者共同体的自身,可以被称为主体的内在限制。

当然,自然人的肉体是有机的,而共同体享有的自然资源资产却是无机的,二者在自然属性上存在区别,内在限制的程度也有所不同。从历史角度来看,自然人的意志和肉体并不是天然统一的,但是在应然层面,二者的统一却是毋庸置疑的,[5]现代社会的法律通过对自然人人身权的保障,大都确认了这一点。在这种情况下,自然人的内在限制更多来自个体(劳动)能力的

---

[1] 《孟子·滕文公上》。
[2] 参见叶百修:《损失补偿法》,新学林出版有限公司2011年版,第64页。
[3] 中共中央马克思恩格斯列宁斯大林著作编译局译:《1844年经济学哲学手稿》,人民出版社2000年版,第105页。
[4] Jeremy Bentham, "Theory of Legislation", Vol. I, Translated form the French of Etienne Dumont by R. Hildreth, *Weeks*, Jordan, & Company, 1840, p. 111~113.
[5] 参见[英]洛克:《政府论》(下),叶启芳、瞿菊农译,商务印书馆1964年版,第19页。

限制。与自然人不同的是,共同体意志的载体是自然资源资产,其内涵的形成则有赖于立法。对国有土地所有权而言,其客体的存在不需要法律确认,但财产权的界限需要相关法律制度的建立才能明确,因而属于本质上需要界定的财产权。[1]通说认为,由于不存在完全无拘束的权利,甚至财产权本身也应当承担义务,[2]因此这种限制本身其实是对于财产权的保障,例如物权法中的物权法定原则,就是对财产权的内容和形式的界定,从而明确了财产权的保障内涵。然而,在财产权的主体无法发挥权利效能的情况下,内在限制就有可能被扩大化,直至超出必要的限度。

(二) 第二个层次:基于人与人关系的分析

如果说人与自身的关系是财产权或管制权问题的本质,那么人与人、人与物之间的关系就是这种本质展现出来的表面现象。人与人之间的关系反映的是人的社会联系、社会本质,意味着人不是抽象化的,[3]而是在社会关系中认识到自己是现实存在的人。[4]人与物的关系则类似人与客观身体之间关系,从主体层面看人是作为自身而存在,从客体层面看人又存在于自己生存的自然无机条件中。[5]但是归根到底,人与人、人与物之间的关系正如人的意志和身体的关系一样,也是统一的关系。或者说,对人与物关系的讨论,目的是明确物是人与人关系的媒介,从而使人的本质对象化,最终证实和实现人的社会

---

[1] 参见李祎恒:《论小产权房征收之衡平补偿》,载《政治与法律》2014年第5期。

[2] 参见张翔:《财产权的社会义务》,载《中国社会科学》2012年第9期。

[3] 中共中央马克思恩格斯列宁斯大林著作编译局译:《1844年经济学哲学手稿》,人民出版社2000年版,第170~171页。

[4] 参见贺来、张欢欢:《"人的本质是一切社会关系的总和"意味着什么》,载《学习与探索》2014年第9期。

[5] 《马克思恩格斯全集》(第30卷),人民出版社1995年版,第484页。

的本质。[1]因此,关键在于如何正确认识财产权和管制权行使中的人与人的关系。

上文已述,在人与自身的关系中,主体所受到的限制主要是一种内在限制。在人与人的关系中,"人只有把自己当作自为的存在才把自己变成为他的存在",[2]这就意味着人通过行使权利而使需要得以满足,但权利之行使也不是没有边际的,而是建立在尊重他人的基础上。人只有意识到自己行为的边界,才能够在边界之外发现与自己本质相同的他人的存在,并借由与他人发生联系,证实自己的存在。在此过程中,人的行为或者权利都会受到他人行为或者权利的限制,同时也会限制他人的行为或者权利。由此,一种不同于内在限制的限制样态就从财产权主体的社会联系中产生了,我们称之为外在限制。[3]需要注意的是,内在限制来源于自身,目的是形成财产权的具体内涵,为财产权主体提供制度性的保障,[4]一般不会对主体的权益造成侵害,也无需就此限制进行正当性的论证。外在限制则来源于人与人之间的相互需要和本质的相互补充,目的是在资源稀缺的环境下,使主体的行为处于一个合理的界限范围内,从而令人与人在社会联系中共同实现需求的满足。与内在限制相比,外在限制更多侧重限制,但这种限制本身也需要受到限制,即所谓限制之限制。限制之限制的要求是,对财产权主体

---

[1] 中共中央马克思恩格斯列宁斯大林著作编译局译:《1844年经济学哲学手稿》,人民出版社2000年版,第183~184页。

[2] 中共中央马克思恩格斯列宁斯大林著作编译局译:《1844年经济学哲学手稿》,人民出版社2000年版,第198页。

[3] Walter Leisner, "Eigentum", in Josef Isensee und Paul Kirchhof, *Handbuch des Staatsrechts*, Bd. Ⅵ., 2001, §149, Rd. 134.

[4] 参见李祎恒、邢鸿飞:《论征收补偿中财产权法制保障的基本模式》,载《南京社会科学》2014年第5期。

施加的外在限制不能超出必要的限度，否则就违背了外在限制本身的目的性追求，使得人与人之间的关系成为一种纯粹的否定关系；如果外在限制超出了合理的范围，那么必须对受到限制的主体进行救济，以使其得以维持人格尊严和获取发展的可能性。从这个意义上说，我们必须严格区分内在限制与外在限制。一旦产生混淆，就会将财产权的某一项权能排除在保障范围之外，主体亦不得因此限制而获得救济，这正是导致财产权与管制权行使边界问题表象的原因。

二、规划权：自然资源用途确定的法权核心

用途管制的根本在于规划，用途管制的生命也在于规划。基于空间发展的要求，国土空间用途管制应当建立以统一空间规划为核心和依据的规划体系。所谓空间规划，指的是对一定区域国土空间开发保护在空间和时间上作出的安排。《欧盟区域/空间规划章程》将空间规划界定为对经济、社会、文化和生态政策的地理空间表达，并提出空间规划的目的是促进区域均衡发展。[1]《欧盟空间规划体系和政策纲要》从法律基础、规划尺度、国家和区域规划的范围、央地权力分配、政府部门和私人部门之间的相对关系、体制功能、实施效果等变量出发，将不同历史条件国家的空间规划体系分为四种理想类型：综合型、管制型、区域经济型以及城市化型。[2]有研究指出，虽然每个国家在不同的规划需求下，都会采取多种类型的空间规划模式，但随着规划权力的下放、机构重组，越来越多的国家会采取趋

---

〔1〕 参见赵星烁、邢海峰、胡若函：《欧洲部分国家空间规划发展经验及启示》，载《城乡建设》2018年第12期。

〔2〕 参见郝庆：《对机构改革背景下空间规划体系构建的思考》，载《地理研究》2018年第10期。

同的方案——选择综合型的空间规划体系。[1]这里我们说的综合型空间规划体系，主要是以德国、荷兰等为代表，强调空间规划的功能在于空间协调而不是经济发展，并力图通过层级清晰、功能明确的空间规划来实现对国土空间的有效管控。

相比较而言，虽然通过机构改革，统一国土空间规划的权限已经归属自然资源部门，但在我国现行的规划体系中，仍然存在体系庞杂、难以相互衔接的问题。最为典型的是，不同的空间规划所采用的技术标准和管制分区标准是不同的——主体功能区划将空间划分为优化开发区、重点开发区、限制开发区、禁止开发区；土地利用总体规划将建设用地划分为允许建设区、有条件建设区、限制建设区、禁止建设区，但在土地用途上则采用了九区的标准，即城镇村建设用地、独立工矿区、一般农地区、基本农田保护区、林业用地区、牧业用地区、风景旅游用地区、生态环境安全控制区以及自然和文化遗产保护区；城市总体规划一般将城市空间划分为禁止建设区、限制建设区、适宜建设区；海洋功能区划将海洋及临海空间划分为农渔业区、港口航运区、工业和城镇用海区、矿产与能源区、旅游休闲娱乐区、海洋保护区、特殊利用区以及保留区；生态功能区划按照生态系统的自然属性和所具有的主导服务功能类型，将生态系统服务功能分为生态调节、产品提供与人居保障三个大类，并细化分为九种分区，即生态调节区包括水源涵养、生物多样性保护、土壤保持、防风固沙、洪水调蓄五个分区，产品提供区包括农产品和林产品提供两种类型，人居保障功能则包括人口和经济密集的大都市群以及重点城镇群两种分区。而且，各种规划在制定时，往往存在内容和深度的不当扩张，进一步加

---

[1] 参见 [荷] 多米尼克·斯特德、文森特·纳丁：《欧洲空间规划体系和福利制度：以荷兰为例》，许玫译，载《国际城市规划》2009年第2期。

深了规划间的矛盾和冲突，难以引导空间资源有序开发和高效利用。[1]针对这些问题，2018年机构改革后，相关法律也进行了修订，明确了诸多规划的序列。现行《土地管理法》第18条第2款规定，"已经编制国土空间规划的，不再编制土地利用总体规划和城乡规划"。这一规定的意义在于，既减少了各种规划间的冲突可能性，明确以国土空间规划为各类开发保护建设活动的基本依据，也强化了国土空间规划对各专项规划的指导约束作用，并为主体功能区规划、土地利用规划、城乡规划等空间规划融合为统一的国土空间规划奠定了基础。

与此同时，国土空间规划体系建构的核心法律问题也逐步显现，即作为国土空间用途管制法权关系的核心，国土空间规划权应当如何在超越现行各种规划权力的基础上，实现其权力的根本价值？上文已述，传统的自然资源用途管制不是不关注空间，而是将空间单纯作为承载各种自然资源的载体，并通过对单一自然资源的用途管制，将空间割裂为分离的、不连续的碎片。举例来说，水资源用途管制的对象当然包括作为水资源载体的土地资源，如岸线资源、水库、饮用水源地等。但水资源载体在水资源用途管制和土地用途管制中的功能则有所不同，导致所依据的不同的规划赋予同一个事物的管制分区定位也会发生差别，从而将整体的空间零散化为等级的空间。因此，空间虽然是事实上的统一体，但却是虚假的"整体"：既是一体的，又是支离破碎的。[2]在此背景下，各种规划权的行使事实上只是在空洞的空间中，将分离内容的空间进行机械的排列和

---

[1] 参见邢文秀等：《重构空间规划体系：基本理念、总体构想与保障措施》，载《海洋开发与管理》2018年第11期。

[2] 参见［法］列斐伏尔：《〈空间的生产〉新版序言（1986）》，载张一兵主编：《社会批判理论纪事》（第1辑），中央编译出版社2006年版，第183页。

归类，空间中的各种自然资源，乃至空间中的人，相互间都不具有联系。[1]解决这一问题的关键在于，摒弃对象中心主义，超越各种规划所关注的单一自然资源，在规划权的行使上坚持主体性向度，践行以人民为中心的价值取向，[2]克服同质化、碎片化、等级化的抽象空间所带来的矛盾，通过对空间的解放和重构，生产出人类生存和日常生活的空间。

基于此，我们可以对国土空间用途管制中规划权的行使以及国土空间规划约束机制的建构作如下解释：首先，国土空间规划权的行使应当坚持以人民为中心的发展思想。以人民为中心的发展思想，就是要把增进人民福祉、促进人的全面发展作为发展的出发点和落脚点。习近平总书记在主持中央政治局第二十八次集体学习时指出，这是马克思主义政治经济学的根本立场。在习近平新时代中国特色社会主义思想中，以人民为中心的发展思想居于基础性的突出位置，贯穿于习近平新时代中国特色社会主义思想的各个方面。[3]国土空间规划权的行使，不仅仅意味着从自然物理的角度，对空间以及空间内各种自然资源用途的确定，同时也意味着以空间以及空间内各种自然资源为生产要素、载体、政治基础、文化象征等的社会关系的创造和重构。[4]根据历史唯物主义的基本原理，人的本质是一切社会关系的总和，人民群众的根本利益就是规划权行使的最终旨归。党的十九大报告指出，我国社会主要矛盾已经转化为人

---

[1] Henri Lefebvre, *The Production of Space*, Translated by Donald Nicholson-Smith, Blackwell Publishers Inc., 1991, p.308.

[2] 参见张先贵：《国土空间规划体系建立下的土地规划权何去何从？》，载《华中科技大学学报（社会科学版）》2021年第2期。

[3] 参见于向东：《以人民为中心思想的深刻内涵》，载《光明日报》2018年7月26日。

[4] 参见庄友刚：《空间生产的历史唯物主义阐释》，苏州大学出版社2017年版，第53页。

民日益增长的美好生活需要和不平衡不充分的发展之间的矛盾。为了在自然资源用途管制中消弭这种矛盾，我们不能把人民当作管制的手段和产品，而应当将之作为管制的目的，通过对人民需求的差异化分析，确认以空间为背景的人类命运共同体的空间正义方案。

其次，在规划权的行使中，以人民为中心的发展思想具体表现为"两山"理论。"绿水青山就是金山银山"的理论是习近平生态文明思想的重要内涵。"两山"理论对国土空间规划的重要指导意义在于，在确定空间用途时，应当辩证地看待空间以及空间内各种自然资源所具有的经济价值和生态价值。国土空间规划应当在资源环境承载能力和国土空间开发适宜性评价的基础上，统筹布局生态、农业、城镇等功能空间，既要强化底线约束，又要为可持续发展预留空间。从表面来看，"两山"理论与空间用途并不能形成一一对应的关系，但在本质上，"两山"理论为空间用途的确定提供了更加多元化的可能。从生活、生产、生态的"三生"空间管制分区到生态、农业、城镇的"三区"功能空间，经由国土空间规划所确定的空间用途更加贴合"两山"理论。在"两山"理论中，绿水青山主要彰显的是空间的生态功能，但空间的生态功能与生产功能、生活功能不是相互排斥的，也不需要通过某种转化方式将生态空间转变为生活空间或者生产空间。申言之，生态空间具有的生态价值本身就包含了经济价值的内容。因而在确定空间用途时，不能排除生态与生活、生态与生产以及三者功能叠加的空间的存在。正是在这个意义上，通过绿水青山与金山银山间的辩证关系，国土空间规划采取了生态、农业、城镇的"三区"空间用途确定机制。一方面，我们不能肤浅地将绿水青山等同于金山银山，[1]而是要探究空间生态价值与经济价值之间的多元组合——既要考虑空间的生态功能对人类生存和生活的必要意义，又要坚持保障粮食安全和农业生产这一人类生存的基本需求，还要关注生态、生产、生活矛盾最为突出，空间问题中最具有代表性的城镇空间的发展。另一方面，"两山"理论揭示了生态环境保护和发展生产力、变革生产关系之间的联系，[2]进一步明确了国土空间规划乃至国土空间用途管制的目的性追求。在"物的依赖关系上的个人独立"的发展阶段中，空间以及空间内各种自然资源的经济价值成为根本目的，人的能力发展仅仅是生产更多物质财富的手段，由此造成了大量的空间问题。习近平总书记在十八届中央政治局第六次集体学习论及经济发展同生态环境保护的关系时，提出了"保护生态环境就是保护生产力、改善生态环境就是发展生产力的理念"，[3]从根本上改变了对生产力的内涵及其构成要素的认识。据此，国土空间用途规划所要实现的生态、农业、城镇的空间功能的协调发展，允许人通过普遍而全面的社会关系的发展来获得人自身能力的全面发展，并借由三类空间的重构来最终实现人的全面发展。

最后，国土空间规划应当在全面摸清空间本底条件的基础上，因地制宜地确定空间的用途。在我国自然资源用途管制制度的发展中，区域发展不均衡是矛盾的主要方面。其原因主要在于，不同地区的本底条件不同，适宜进行城市开发和工业生产的地区往往具有类似的空间禀赋，而生态脆弱地区由于不适

---

[1] 参见常纪文：《科学理解和实践"两山"理论的思考》，载《中国环境报》2019年12月23日。

[2] 参见北京市习近平新时代中国特色社会主义思想研究中心：《深刻理解"两山"理念的科学蕴含》，载《光明日报》2019年10月10日。

[3] 《习近平主持政治局第六次集体学习》，载 https://news.12371.cn/2013/05/24/ARTI1369397485200941.shtml，2024年7月1日访问。

合开展工农业生产活动，往往处于经济发展欠发达的状态。因此在国土空间规划的制定中，必须注重对空间发展可能性的考量。即便是为了发展经济欠发达地区，也需要在尊重空间内各要素横向耦合约束关系的前提下，通过协调与配置不同要素，实现生态、农业、城镇空间功能的统筹兼顾。[1]同时，从生态系统整体性的角度来看，不同区域间的空间生态功能存在紧密联系，部分地区经济发展所带来生态负外部性往往需要其他地区来承担。基于这一理由，规划权的行使不能仅考虑本地区的空间状况，而应当遵循区域公平发展的原则，体现相邻区域或者更广泛联系的其他区域的国土空间管制情况。

三、管制权：自然资源用途保障的法权核心

在论及管制权之前，需要对管制权与规划权的关系予以廓清。从传统观念来看，既定规划的存在是管制权行使的前提和基础。[2]在司法实务中也存在同样的观点，将规划权与管制权区分对待。[3]然而，在用途管制的具体实践中，管制措施和用途管制规划之间的关系往往是倒置的，即规划需要根据管制的需求而不断发生变化，甚至会随着政府部门负责人的更替而发生变化。这种对于规划权的矮化破坏了自然资源用途管制整体的制度体系，催化了管制权内容的野蛮生长。以土地用途管制为例，1998年《土地管理法》实施以来，土地利用年度计划制

---

[1] 参见赵文斌:《重庆广阳岛：建设人与自然和谐共生的最优价值生命共同体》，载 https://mp.weixin.qq.com/s?__biz=MjM5NTk2MjY1Mw==&mid=2651323565&idx=2&sn=4a558818038726f4692218e07eeee4b6&chksm=bd03d6df8a745fc95532d27eb8a908f6f410d6c349f5e74811ba1efd2a663cf1e22bdd4dbc85&scene=27，2024年7月1日访问。

[2] 参见刘俊:《土地所有权国家独占研究》，法律出版社2008年版，第371页。

[3] [2019]最高法行申7702号、[2019]最高法行申5186号。

度几乎替代了土地利用总体规划制度。在土地利用年度计划制度中，对土地资源的开发利用，需要建立在获得年度建设用地指标的基础上。事实上，政府正是通过掌控年度建设用地指标的分配，来实施具体的土地用途管制措施。问题在于，通过自上而下、层层分解下达的建设用地指标来管制土地开发利用行为，只是强化了上级政府对下级政府的管制，基层的用地指标和实际开发利用情况差距较大，同时也造成下级政府不关心规划的科学性，而是将精力用于同上级政府协调取得更多的用地指标。[1] 除此以外，由于指标有限，地方政府更倾向于将用地指标配置给经济效益比较高的开发项目。针对这些问题，笔者认为解决问题的关键是明确管制权与规划权的关系。具体来说，应从广义上理解自然资源用途管制的内涵，强化国土空间规划作为用途管制核心的地位，建立规划权对管制权的约束机制，并基于"两评价"的结果，明确"三区三线"对管制权行使的刚性要求。同时，应当将管制权作为自然资源用途保障的法权核心，通过考察空间以及各种自然资源之间的有机联系，明确用途保障的目标是实现国土空间的整体和系统的功能，而不是对某一种自然资源量的简单控制；并根据空间及其中的自然资源的不同用途和特性，明确自然资源多种功能的优先序，实施不同程度的用途管制。

基于以上认识，在用途管制制度中，管制权的行使应从以下几方面展开：首先，管制权的行使应当着眼于对国土空间的系统治理和整体性管控。实施系统治理和整体性管控，有利于平衡和维护自然环境的常态，并能促使自然资源的开发利用程度做到与环境容量相适应、与资源环境承载能力相匹配、与生

---

[1] 参见祁帆等：《自然资源用途管制制度研究》，载《国土资源情报》2017年第9期。

第四章　自然资源用途管制的制度架构

态系统承载能力相对接，从而不断优化自然生态环境。在生态、农业、城镇三类空间功能分区中，设置生态保护红线、永久基本农田和城镇开发边界三条控制线的意义在于，强化全部国土空间范围内管制权行使的宏观边界。其中尤为重要的是，明确了生态环境保护和耕地保护的底线，通过山水林田湖草的系统治理，倒逼城镇空间从增量发展转向存量发展。我们必须清楚地看到，三条控制线不是仅在对应的功能空间中发挥作用，每一条控制线都贯穿三类空间，这就使得管制权的行使不仅仅是保障国土空间规划所确定的空间用途，防止生态、农业的空间功能被挤占，而且以资源环境的承载能力为刚性约束，推动城镇空间中的生产、生活功能的创新型发展、绿色发展。

其次，在"三区三线"刚性约束的基础上，管制权的行使应当保有一定的弹性。上文已述，国土空间用途管制的目的在于以人为中心，推动人的能力的全面发展。对于人来说，多样化的需求是人的天性，人们的兴趣、品位、需求、感觉和偏好五花八门、千姿百态。[1]相应地，空间的发展不应该采取固有的统一模式，管制权的行使也不应将空间进行严格刻板的等级分区，而是应当从人民群众对美好生活的需要出发，建构异质性并存的差异性空间。由此产生的问题是，管制权应当如何协调规划刚性和发展弹性之间的矛盾？《国土空间调查、规划、用途管制用地用海分类指南（试行）》明确规定了留白用地的用地类型，将暂未明确规划用途、规划期内不开发或特定条件下开发的土地界定为留白用地。在地方实践中，《北京城市总体规划（2016年—2035年）》明确，加强城市修补，坚持"留白增绿"，创造优良人居环境。同时，《北京市战略留白用地管理办

---

[1]　参见［加］简·雅各布斯：《美国大城市的死与生》，金衡山译，译林出版社2006年版，第161页。

法》进一步明确了留白用地的管制内容和管制方式。留白用地制度的出现，充分表明了管制权的行使并不致力通过行政管理手段对空间实施事无巨细的管制措施。对所有国土空间分区分类实施用途管制，目的是优化传统的指标控制型的用途管制，减少通过空间扩张来获取经济收益的同质化发展倾向。但在同时，需要为地方管理和创新活动留有空间，保留存量空间未来发展的可能性。

最后，管制权的行使应当强化对自然用途变更的监管。允许自然资源用途依法变更是发挥市场在自然资源配置中的决定性作用的重要途径，加强监管则是更好发挥政府作用的必然要求。一是要依法监管。在依法行政的要求下，自然资源用途管制部门应当厘清本部门行业监管职权的边界，在法律规定的权限范围内积极履职，既要防止失职渎职，也要避免超越法定权限。二是要全方位监管。对国土空间用途变更的监管，应当涵盖法律赋予职权的所有自然资源要素，如国土、矿产、森林、草原、海洋等，不仅包括事后的监管，也要包括对自然资源使用或利用的全过程的事中的监管。三是要综合手段监管。即采取"双随机、一公开"的方式，利用航空航天遥感监测、三维地形展示、互联互通的审批监管平台等自然资源技术集成手段，实施综合监管。比如，江苏省率先建设的"慧眼守土"国土资源综合动态智能监管系统，利用视频监控技术与全球定位系统设备，以"一张图"历史静态数据平台为基础，融合视频监控采集、动态数据分析、实时实景监控等功能，可以实现全区域动态监测、全系统协作联动、全业务信息共享等监管效果。四是要多方联动监管。基于对国土空间用途管制系统性与综合性的认识，管制权的行使需要地方人民政府、行业主管部门、管制部门内部上下级，乃至与法院、检察院等司法机关的协调配合,积极搭建联动机制和平台。五是要在用途变更中综合考虑变更对生态与环境、社会公共利益、利害关系人的利益的影响,形成公众参与与评价机制,并建立自然资源用途变更监测预警机制,防止生态、生活空间被挤占。

四、参与权:自然资源用途管制的程序核心

目前,我国法律上规定的参与程序的主体是公众。一般认为,公众指的是一切单位和个人。由于范围过于宽泛,在法律的实际运行过程中,这种所有人都参与的制度设计往往会沦为形式,无法实现自然资源用途管制制度对公民权益的保障。上文已经揭示了用途管制的实质是财产利益由具体的私人享有转为由不特定的多数人享有,因而参与程序的建构应当赋予直接遭受管制侵害或可能遭受管制后不当开发侵害的群体与公众不同的参与地位,即从公众参与转为利益关系人参与。只有当公权力行为对某一类财产权益产生普遍性影响而不能及时确定利益受损的特定主体时,关系人参与机制的主体才能是社会公众。当符合条件的参与主体过多时,政府机关应当指导其组成团体和选出代表,来表达其利益诉求和与政府机关进行沟通。

作为程序保障的一种,参与程序最基本的内容在于信息的公开和交换。在未能获得足够信息的情况下,任何参与都将失去实质的意义。一般而言,信息的公开与交换可以降低公权力行为的运行成本,纠正一些可能会导致管制决定偏离预期公共利益的错误计算。[1]在参与程序机制运行的过程中,利益关系人应可就成立管制措施和管制后开发利用的各个要素表达意见。政府则应就关系人表达的意见在法律规定的范围内进行衡量,

---

[1] 参见[美]罗伯特·考特、托马斯·尤伦:《法和经济学》(第5版),史晋川等译,格致出版社、上海三联书店、上海人民出版社2010年版,第413页。

通过与关系人的沟通确定各要素的真实情况。而无论是关系人表达的意见，还是政府机关就其意见进行的解释说明或更改决定，都应当以公开的形式作出，既方便监督，也可防止暗箱操作导致少数人利益受损现象的发生。

实现了管制过程中的信息公开和交换，参与程序仍然只能说是一种形式参与，而尚未达到实质参与的程度。这是因为，即使利益关系人能够就管制决定向政府表达意见，但政府仍可在不听取利益关系人意见的情况下作出管制决定。而且，一旦规划权或管制权行使完毕，利益关系人几乎无法抵制空间的用途管制效果。因此，要做到实质性的参与，就必须建立事后检验和责任追究机制。

本章小结

用途管制的根本在于规划，用途管制的生命也在于规划。基于空间发展的要求，国土空间用途管制应当建立以统一空间规划为核心和依据的规划体系。作为国土空间用途管制法权关系的核心，国土空间规划权应当如何在超越现行各种规划权力的基础上，实现其权力的根本价值？解决这一问题的关键在于，摒弃对象中心主义，超越各种规划所关注的单一自然资源，在规划权的行使上坚持主体性向度，践行以人民为中心的价值取向，克服同质化、碎片化、等级化的抽象空间所带来的矛盾，通过对空间的解放和重构，生产出人类生存和日常生活的空间。具体来说，国土空间规划权的行使应当坚持以人民为中心的发展思想，在"两山"理论的指导下，全面摸清空间本底条件，因地制宜地确定空间的用途。进一步，应从广义上理解自然资源用途管制的内涵，强化国土空间规划作为用途管制核心的地位，建立规划权对管制权的约束机制，并基于"两评价"的结果，明确"三区三线"对管制权行使的刚性要求。同时，应当将管制权作为自然资源用途保障的法权核心，通过考察空间以及各种自然资源之间的有机联系，明确用途保障的目标是实现国土空间的整体和系统的功能，而不是对某一种自然资源量的简单控制；并根据空间及其中的自然资源的不同用途和特性，明确自然资源多种功能的优先序，实施不同程度的用途管制。

第五章

自然资源用途管制的三种实践[1]

第一节 水资源用途管制：从单一自然资源用途管制到空间用途管制[2]

水资源用途管制是确保水资源可持续利用的重要工作，也是保障水安全和解决水资源供应短缺问题的重要抓手。从自然环境和经济社会发展状况来看，水资源安全始终是国家战略的约束条件和关注焦点，对其实施用途管制是最严格水资源管理制度的必然要求。上文已述，现行水资源管理法律规范中虽然存在用途管制的相关内容，但可操作性较弱，尤其是无法应对新形势下水资源用途管制制度发展的需要。围绕最严格水资源管理制度的建设，首先应明确我国水资源用途管制的发展路径。在此基础上，逐步建立起以规划为核心的水资源用途确认机制、水资源分类用途管制机制、水资源用途变更监管机制、河湖水域及岸线的空间保护机制、水资源用途监测与监督机制等制度

---

[1] 本章部分资料由河海大学法学院徐子萱、杜丹妮、贾昭、孙心彤等同学参与搜集整理，在此一并感谢。

[2] 本节部分内容已发表，参见李祎恒、邢鸿飞：《我国水资源用途管制的问题及其应对》，载《河海大学学报（哲学社会科学版）》2017年第2期。

体系，实现水资源的高效、可持续利用。

一、水资源用途管制制度的发展路径

（一）新形势下水资源用途管制制度的方向

水资源用途管制是指为实现水资源的可持续利用，保障用水安全，实行的是通过明确水资源用途，管控水资源用途变更，以确保水资源按用途得到合理开发的一系列管理措施。党的十八届三中全会对"加快生态文明制度建设"作出了部署，对自然资源用途管制提出了制度建设目标，并将其作为生态文明制度建设的基础性工作，这也为水资源用途管制明确了发展的方向。

从管制目的看，水资源用途管制不能片面强调资源的经济效益，而忽略对生态环境的保护。水生态安全问题的解决已经成为影响我国经济社会可持续发展重要因素，推进水生态建设和水资源的可持续利用也已经成为我国可持续发展战略的重点。[1]现有关于水资源用途管制的法律规定并未充分认识到，水资源是支撑自然生态系统不可代替的重要资源和关键因素。[2]

从管制内容看，水资源用途管制不能满足于对水资源量的管制，而应当从功能角度基于空间意识实施用途管制。空间均衡是生态文明建设的基本理念。按照生态系统的整体性、系统性及其内在规律，水资源功能的发挥取决于水生态环境的状况。[3]因此，水资源用途管制针对的不仅仅是水资源本身，还要从"山水林田湖是一个生命共同体"的理念的出发，将治水与治山、

---

[1] 参见李华：《论我国水生态安全的法制保障》，载《理论观察》2010年第2期。

[2] 参见曾文革、余元玲、许恩信：《中国水资源保护问题及法律对策》，载《重庆大学学报（社会科学版）》2008年第6期。

[3] 参见田海平：《"水"伦理的生态理念及其道德亲证》，载《河海大学学报（哲学社会科学版）》2012年第1期。

治林、治田、治湖等有机结合起来,开展以空间治理和空间结构优化为主要内容的用途管制。具体来看,水资源的功能主要包括三个方面:一是水的生活功能;二是水的资源功能;三是水的环境功能。[1]水资源用途管制就是以这三方面功能为依据,划定生产、生活、生态空间开发管制界限,在此基础上形成不同程度的功能空间管制措施。

从管制手段看,水资源用途管制不能将视野局限于行政管理手段,而是应当充分发挥市场和政府的作用,实现行政机制与市场机制相协调。水资源用途管制是对水资源利用的限制,但是单纯地通过行政机制限制水资源用途是一种无效率的资源配置方式。[2]我们必须充分认识到,水资源资产产权制度与水资源用途管制制度是"一体两面"的两项制度,二者是相辅相成、相互促进的关系。一方面,水资源用途管制应当建立在清晰界定一定国土空间内水资源资产产权主体的基础上,水资源的用途管制很大程度上就是对水资源资产产权行使的限制;[3]另一方面,由于水资源具有稀缺性、多功能性和不可替代性等特性,水资源资产产权的实现也必须依靠将水资源用途管制来作为保障,以明确不同用途的水资源资产产权行使的优先序位。更重要的是,水资源资产产权制度必然涉及水权交易的情形,这是发挥市场在水资源配置中的决定性作用的重要途径,[4]而水资源用途管制中对于水资源用途变更的监管正是针对此种情

---

[1] 参见邢鸿飞:《论作为财产权的水权》,载《河北法学》2008年第2期。
[2] 参见[美]汤姆·蒂坦伯格、琳恩·刘易斯:《环境与自然资源经济学》(第8版),王晓霞等译,中国人民大学出版社2011年版,第197页。
[3] 参见唐孝辉:《自然资源产权与用途管制的冲突与契合》,载《学术探索》2014年第10期。
[4] 参见黄玥:《完善自然资源产权和用途管制的制度研究》,载《环境与可持续发展》2015年第3期。

形，是更好发挥政府作用的必然要求。

(二) 水资源用途管制的多重面向

水资源的特殊性决定了，我们很难单纯地从某一个角度去描述水资源用途管制的构成。事实上，水资源用途管制是一项由多方主体参与、契合水资源的多种特性、遵循水资源的综合功能、兼顾水资源的质与量而形成的宏大的系统工程。在诸多因素的影响下，水资源用途管制向我们展现的，正是它的多重面向。

水资源用途管制的第一重面向就是水资源用途确定制度，这是用途管制的前提和基础。具体来看，应当依据最严格水资源管理制度和水资源相关规划，明确水资源用途，控制水资源开发利用总量。在此基础上，严格控制水资源可开发利用总量，并以此为确定城乡生活、生态环境和经济发展等分类用水总量的依据；同时，合理确定区域经济社会发展布局，以水定城、以水定地、以水定人、以水定产，推动经济社会发展与水资源和水环境承载力相协调。

第二重面向就是从水资源功能的角度，明确水资源用途管制的各自侧重点，即通过对水资源用途的严格管控，使水资源利用结构与布局得以最优化配置，在优先保障生活用水的基础上，对农业用水和生态用水进行保护性利用，优化配置生产经营用水。这就要求我们既要统筹考虑水量、水质、水生态的管理目标要求，兼顾上下游、左右岸、干支流、地表水和地下水的开发利用，有序实现水资源和河湖水域空间的协调发展；还要区分生活、农业、工业、服务业、生态等用水类型，分类实施不同程度的水资源用途管制。要切实把水资源保护放在水资源用途管制工作的优先位置，彻底改变以牺牲环境、破坏资源为代价的粗放型增长模式，着力实现从事后治理向事前保护转变；而且要发挥水资源的综合功能，协调好生活、生产经营和生态环境用水，防止农业、生态、生活用水被挤占。

第三重面向就是对水资源及其载体利用的要求，即应当严格按照确定的用途开发利用和使用水资源及其载体。一是要坚持依法管理，依据最严格水资源管理制度和水资源相关规划，明确水资源的分类、分行业用途。二是要严格水资源用途监测和监督，加强水资源用途变更监管，保障各项具体的水资源按照确定的用途使用。三是应当严格限制开发利用河湖水域岸线空间，有序实现河湖休养生息。

二、空间导向的水资源用途管制的制度设计

（一）以规划为核心的水资源用途确认机制

良好、有效的水资源规划是水资源用途管制制度得以形成的基础。在规划约束机制方面，首先应当从"量—质—域—流"这四个维度科学评价各区域水资源承载状况，[1]并根据水资源承载力和水环境承载力，科学编制水资源综合规划、各种专项水资源规划、水功能区划、水量分配方案、水中长期供求规划等。其次，编制水资源综合规划，以确定的水资源可开发利用总量为城乡生活、生态环境和经济发展等分类用水总量的边界。编制流域综合规划和其他专业规划，应当科学确定重要河流（湖泊、水库）控制断面的生态流量（水位）。最后，要严格落实经批准的水资源规划，加强规划对水资源用途管制的约束作用，积极开展规划实施评估和监督考核。

围绕水资源规划约束机制，在用水总量控制和用途确认机制方面，首先应当将区域用水总量控制指标落实到具体的江河、

---

[1] 参见王建华、何凡：《承载力视域下的水资源消耗总量和强度双控行动认知解析》，载《中国水利》2016年第23期。

湖泊、水库和地下水，编制形成水量分配方案，作为确定各行政区域的生活、生产可消耗的水量份额或者取用水量份额的依据。其次，要充分考虑生态环境用水需要，制定水量分配方案，为经济、社会的可持续发展预留必要的水量。通过开展分行业水量分配方案，确定本行政区域内基本生态用水总量以及工业、农业、服务业等分行业用水总量，作为开展各行业取水许可审批和水资源用途管制的依据。再次，要积极推进水资源规划论证，严格建设项目水资源论证管理。最后，应当规范取水许可管理，按照不同的用水类型，明确具体的水资源的用途，并在取水许可证等有关权属证明中载明。

(二) 水资源分类用途管制机制

区分各种水资源用途，需要从居民生活用水、基本生态用水和农业用水、生产经营用水等方面实行不同用途、各有侧重的管制，这是水资源用途管制制度的主要内容。

1. 首先满足城乡居民生活用水

在水资源用途的保障顺序中，城乡居民生活用水的保障应当置于首要位置。为此，需要在现有水法律法规基础上调整或增加以下内容：一是统筹配置区域内的各种水源，按照"优水优用、分质供水"的理念，使居民生活用水得到水质、水量等方面的优先保障。二是严格饮用水水源地保护，开展饮用水水源地核准和安全评估，公布饮用水水源地名录，划定饮用水水源地边界，并根据饮用水水源地的保护现状，实施不同程度的保护措施，[1]切实保护饮用水水质。三是实施农村饮水安全工程提质升级，确保农村居民喝上干净的饮用水。四是推进水价改革，运用阶梯水价、两部制水价等，引导和促进城乡居民节

---

[1] 参见张军锋等：《黄河流域城市饮用水水源地安全保障对策措施》，载《人民黄河》2013年第10期。

约用水。

2. 重点保障基本生态用水和农业用水

从生态文明建设的要求出发，对比《水法》及其他现有相关法律和政策的规定，在水资源用途管制的制度设计中，核心点在于如何突出对基本生态用水的保障。从基本生态用水量的角度来看，首先应当对不同流域、不同区域、不同水功能区的水生态压力、水生态状况、水生态功能和水生态风险等方面[1]进行评估，建立生态用水需水量、流量、水位的指标体系，并在优先保障城乡居民生活用水的基础上，按照最严格水资源管理制度的要求，积极推进实施用水效率控制，从而在用水总量得到严格控制的情况下，保证基本生态用水的水量。尤其是对于依法实施水资源调度或是水权交易的地区，应当为基本生态用水预留相应水量，防止对水生态安全造成威胁。从基本生态用水的水质角度来看，虽然不需要按照生活用水的标准实施"优水优用"，但仍然应当保证确定为基本生态用水用途的水资源满足一定的标准。事实上，相对于水量，水质才是困扰基本生态用水需求得以满足的问题。[2]因此，既要在水功能区纳污能力范围内严格控制入河湖排污总量，防止二次污染；还应当以特定流域、区域的水质目标为约束，防止不达标的水资源被界定为基本生态用水，从而对整个水生态系统造成损害。

农业用水保障是水资源用途管制制度中相对比较复杂的问题。一方面，保障农业生产和粮食安全是国家战略的需要，保障农业用水至关重要；另一方面，长久以来，我国的农业用水

---

[1] 参见张远等：《流域水生态安全评估方法》，载《环境科学研究》2016年第10期。

[2] 参见王西琴、张远：《我国七大流域河道生态用水现状评价》，载《自然资源学报》2008年第1期。

方式比较粗放，用水效率低下，无法实现水资源的高效利用。因此，在水资源用途管制制度中对农业用水予以重点保障，既要按照最严格水资源管理制度的要求，提升农田灌溉水有效利用系数，对农业用水总量进行严格控制；又要防止对农业用水效率的管制对国家的粮食安全造成影响。据此，应当建立农业灌溉基本水量制度，即按照基本农田面积，结合农业用水定额标准和农业灌溉工程运行情况，确定农业灌溉基本水量，[1]保障基本农田灌溉用水需要。

3. 加强地下水管理与保护

我国水资源中的地表水和地下水交换频繁，地下水超采导致的问题十分严重，[2]因此水资源用途管制不仅是针对地表水，也及于地下水。在地下水资源用途管制方面，首先应当根据调查评价结果，确定地下水可开采总量以及相应的控制水位。其次，深层承压水是战略储备水源，除人畜饮水应急外，一般不得开采使用；因农业抗旱或维护生态与环境等情形必须临时应急开采的，应当在紧急情况过后，采取适当措施进行回补，回补不得恶化地下水质。最后，应当划定地下水禁止开采或者限制开采区。在禁止开采区，除特殊情况外，禁止兴建地下水取水工程，并关停已兴建的取水工程。在限制开采区则应当逐年削减取水量，调整地下水开采布局，并对严重影响地下水保护的部分取水工程进行关停。

（三）水资源用途变更监管机制

从资源优化配置的角度来看，国家鼓励和引导通过水权交

---

[1] 参见张丽君、时述凤、杨天礼：《我国农业灌溉用水定额编制和应用现状》，载《中国水利》2014年第9期。
[2] 参见马洪超：《地下水保护的制度路径》，载《中国社会科学报》2015年6月12日。

易等方式,合理变更水资源用途,这是发挥市场在自然资源配置中的决定性作用的重要途径。同时,加强监管则是更好发挥政府作用的必然要求。

一般而言,水资源用途变更的正当性取决于多方面的因素。一是水量方面的因素。水资源的用途变更不应影响变更前用途的整体功能。譬如,通过调整产品和产业结构、改革工艺、节水等措施节约的农业用水经转让变更为其他用途的,不应当在该区域农业生产处于缺水的情况下进行。二是水质方面的因素。上文已述,不同用途的水资源在水质方面的要求是不同的,水资源的用途变更也要遵循"优水优用"的原则,防止造成优质水的浪费。三是利益衡平方面的因素。水资源的开发利用牵涉利益巨大,因此在用途变更中必然存在普遍性的利益冲突。因此,在水资源用途变更监管机制的制度安排上,应当贯彻利益衡平原则,并按照前文所述之水资源用途管制的方向与面向进行价值判断和利益协调,使得流域与行政区域之间、行政区域与行政区域之间、用水户之间、用水户与社会公众之间以及水资源的各种功能之间、用途变更的效率和公平之间的多种利益处于衡平状态。

在具体的监管流程方面,开展水权交易等需要变更水资源用途的,有关单位和个人在办理水权交易、取水权变更等审批手续时,应当一并提出水资源用途变更申请,并提交取水许可证或者其他载明水资源用途的相关权属证明的原件和复印件、具备建设项目水资源论证资质或能力的单位编制的水资源用途变更论证报告书、水资源用途变更涉及的利害关系人的说明、水资源用途变更对生态与环境和社会公共利益造成影响的说明以及相关补偿方案或者补救措施等材料;涉及农业灌溉水源的,还应提交对农业灌溉造成影响的补偿方案或者补救措施。审批机关应当对水资源用途变更是否符合变更条件进行审查,并综合考虑水资源用途变更可能带来的影响,决定是否批准申请。

(四) 河湖水域及岸线的空间保护机制

中共中央、国务院《关于加快推进生态文明建设的意见》《生态文明体制改革总体方案》等文件都阐明了自然资源用途管制的必由之路就是以国土空间为对象开展用途管制。由于水资源的特殊性,现有法律规定中的水功能区管理、岸线管理等空间用途管制的实施效果无法满足新形势下水资源用途管制的要求。针对这个问题,首先应当明确水功能区划是水资源开发利用与保护、水污染防治和水生态环境综合治理的重要依据。基于这一认识,我们应当根据各类水域的用途要求,编制水功能区划,确定水域的生活、生产、生态功能。同时,积极组织开展工程设施建设、污染源预防与治理、水生态保护与修复、监测和信息系统建设、应急防控与管理体系建设等措施,确保水功能区水域功能达标。其次,应当按照确定的水功能区划对水资源的载体进行保护,并对影响水资源载体安全的采砂行为进行限制,健全禁止围垦制度。尤其是对于现行相关规定难以从根本上制止非法采砂、非法围垦等违法行为的情况,应当着力建构流域水行政执法与地方水行政执法之间、地方各级水行政主管部门执法之间、水行政执法和刑事司法之间、水行政执法与其他相关行政执法之间的协作与衔接机制,全面推进水行政综合执法。最后,根据水资源用途和水域空间类别,划定河道、湖泊、水库等水域空间的管理和保护范围。禁止在水域空间管理和保护范围内,从事影响水资源用途的活动。

(五) 水资源用途监测与监督机制

水资源用途管制的实施,对水资源用途监测与监督机制提出了具体要求。一是要建立水资源用途监测预警机制,掌握水生态系统情况，维护水生态系统稳定。二是对经审批允许变更水资源用途的，要定期检查水资源用途变更的实施情况，防止以水权交易为名，套取取用水指标。三是要加强对重点用水户取用水情况的监测，推广安装取用水遥感和数据远传设备，保障水资源按照规定的用途使用。四是要推进水资源管理信息化，通过建立水资源监控管理平台，提高水资源监控、预警和管理能力，从技术上保障用途管制制度的实施效果。

第二节　无线电频谱资源用途管制：空间无形资源的用途管制

无线电频谱是自然科学领域关于无线电技术的一个概念，《俄罗斯联邦通信法》和《新加坡无线电通信条例》都把无线电频谱定义为一定的无线电频率的总称。我国国家无线电监测中心、国家无线电频谱管理中心也作同样定义，并认为无线电频谱和土地、矿产、水等资源一样，都是国家战略资源。虽然既有天然存在的无线电波，也有人工制造的无线电波，但无线电频率是无线电波的物理特征，不因人类行为的干预而发生改变，因此可以归为自然环境因素之一，系属自然资源。

一、无线电频谱资源的特性及其管制难题

（一）无线电频谱资源的特性

作为空间中一种新兴的、无形的自然资源，无线电频谱资源与传统的土地资源、水资源、矿产资源等自然资源存在显著差别，其在空间中的功能定位也有所不同，从而导致了对无线电频谱资源的开发利用以及对其施加管制措施都面临一些难题。从资源本身的属性来看，无线电频谱资源具有以下特征。

第一，无线电频谱资源具有非耗竭性。前文已述，自然资

源按照能否耗竭可以分为再生资源和非再生资源。再生资源分为两类：一类是可以循环利用的资源，如雨水、空气、风能、水能和太阳能等；一类是生物资源。非再生资源又称耗竭性资源，会随着人类的不断使用而耗竭，如矿产资源、森林资源。由于无线电频谱资源并不会因为使用而耗竭，某一频段或频率可以在不同时间以不同用途反复使用，是一种可以循环利用的再生资源。

第二，无线电频谱资源具有有限性。通常再生资源是无限的，而非再生资源是有限的。然而，无线电频谱资源作为一种可以循环利用的再生资源，从可利用频率范围的角度讲却是有限的。现阶段无线电资源的开发利用受制于过高的频段，这是由较高频率无线电波的传播特性决定的。目前人类尚不能开发利用3000吉赫以上的频率，3000吉赫就已经是无线电频谱的上限；并且对于275吉赫到3000吉赫的无线电频率，国际上也没有进行用途的详细划分。因此，无线电频谱资源可利用的频率范围是有限的。

第三，无线电频谱资源具有排他性。在一定的时间、地区和频域内，如果某一设备使用了某一频率，那么其他设备就不能再用同一频率。比如电台广播，如果某一电台占用了某一频率播放广播，一定范围内的其他电台就不能同时使用相同的频率进行广播。也就是说，对于某一频段或频率，在时间、区域都特定时，是具有独占和排他性的。

第四，无线电频谱资源具有复用性。虽然无线电频谱资源具有排他性，但不同无线电业务和设备可以根据时间、空间、频率和编码四种方式进行频率的复用和共用，只要四个条件中的任何一个发生改变，就可以超出排他性作用的范围。例如在一定区域内不同的设备可以同时使用相同频率但编码方式不同的无线电，或者相同频率相同编码方式的无线电可以在不同国家或地区同时使用。

第五，无线电频谱资源具有共享性。无线电波可以传播很远，因此不受行政地域的限制。无线电波在介质中有多种传播方式，并随着距离的增加逐渐被吸收衰减，并不会传播到无限远。无线电波传播的距离与发射功率和波长有关，波长相同时功率越大传播越远，功率相同时波长越长传播越远。另外，短波可以借助在电离层和地面之间的来回反射增加传播距离。因此无线电频谱资源是一种全球共享的资源，不能根据领土范围进行划分。

第六，无线电频谱资源具有易污染性。由于无线电频谱资源具有排他性，如果无线电频率使用不当，就会受到其他无线电设备或噪声的干扰而无法正常工作，或者干扰其他无线电设备，导致无法准确、有效和迅速地传送信息，影响人们的工作生活。从无线电干扰的角度来说，无线电频谱资源在使用的过程中极易受到污染。正是由于无线电频谱资源具有易污染性，不当使用无线电频率会造成极大的危害，这也是需要加强对无线电频谱资源用途管制的重要原因。

（二）无线电频谱资源的管制难题

1. 频谱资源利用不充分

与大多数自然资源面临的过度开发利用而难以管制的问题不同的是，无线电频谱资源的开发利用普遍存在利用不充分而难以管制的问题。首先，无线电频谱资源的开发利用缺乏有效规划。一些运营商和公共部门在申请频率使用许可时，为了尽可能拥有更大范围的频谱使用权，会在最大范围内申请许可，以防出现对频谱资源拥有更多需求而没有可用频率的情形。但是对具体需要利用频段的数量、每一频段的用途设计，则缺乏

第五章　自然资源用途管制的三种实践

详细规划。一旦获得频率使用许可，最先投入使用的频率只占申请的一小部分，而其他频率就会被闲置。因此，实际使用的频率范围与行政许可批准的使用频率范围之间就会出现较大偏差。其次，由于特定无线电业务的特点，无线电频谱资源的开发利用会出现三种情况：一是有些业务对于频率的使用只限于特定的情况、特定的时间、特定的区域，或针对特定的用户；二是有些业务只有在遇到紧急情况时才会启用，但为了保证能够在紧急情况下正常使用无线电频率，保护公民的人身财产安全，对这些业务的频率使用率并不作要求；三是有些业务只在一天当中的白天或夜晚使用，或只在一定的区域内使用，用户数量偏少。这三种情况都会导致频谱资源利用率较低。再次，我国东西部差异、城乡差异较大，频谱资源的整体利用率难以提高。我国东部沿海地区的城市化水平、社会经济水平较高，因此频谱资源利用率要比中西部地区高。同时，农村地区也不能充分应用城市地区所用的频谱。最后，对于频谱资源利用不充分的情况，现有制度缺乏必要的管制手段。我国针对提高频率使用率主要采取事后监管而非事前审查。虽然《无线电频率使用率要求及核查管理暂行规定》自2018年开始施行，但在制度上没有建立无线电频谱资源使用规划制度。虽然该文件对达不到频率使用率的主体制定了相应的处罚措施，但同时也规定了两年的缓冲期限，这就导致了一些主体取得使用许可后两年时间里不能充分利用频谱资源。另外，频率使用率的监督核查难度较大，监管部门很难及时规制频谱资源使用率不达标的行为。

2. 频谱随机指配和无序发放

在无线电领域，我国最初指配和发放无线电频率时缺少必要规范，只能在国际电信联盟制定的《无线电规则》的概括规定下进行。在实践中,无线电管理部门根据申请随机指配和发放频率,而不是按照事先制定的频谱资源使用规划有序指配和发放。[1]因此,虽然我国逐步制定出了较为全面的频谱管理法规,但由于大部分频率已经发放出去并投入使用,无法再把频率收回后按照便于管理的顺序指配、发放,极大增大了频谱资源用途管制的成本。

3. 无线电频谱资源使用收费困难

我国在分配频谱资源的制度上采用单一的行政审批方式,并以收取频率占用费的方式低价甚至无偿地分配频谱资源。相比较而言,我国的频率使用价格低于国外。[2]对于一些超短电波电台,主要根据电台的数量和设置收取频率占用费,而不是根据频谱资源使用的数量来收费,可能会降低中小企业开发利用频谱的积极性。同时,在收取频率占用费时没有区分占用频谱资源的情况,也没有考虑网络的覆盖范围,只是把所有频谱认定为同一性质,无法体现出频谱资源的使用价值。

4. 违法利用无线电频谱资源的现象频发

违法利用无线电频谱资源的行为主要包括伪基站和黑广播等。在移动通信中,手机用户通过特定的无线信道与通信基站进行信息交换,各基站通过后台分析从而获得用户的信息。伪基站利用的就是移动通信基站的这种工作原理,设置与周边移动基站相似的频点,并以更大的功率发射,使得附近的手机优先占用那些伪基站信道,进而登记和采集手机用户的个人信息,向用户发送各种垃圾短信。伪基站的危害巨大,不仅扰乱了通

---

[1] 参见马俊杰:《无线电频谱管理现状、问题及对策研究》,载《内蒙古科技与经济》2017年第7期。

[2] 参见彭健:《对进一步完善我国频谱资源收费体系的思考》,载《数字通信世界》2016年第6期。

信秩序，更严重影响了公众移动通信网络的正常运行，降低了手机用户的通信质量，会破坏社会的安全和稳定。黑广播是指非法利用广播频率进行播音宣传的广播电台。这些电台的设置未经无线电管理机构和广播电视管理部门批准。在实践中，经常出现私设广播电台的情形。黑广播发射设备较为容易获得，其设置和使用也较为简单，只要将节目事先录制好，就可通过发射设备定时广播，无需有人值守。黑广播扰乱正常的广播秩序，容易与其他发射设备形成互调干扰，影响其他无线电接收设备的正常使用。

二、无线电频谱资源用途管制的制度构建

（一）无线电频谱资源用途管制的功能

无线电频谱资源用途管制的主要功能就是明确无线电频谱资源的用途，对无线电频谱资源的利用进行强制性的管理和监督，优化无线电频谱资源配置，实现无线电频谱资源的合理开发和可持续利用。具体包括以下几方面：

第一，明确无线电频谱资源的用途。明确自然资源用途是自然资源用途管制的首要功能。与其他自然资源不同，无线电频谱资源的用途不是某个主权国家独自确定的。由于无线电的传播特性，无线电频谱资源是无国界的全球共享资源，因此其用途也需要通过国际组织来确定。国际电信联盟通过制定《无线电规则》对全球无线电的使用作了大致规定，划分了不同的频段以对应不同的无线电业务，各国都应按照该规则的规定使用无线电频率。在此背景下，我国制定了《无线电频率划分规定》，规定了频率划分办法和无线电业务种类，对不同频段无线电频谱资源的用途作出了限制。

第二，规范无线电频谱资源的利用行为。无线电频谱资源

归国家所有,但对无线电频谱资源的实际利用是通过不同单位和个人实现的。国家通过将无线电频率分配给使用者,赋予了他们对无线电频谱资源的使用权。[1] 为了防止无线电频谱资源的无序利用,相关法律法规需对无线电频谱资源利用的全过程进行规范。

第三,保障无线电频谱资源的安全高效使用。由于无线电频谱资源的易污染性,不正确使用无线电频率会造成无线电干扰,令无线电设备不能正常工作,或无法准确、有效和迅速地传送信息,进而影响资源的利用效率甚至威胁人们的生命财产安全。通过无线电频谱资源的用途管制,可以及时发现并制止不规范的无线电频率使用行为,避免无线电干扰现象的发生,提高无线电通信的质量和安全。

第四,节约和保护无线电频谱资源。无线电频谱资源具有有限性,不充分利用或不正确使用就会造成资源的闲置和浪费。与其他自然资源不同的是,无线电频谱资源本身不会因为不正确使用而遭到破坏,因此对其保护的重点就是提高资源的利用率。通过无线电频谱资源用途管制,可以对频率使用情况进行监控,合理地调整无线电频谱资源在不同时间和空间的分配方案,使有限的资源得到最大化利用。

(二)无线电频谱资源用途管制的发展方向

无论是国内还是国外,对于无线电频谱资源的用途管制都在朝着相同的方向发展,即频谱利用共享化、分配和收费方式多样化、无线电治理严格化。[2]

---

[1] 参见孔得建:《论无线电频谱资源的物权客体属性——兼评〈物权法〉第50条之规定》,载《上海政法学院学报(法治论丛)》2012年第3期。

[2] 参见倪旭佳、王峰:《法律视野中无线电频谱资源——我国无线电频谱所有权制度的完善方向》,载《北京理工大学学报(社会科学版)》2009年第3期。

1. 频谱利用共享化

随着无线电技术的不断发展,共享频谱的设想已经成为可能。欧盟曾提出共用频谱的方案,建议超高频(UHF)频带(470兆赫至790兆赫)由移动和广播行业共同使用,这不仅为更多人提供了最优质的互联网接入服务,同时还能够保证用于电视领域的频谱,促进无线电频谱资源的有效利用。频谱稀缺是我国无线电频谱资源开发利用面临的重要问题。对该问题的解决有两个方向:一是将已经分配出去的频谱收回后重新划分,二是通过频谱共享等方式不断提高频谱利用效率。工信部无线电管理局时任局长谢飞波在"亚洲5G频谱协作"分组会上曾明确指出,5G时代对于频谱资源的需求将极大增加,现有的频谱资源将难以满足如此巨大的需求,频谱共享将是新时代频谱使用的关键。频谱共享的理念有利于提高频谱资源利用率,从根源上解决频谱资源利用率不高的问题,缓解频谱资源稀缺的现状。

2. 多样化的分配和收费方式

随着对无线电频谱资源的日益重视,频谱规划已经成为各国开发利用新频率的前提。近年来,我国对于频谱的规划一直保持与国际同步,但频谱的分配和收费方式却未能实现与时俱进。域外对无线电频率的分配并非采取单一的行政审批方式,而是向着多样化、有偿化的方向发展。有偿分配频谱的方式是频率配置的重要环节,即可以通过拍卖、招标等市场化的资源配置方式来分配无线电频谱资源的使用权。其中,频谱拍卖可以充分发挥市场的导向作用,有效地提升频谱利用率,是目前国际上商业用频的主要分配方式。近年来,韩国、印度、西班牙、澳大利亚、瑞士、罗马尼亚、奥地利等国已通过拍卖的方式分配了大量频谱资源。与之相适应,市场定价方式也逐步取代行政定价方式,成为最主要的收费方式。

我国在 2001 年首次对频谱交易进行市场化探索,由国家无线电管理局委托国信招标有限公司对 3.5 吉赫频段地面固定无线接入系统进行招标。2002 年年底,信息产业部在全国范围内的 30 多个城市进行了该频段使用权的第二次招标,共有九家企业获得了该频段频率的使用权,并被批准经营相应的电信业务。2004 年 3 月,在第三期招标中,全国 27 个省(区)300 多个城市的 3.5 吉赫频段被五家运营商竞得。此次招标打破了行政审批的传统分配方式,是中国市场化配置频谱资源的首次探索。[1]但是此后几无以拍卖或招标方式分配频谱资源的实例,收费方式也一直采用频率占用费这种行政定价的方式。

行政审批与市场配置并行的频谱资源分配方式、行政定价与市场定价并行的频率使用收费体系是未来我国无线电频谱资源用途管制的必然方向。单一的行政审批和行政收费方式不利于资源的高效配置,而无线电频谱资源分配和收费的市场化可以极大提高频谱利用率,最大化实现频谱资源的社会价值与经济价值。

3. 严格治理无线电干扰

随着无线电技术的飞速发展,频谱资源的利用为我们生活带来便捷的同时,也产生了许多负面影响,包括无线电干扰现象和非法利用频谱进行的违法犯罪现象。各国政府对这些现象都采取零容忍的态度,严厉打击违法犯罪,严格治理无线电电磁环境。德国联邦网络管理局发布数据显示,德国在 2017 年共处理了 5200 多起无线电台干扰事件。其中有将近 800 起涉及重要安全领域,包括铁路专用无线电频率、火灾和警用频率、紧

---

[1] 参见彭健:《中国无线电频谱拍卖现状》,载《上海信息化》2016 年第 11 期。

急通信频率以及机场无线电导航频率。意大利在2016年已成功关停在61个频点上的电视广播发射,结束了自2005年来对邻国电视广播业务造成的有害干扰。在这一方面,我国也一直强化技术手段建设,加强源头治理,加大执法力度。仅2021年1月,全国无线电管理机构打击治理"黑广播"共启用无线电监测车1795车次、监测定位设备3929台次,出动监测人员4688人次,监测时长127 870.5小时,查处"黑广播"违法犯罪案件230起,其中"黑广播"涉及敏感信息案件4起,缴获"黑广播"设备193台(套)。打击治理"伪基站"共启用无线电监测车987车次、监测定位设备2097台次,出动监测人员2976人次,监测时长31 704小时。[1]

(三) 无线电频谱资源用途管制的关键制度

1. 无线电频谱资源用途确认机制

建立用途确认机制是无线电频谱资源用途管制最重要的一个任务,只有通过制度形式把频谱资源的用途确定下来,才能针对不同的情况按照相对统一的标准进行管理。从无线电频谱资源的特性来看,其用途确认机制包含以下三部分内容。

第一,频率划分。正如上文所述,由于无线电频谱资源的有限性、排他性和共享性,这种资源是全人类的共同财产,因此需要国际法对其进行规范和调整。国际电信联盟的《无线电规则》对频谱进行了详细的划分,我国对无线电频率的划分也是参照《无线电规则》,通过《无线电频率划分规定》予以明确。

无线电频谱可分为14个频带,频带名称、频率范围、对应的波段名称和波长范围各不相同。由此,我们将频谱资源进行

---

[1] 《2021年1月打击治理"黑广播""伪基站"情况》,载http://www.srrc.org.cn/article25055.aspx,2021年3月12日访问。

频率划分，一方面是化整为零，方便科研和管理。频谱资源不同于其他实体资源，是不受空间限制的，因此不能根据所处空间的不同而被划分为不同部分。频谱资源作为一个整体，频率是连续不断的，所以划分依据需要根据其特征确定。根据频率或波长的不同，频谱被划分为不同频段，每一频段都有特定的名称，有利于科学研究和频谱管理。另一方面则是因"频"制宜，有助于更好地利用频谱资源。无线电波的物理性质会随着波长或频率的变化而改变，不同的物理性质又决定了无线电波适合的不同用途。确定了无线电波的频率就确定了无线电波的物理性质，进而就能确定相应频率适合的用途。根据频率的不同而确定频谱资源的用途，有利于频谱资源的优化配置和高效利用。

第二，业务分类。根据频率的不同将频谱划分为不同频段，从而确定不同频段无线电波的物理性质及合适用途。根据无线电频谱的用途不同，可以对频谱进行更详细的划分，即根据业务种类对频谱进行划分。这种划分方法明确了不同频率所适用的业务种类，使无线电管理机构能够根据无线电业务所属类别分配频率。《无线电频率划分规定》把无线电业务分为43个小类，主要的无线电业务有固定业务、卫星间业务、空间操作业务、移动业务、港口操作业务、广播业务、无线电测定业务、无线电导航业务、无线电定位业务、气象辅助业务、卫星地球探测业务、卫星气象业务、标准频率和时间信号业务、空间研究业务、业余业务、射电天文业务、安全业务、特别业务。无线电频谱必须严格按照上述业务对应的频率使用，否则会对正常使用频谱的用户造成干扰。

第三，资源规划。虽然根据业务种类能把频谱进一步划分为很多类型，但每一类无线电业务对应的频率范围依然很广。在这个范围内，无线电管理机构可以把不同的频率分配给不同的用户使用。如何把尚未使用的频率或回收复用的频率有序分配出去，是我国无线电频谱资源用途管制需要解决的一个问题。做好无线电频谱资源的使用规划是解决这个问题的关键。资源规划就是把尚未使用或回收复用的频率罗列出来，把它们未来可能被使用的用途也罗列出来，有针对性地对每一个频率的用途作出具体规划。等到需要使用这些频率的时候，可以根据先前所作的规划直接分配频率。这样既可以提高分配的效率，又能避免随机指配和无序发放的现象，方便频谱资源的管理和监督。

2. 无线电频谱资源用途管控机制

无线电频谱资源用途管控就是无线电管理机构按照频谱用途对开发和利用频谱资源的行为进行制度化管理和控制。用途管控涉及开发和利用频谱资源的很多方面，主要包括频谱资源配置、频率使用、频率管理等。

第一，频谱资源配置。现阶段我国配置频谱资源的主要手段是行政许可。任何用户想要获得某一频率或频段的使用权，都必须经过无线电管理机构的行政审批，获得无线电频率使用许可证。然而，单一的行政审批模式既不利于有效配置无线电频谱资源，也不利于频谱资源的高效利用。现行《无线电管理条例》将招标和拍卖纳入法定收费方式，这意味着打破了我国一直以来的行政手段配置频谱资源的方式，而实行行政审批和市场配置的频谱分配双轨制。建立行政审批和市场化配置等多种手段结合的频谱资源配置制度是我国无线电频谱资源用途管制的重要内容。频谱资源的市场化配置就是要发挥市场在资源配置中的决定性作用，引入频率的招标和拍卖制度，制定适合我国基本国情的、符合我国市场环境的、体现不同类别应用特征的频谱资源市场化制度。作为一种更有效的频谱资源配置方式,频谱招标和拍卖的主要优点就是公开透明,有利于频谱资源的最有效配置,实现频谱资源的最大价值。

第二,频率使用收费。目前我国对利用频谱资源的收费制度主要是无线电频率占用费制度。现行《无线电管理收费规定》规定的频率占用费收费方式可以归纳为资源性收费、管理性收费、资源和管理混合性收费三种。部分台站收费困难的问题在一定程度上可以被多种形式的收费方式解决,但是多样化的收费方式也给无线电管理带来了新的挑战。一些收费政策和收费标准不符合实际需求,不能直接反映频谱资源在国民经济以及社会发展中存在的价值。频谱使用权人以较低的成本取得了对频谱中某一频段的绝对使用权,加之频谱资源使用率低而加剧的频谱资源紧缺,已经成为当下我国无线电频谱资源用途管制最为突出的问题。此外,我国现行的频谱收费制度并不符合国家逐步加大资源性收费、弱化或者取消管理性收费的改革趋势,"费"改"税"成为我国资源收费的明显趋势。具体来说,资源性收费有法可依,《无线电管理条例》已经明确无线电频率为有偿使用,而管理性收费却无法律依据。[1]而随着无线电频率的招标和拍卖制度的建立,频率使用收费的标准更加细化,收费方式更加多样。比如,可以采取一次性收费与按量收费相结合的方式,对频率使用率高的使用者适当减少收费,鼓励使用者提高频谱资源利用率。

第三,频率动态管理。

频率动态管理是指通过特定技术手段或政策方针,使某个频率在没有被授权用户使用时,能够让渡给其他用户使用,当授权用户开始使用时,其他用户停止使用的频谱管理方法。这

---

[1] 参见吴迪松:《无线电频率占用费收费标准探讨》,载《中国无线电》2016年第2期。

种方法推进了频率利用由独享模式向共享模式的转变,极大提高了频谱利用率。一方面,可以通过发展认知无线电来推进频率的动态管理。认知无线电在频率动态管理中具有频率感知、频率管理、频率共享和频率移动等多种功能。频率感知即是对可用频率的判断,探测是否存在其他授权用户在同一频段上工作。频率管理就是自动选择使用最优的可用信道。频率共享能够为用户提供适当的频谱安排方法来调整与其他用户的信道接入。频率移动则是在检测到其他授权用户使用同一信道时,将正在使用的信道迁移到其他没有被使用的频段上。[1]另一方面,我们可以通过动态授权来实现频率的动态管理。动态授权就是允许一部分获得授权的用户将空闲的频率出租给其他用户使用。相比于传统的静态授权,动态授权解决了大量频谱资源闲置的问题,使频谱资源得到了充分利用,缓解了频谱资源的稀缺性。

3. 无线电监测与安全保障机制

无线电监测是保障无线电频谱资源合法利用、保障无线电使用安全高效的必要手段,对维护正常无线电波秩序、减少无线电干扰发生、全面提升突发事件的应急处置能力具有重要作用。

第一,无线电监测。《无线电管理条例》第七章明确了我国的无线电监测制度。一是无线电管理机构应当定期检查和检测用户对无线电频率的使用情况以及在用的无线电台(站)的运营状况。二是国家无线电监测中心和基层的无线电监测站要广泛监测管辖区域内的无线电信号,查找无线电干扰源和未经许可设置的无线电台(站)。三是国务院有关部门的无线电监测站负责监测相应行业的无线电信号。虽然《无线电管理条例》对

---

[1] 参见《动态频谱管理技术:从认知无线电到人工智能》,载《电子元器件与信息技术》2017年第5期。

无线电监测制度进行了初步的构建,但只是宽泛地规定了各监测主体的权利义务,对具体的监测方法没有详细规定。因此,无线电管理机构应当根据所管理的内容制定详细的监测规划,让无线电管理朝着更加科学化、专业化、技术化的方向发展。一方面,应当针对不同的频段制定相应的监测数据采集工作规范,以保证监测数据的有效性。综合考虑频段范围、数据采集位置、测量方法、数据采集周期和时间等因素,推广自动执行和数据采集存储软件的设置。[1]另一方面,应当从频道占用度或信道占用度、频段占用度、测量周期、测量分辨率、持续测量时间及次数要求等方面设计相应的指标,以开展无线电监测。

第二,防控无线电干扰。《无线电管理条例》第65条、第66条规定了依法设置、使用的无线电台(站)受到有害干扰后可以向无线电管理机构投诉的权利以及无线电管理机构处理有害干扰的原则和消除有害干扰的方法。建立无线电干扰防控制度,首先要科学规划和配置无线电频谱资源,从利用频谱资源开始就尽量减少无线电干扰发生的可能性;其次要大力发展频谱监测技术,能够及时发现干扰源并采取严格措施查处各种无线电干扰;最后应当严格无线电设备的生产标准,杜绝非法无线电设备的生产和销售,从源头治理无线电干扰。需要注意的是,由于无线电频谱资源的排他性,当两个以上的无线电通信系统在相同时间和地域使用同一频率时,就会相互产生无线电干扰,降低信息的传输质量和信息的传输安全。但并非所有的无线电干扰都需要严加防控,有害干扰是干扰防控的主要对象。当无线电干扰危害到正常的无线电业务时,就会对无线电通信系统的性能产生负面影响,还会导致信息的传输错误或丢失。

---

[1] 参见刘亚秋:《新形势下的无线电频谱监测》,载《上海信息化》2016年第11期。

第三，专用频率特别保护。专用频率就是指铁路机车、船舶、航空器等专用的无线电频率，这些专用频率被用作导航、通信和救助，涉及人们的人身安全，不允许在使用过程中出现任何差错，否则就会带来严重的灾难，造成难以弥补的损失。因此在这些领域使用的无线电频率需要受到特别保护。专用频率特别保护是指对涉及人身安全的无线电频率给予优先的保护，无论是否属于依法使用无线电频谱，只要对使用专用频率的无线电设备造成有害干扰，就应立即采取措施消除干扰，保证专用频率的正常使用。专用频率特别保护制度是干扰防控制度的延伸，正是因为一些专用频率涉及人身安全等重大利益，才比其他用途的频率具有更优先的保护力度。

4. 无线电频谱资源节约利用管制机制

第一，频谱使用评估。《国家无线电管理规划（2016-2020年）》提出了无线电频谱使用评估试点工程，重点针对卫星通信、广播电视和公众移动通信的在用频段开展。工信部在2017年底相应制定了《无线电频率使用率要求及核查管理暂行规定》（以下简称《暂行规定》），明确了各类无线电业务的频率使用率要求和核查方法，促进了无线电频谱资源的有效利用。频谱使用评估就是对一些无线电业务进行较大覆盖范围的无线电监测，对一定范围的无线电频率的使用情况进行评估，进而确定不同用途的频率使用率最低标准，并按照该标准对频率使用的实际情况进行核查。《暂行规定》确定了频段占用度、年时间占用度、区域覆盖率以及用户承载率四种指标的无线电频率使用率评价标准，规定了不同业务的频率使用率通用要求，对达不到使用率要求的用户会给予一定惩罚。

第二，频率回收复用。频率回收复用是指经过频谱使用评估，对长期不使用或使用率达不到要求的频率进行回收，再通过行政审批或市场配置的方式将这部分频率再次分配给有需要的用户使用，避免频谱资源的闲置和浪费。虽然《暂行规定》确定了闲置频谱资源的回收制度，但对两年内不使用或使用率不达标的情况没有规定惩罚措施。这决定了频谱资源的浪费现象不能得到有效缓解。科学合理的频率回收复用制度应当缩短检验是否使用以及是否按使用率要求使用频谱的检验期，详细规定检验期内不使用或不按使用率要求使用的惩罚措施，如加倍支付频率占用费等；并进一步规定对回收频率的再分配方式，即采用招标、拍卖的方式实现回收频率的有效复用。

第三节　野生动物栖息地空间用途管制：特定主导功能空间的用途管制

一、野生动物栖息地用途管制的背景及问题

（一）野生动物栖息地用途管制的背景

对野生动物栖息地实施用途管制是实现野生动物保护的重要途径。栖息地作为特定空间中对物种发生作用的各种要素的叠加，比一般意义上的空间具有更加现实的意义。在实践中，野生动物栖息地的空间除了土地资源，还包括野生动物资源、大气资源、水资源、森林资源、湿地资源等复杂的多重元素结合，从本质上来说是一种自然生态空间系统。由此，优先考虑生态环境和重要种群栖息地，维持完整生态系统的功能发挥，对于提升生态系统服务功能和优质产品供给能力等方面有不可忽视的意义。

栖息地又称生境，在环境科学学科中的定义为"一个生物体或其群落所居住的地方，指的是特定范围地域上对物种生存起作用的要素叠加。栖息地条件的好坏对其地段物种或生物群

落的种类、分布和健康与否起决定性作用"。[1]现代人类因生产生活需要而破坏性地更改土地利用方式，会对栖息地造成不可逆的伤害，并会间接造成难以逆转的野生动物种群减少和生态系统紊乱。特别是一些珍稀物种野生动物，它们的环境适应能力差，对栖息地中水、土壤、空气等生长生活条件的下降颇为敏锐。对野生动物栖息地进行用途管制，我们必须认识到栖息地与其所承载的野生动物资源两者息息相关。申言之，野生动物资源必然置于一定的空间中，空间中各种自然资源之间存在相互影响的关系，栖息地设立与扩大的目的也是保护野生动物资源。生态系统整体结构与功能作用的发挥，依赖于整体化视角下生态资源保护路径和保护手段的多样性。野生动物栖息地资源中蕴含着包括水土涵养、空间连通等在内的生态环境系统化保护，是自然世界得以实现和谐美丽目标的重要保障，而野生动物栖息地资源所承载的生物遗传、物种保护等生物多样性和生态系统平衡功能存续，更是人类社会得以实现经济可持续性发展的生态基础。需要注意的是，生态整体主义并不能够完全等同于生态中心主义，生态整体主义在保护路径和保护手段上更加关注生态系统的整体性，并非孤立地看待其中内部各组成部分，而是趋向于更加注重强调法律主体的环境保护义务以及生态系统对人类行为的限制。[2]

大多数国家级重点保护野生动物的关键栖息地区域范围依旧遵循着过去的设定，相关法律法规和规范性文件的滞后性凸显。不同于传统意义上资源的储存性特征，野生动物栖息地中

---

[1] 参见林森：《野生动物保护若干理论问题研究》，中央民族大学2013年博士学位论文。
[2] 参见白洋、杨晓春：《论环境法生态整体主义意蕴及其实现进路》，载《山东理工大学学报（社会科学版）》2019年第1期。

承载特定主导功能的自然资源更符合流动性资源的范围设定，对其施加用途管制也更具复杂性。一般而言，在生长环境契合时，野生动物种群会得到一定程度规模化发展，它们生息繁殖的地理面积同时也有所扩大，这种情况下原本的栖息地及其内部生存资源往往无法完全满足它们的发展所需，导致事实上划定的野生动物栖息地仅作为其实际范围栖息地的一部分，在非划定范围内的实际栖息地范围内，因野生动物活动而发生的农地庄稼损毁、附近居民人身安全受到侵害等问题也屡见不鲜。同时，由于气候变化、种群数量增加、生态环境变化等种种原因，野生动物栖息地的范围也并非一成不变。比如，我国的青藏高原地带，野生动物重点生态分布区也会随着气候变暖趋向高海拔和高纬度地区。[1]《美国濒危物种法案》将濒危物种保护所必须覆盖的特定空间场所定为关键生境，在任一物种被载入濒危物种法案后，经过合适程序，其关键生境以外的相关联地域也可被定义为该濒危物种的关键栖息地。如果发生一种濒危物种列入濒危物种法案时，尚未指定关键栖息地的情况，也可以通过恰当流程为该物种划分关键栖息地。因此，野生动物栖息地范围存在规律的变化，对其进行用途管制也应当以动态化的视角来考察。

（二）野生动物栖息地用途管制存在的问题

野生动物栖息地用途管制的问题首先来源于野生动物栖息地权属不明的现状。我国野生动物栖息地的自然资源权属分为三个类型：一是国家所有；二是国家所有和集体所有混合；三是集体所有。在实践中，我国现有的自然保护区大部分建立在集体所有的土地上，这种状态主要源于行政机关紧急划定保护

---

〔1〕 参见蒋志刚：《论野生动物栖息地的立法保护》，载《生物多样性》2016年第8期。

第五章 自然资源用途管制的三种实践

区域而未明确栖息地的产权归属,并由此产生了影响用途管制效果的一系列问题。横向来看,野生动物栖息地区域内的自然资源大部分属于国家,是属于全民所有的公共性福利性资源。但是国有产权在表现形式上主要为各级管理部门和属地政府代表国家行使所有权,现实中全民资源的所有者代表链条多环节化,加之权责不明晰,进而造成了国家所有者的事实缺位和虚化。纵向来看,在主体功能分区战略下,各种空间功能的发挥涉及多管理主体的职权范围。管制权的碎片化,进一步引发了完整生态系统功能的碎片化,不利于野生动物栖息地整体生态系统功能的可持续发展。

而且,用途管制需以规划为依据开展。在野生动物栖息地用途管制中,多种空间规划交叉重叠导致相互间衔接不畅,也极大地影响了管制措施的实施。在国土空间战略布局的背景下,各类规划应当做好协调衔接,做好保护区域基于同一目标功能的分解与整合工作。各类规划究其实质,是各种类型的目标在国土空间范围内的叠加,而多种规划间难以衔接则加剧了用途管制工作的复杂性,从而导致野生动物栖息地用途管制的低效。

当然,与其他空间用途管制,特别是城镇空间用途管制不同的是,野生动物栖息地用途管制侧重对空间生态功能的保护;但也正因为如此,这种用途管制几乎不会产出经济效益,并引发了空间环境价值和经济价值之间的博弈。申言之,在建设永续发展的美丽中国大背景之下,建立在全国资源有效配置基础上的主体功能分区政策,已然成为生态文明制度体系中不可或缺的组成部分。[1]作为一种对土地及其相关空间范围管理分类的

---

[1] 参见任世丹:《重点生态功能区生态补偿立法研究》,法律出版社2020年版,第148页。

技术，不同的主体功能设定决定了不同的区域发展模式，[1]不同的发展模式引发了不同区域环境与经济利益之间的博弈。我国2014年修订的《环境保护法》第13条就对环境保护规划中功能分区的基础性衔接职能作出了规定。我国2018年修正的《大气污染防治法》规定了大气污染联合防控体制中，主体功能分区、地域大气环境质量水平以及大气污染传播蔓延规律等被列为划分我国大气污染防治重点区域的依据。在此背景下，以野生动物栖息地为主要代表的自然生态，大致上表现为一个有限的、相对封闭化的系统；以大规模工业化为主要特征的现代人类社会，则大致表现为一个更加具有开放性和全球性的世界。人类社会发展背景下对于经济利益的追求，与自然生态在既定系统内遵循自然法则维持系统稳定形成了巨大的矛盾与落差。

二、域外国家公园制度的经验借鉴

域外法制对具有特定主导功能的空间进行管制，较为成熟的是国家公园制度。在国家公园自然资源权属方面，美国的方案主要是设置保护地役权。美国国家公园自然资源主要是由国家公园管理局承担统一管理的职能，因为考虑到联邦土地上几乎无法具备完整的生态链，完整的生态链大多数都出现在私有土地上，[2]所以得到园内全部土地的无瑕疵产权进而推动国家决策支配自由化，就成了美国国家公园管理局工作的出发点。美国采取了混合权属处置模式，即在保持土地私有制与公有制兼而有之现状的基础之上，通过保护地役权的设置，限制土地

---

[1] 参见丁四保等编著：《区域生态补偿的方式探讨》，科学出版社2010年版，第51页。

[2] 参见张晏：《国家公园内保护地役权的设立和实现——美国保护地役权制度的经验和借鉴》，载《湖南师范大学社会科学学报》2020年第3期。

利用方式和开发程度,用以达成土地私有率较高背景下限定式开发。地役权的设立从本质上来说属于一种等价交换,在协议当事人之间形成双赢,双方的权利义务同时也可以通过协商性条款来精确设计。这种地役权的主体呈现多样性,也突出表现了私人行动与政府公力协同的特点。除政府作为地役权人一方主体之外,美国也存在许多州、区域和全国土地信托成为地役权人的情况,甚至是包括学校和基金会等在内慈善实体。[1]这就允许土地所有者继续在一定程度上开展与土地原用途一致的活动,同政府公力规制一起,共同成为过渡时期无法拥有完整产权的必要替代手段。而在英国,基于土地私有制的背景,大部分国家公园土地所有权人为当地农民或信托等机构。具体来说,一方面通过法律赋予切实权利、流程化审批申请和奖励规范,鼓励私人土地向广大公众开放。[2]相对应地,将保护国家公园的职责分配给公园及其附近区域常住民,国家主要承担全过程监督职责。另一方面则以地方政府和其他机构为主体,以购买或接受土地捐赠的渠道将土地转化为公有性质,并通过每个国家公园内专设的独立的公园管理局,促进包括国家环境、食品和乡村事务部、国家信托和林业委员会、相关慈善机构等在内的多机构协同工作。

在国家公园生态系统整体性管制方面,美国国家公园制度在管制对象上不仅包括传统的自然资源,还包括生态系统完整性背景下的自然资源演化过程、系统和价值。[3]在国家公园的

---

[1] 参见赵自轩:《公共地役权在我国街区制改革中的运用及其实现路径探究》,载《政治与法律》2016年第8期。
[2] 参见王应临、杨锐、[英]埃卡特·兰格:《英国国家公园管理体系评述》,载《中国园林》2013年第9期。
[3] 参见周戡等:《美国国家公园自然资源管理:原则、问题及启示》,载《北京林业大学学报(社会科学版)》2020年第4期。

功能分区上，民众完全不被允许进入美国国家公园的严格保护区，其他功能区则设有不同游憩体验的场所区域。英国在整体性管制策略方面的经验主要有三点：其一，在国家公园法律制度层面做到与政策法令的一致性，保证与现有体系的协调。[1]其二，注重总体层面的国家公园管理规划和微观层面的规划安排中区块规划和行政区划的有机结合。英国政府立法确定国家公园的基础性要素和宏观性发展方向，将边界修改权上收至中央。[2]其三，区域空间战略和地方规划框架以国家公园管理规划为指导，管理工作过程中充分吸纳民意，强调利益相关者、当地居民的参与，将伙伴合作计划纳入国家公园用途管制的全过程和各方面。日本和英国同属综合型管理体系中的典型，日本系在亚洲范围内最早建立国家公园制度的国家。在国家公园生态系统整体性规划管理策略上有两大特点：其一，地域制的国家公园体制。日本根据生态环境保护的需求程度和土地利用情况将国家公园划分为特别区域、特别保护地区和普通区域三种。三种区域均属于限制利用区，不属于严禁公众进入的严格保护区。其二，引入公园管理团体制度。日本在国家公园的管理中致力于协调公园内部和外部的多种利益，据此建立了公园管理团体制度。公园管理团体的初衷是维持国家公园常态化管理，由民众或具有相关宗旨的社会团体组成，全方位负责公园日常维护、基础配套设施修缮、生态环境保护的资料文献搜集和新闻消息发布等。[3]

---

[1] 参见李爱年、肖和龙：《英国国家公园法律制度及其对我国国家公园立法的启示》，载《时代法学》2019年第4期。

[2] 参见邓武功等：《英国国家公园规划及其启示》，载《北京林业大学学报（社会科学版）》2019年第2期。

[3] 参见许浩：《日本国立公园发展、体系与特点》，载《世界林业研究》2013年第6期。

第五章　自然资源用途管制的三种实践

在生态补偿制度方面，美国的国家公园生态补偿制度办法建立在产权透明的自然资源权属和权责清晰的自然资源管理体制基础之上。在补偿标准上，美国采用的是"前后比较"价值确定法。土地价值确实降低是出售或捐赠地役权的土地所有者获得补偿或减税的先决要件。实践中，地役权的价值一般采用的是计算前后差值的方式。[1]依照该计算方法，通过负担了保护地役权前后的土地市价的相差数额来得出地役权的价值，并经过具有相关认证资质的专业人员按照法定的统一标准编制独立的价值评估报告来进行核实。在英国，国家公园管理局中的规划部负责制定的管理规划必须包含有保护、分享和发展三个方面的内容，以期获得土地所有者的认可与接受。其中，保护即一般意义上的保护职能的发挥，分享指的是规划中要有多彩的社区活动策划、公众游乐设施项目开发方面的内容，发展指的是规划中要包含该公园经由文化旅游业等商业手段带动本地经济的具体计划，以及对公园内因公园保护而遭受经济损失的社区居民的福利项目，增强社区经济活力。其中的分享和发展都是以人为本的体现，从本质上反映出了对私人权益受损后的主动性且具多样性的补偿。日本的经验则主要在于针对国民的具体意愿与实际需求，建构多样化的生态补偿机制，包括损失补偿制度、减税措施、私人土地的国家赎买制度等。

近年来，我国在野生动物栖息地保护方面，也在着力打造以国家公园为主体的自然保护地体系。十三届全国人民代表大会第四次会议通过的《国民经济和社会发展第十四个五年规划和2035年远景目标纲要》深刻阐释了"加快整合归并优化各类

---

[1] Federico Cheever, Nancy A. McLaughlin, "An Introduction to Conservation Easements in the United States: A Simple Concept and a Complicated Mosaic of Law", *Journal of Law, Property, and Society*, Vol.1, 2015.

保护地，构建以国家公园为主体、自然保护区为基础、各类自然公园为补充的自然保护地体系"的最新要求，为野生动物栖息地的用途管制建立了路径。具体来说，结合多种类型资源培育国家公园，在划定方法上依托现有的自然保护区资源，创新性地遵循综合生态系统管制思想，形成多重价值集合体。未被划为国家公园的自然保护区和其他类别的自然公园，仍维持原有的功能定位和管理状态，与国家公园共同形成自然保护地体系。依据现行《全国主体功能区规划》对禁止开发区的管控要求和国家公园的定位，我国目前已经明确了所试点和认可的国家公园应全域属于主体功能分区中的禁止开发区。但是是否会进一步在更大范围内增设国家公园的数量，增设的国家公园及其功能缓冲区是否会被纳入限制开发区域的管理，以及限制开发区的管理运作方式是否也会随之发生改变，仍有赖于生态整体性用途管制系统的有效建立。同时，在我国国家公园试点中，运行维护资金主要来源于财政拨款，国家公园经营性收入偏低，融资模式也较为单一，大多试点的国家公园存在社区保护性支出占国家公园各项经费支出比例过小的现象，几乎不会对周边受到影响的居民进行补偿。从补偿标准和补偿范围来看，相关的制度也还不够完善，并未将其置于主体功能区战略和利益衡量框架中来讨论不同空间功能的补偿，忽略了受管制主体的差异性需求。

三、野生动物栖息地用途管制的制度构造

（一）野生动物栖息地用途管制中的利益衡量

野生动物栖息地所具有的生态空间功能是一种自然存在。当生态保护的个体诉求成为一种广泛性的社会需求时，野生动物栖息地的生态空间功能便足以生成公共利益，并作为用途管

第五章 自然资源用途管制的三种实践

制的起点。这在本质上揭示了一定范围内空间生态功能保护的合法性基础，也是规制用途管制权行使和促进个体权利发展的首要因素。野生动物栖息地具有较强的社会关联性，对其实施用途管制需要建立在发挥相关财产权的社会功能与降低管制行为的负外部性之间权衡的基础上。需要注意的是，在野生动物栖息地用途管制中，不仅包含私人利益与公共利益的利益衡量，也存在着公共利益和公共利益之间的利益衡量。

一般而言，国土空间都承载着一定的公共利益。这些公共利益具有客观性和现实性的特点，具体表现为经济稳定、生态保护和社会发展三大主要的职能。空间所承载的公共利益与私人财产权利益并非互相排斥，而是共性与个性的关系。相比之下，一定空间范围内承载的公共利益更多侧重土地对于社会发挥的重要作用，而私人财产权利益则更多体现民众对土地享有的财产权所体现出的私人利益。特别是对于经济发展不充分的区域而言，空间对于人来说是其获取生存资源和后续发展的基础，区位和用途则决定了空间的价值。

在野生动物栖息地用途管制中受到直接限制的一般为财产权，但这些财产权也是被管制者对栖息地所在的土地所享有的维持人的生存和人格发展的基本权利的现实载体。虽然野生动物栖息地的划定对于包括被管制者在内的所有人都具有统一的生态价值，因而被管制者应当在一定程度上容忍野生动物栖息地用途管制对其权益的限制。但如果具体的管制措施对财产权益的限制已经超出朴素观点下普通公民所应承担的容忍义务底线，就有必要借由利益衡量，对被管制者给予不同程度的补偿。

据此，野生动物栖息地的用途管制涉及多重公共利益以及对相关民众私人利益的考量。利益衡量的最终目标旨在促进生态保护，实现空间的可持续性发展，并最终促进人的全面发展。

野生动物栖息地用途管制的具体措施体现了政策制定者针对不同程度的空间生态功能需求作出了相应的管制选择，以及对于利益之间的位阶排序和价值判断。在野生动物栖息地的用途管制中，衡量各种利益之间的相互关系，在多种利益之中找出更加值得受到保护的利益，具有复杂性和多变性。这也决定了利益衡量下的用途管制本身是一个系统性的工程。从价值评判的角度来看，对野生动物栖息地实施用途管制需评估相关的价值要素。具体的标准是"栖息地的公共利益+财产权补偿"大于或等于被划定为栖息地之前的"空间承载公共利益+财产权"，才能建立对一定空间范围设定野生动物栖息地措施的正当性和合理性，进而实现对多种利益全面衡量的效果。

具体来说，我们可以以空间生态功能需求和财产权保障为出发点，来衡量野生动物栖息地用途管制的适应性。根据野生动物栖息地要求的不同，实践中可以分为禁止开发、限制开发两种类型。一是在禁止开发的情形中，禁止开发区域内的野生动物栖息地排斥任何经济开发行为，不允许开展同生态保护功能定位不符的人类行为。禁止开发区大多地理环境上表现为生态系统的脆弱性和资源支撑的超负荷性，任何与区域主体功能定位相背离的开发行为都有可能导致特定野生动物资源所需的生态环境发生变化，并最终导致资源的灭失。在利益衡量层面，在野生动物栖息地生态保护过程中，原空间承载公共利益与私人财产权同样属于被动减损的对象。原空间承载公共利益虽然在功能上与栖息地的公共利益有相似之处，甚至可能都是某种特定的空间生态功能；但栖息地用途管制所欲重点保护和发展的是野生动物资源及其赖以生存的自然资源整体环境，因而在管制的侧重点上也会有所区别。整体来看，禁止开发区空间的利益关系中满足了栖息地公益，减损了原空间承载公益，并会对私人利益造成完全的损害。二是在限制开发的情形中,限制开发区域内虽然严禁改变生态用地的用途,但未完全禁止对自然资源的开发利用。限制开发区限制与野生动物栖息地生态功能不相符的空间利用方式,允许开展有益于空间整体发展的开发利用行为。从利益互惠原理的角度来看,所允许的开发利用行为能够引起综合公益的提升,给被管制者带来超越财产性利益的社会利益。我们可以说,限制开发区内空间范围的被管制者获得了一定程度的"社会互惠"。

(二)野生动物栖息地用途管制的关键制度

第一,明晰野生动物栖息地的产权归属。野生动物栖息地用途管制的科学化实施,需要建立在产权清晰的基础上。在这一方面,域外特定空间功能管理的经验在于,以完整生态系统为出发点和落脚点,形成跨区域的野生动物栖息地的整体空间用途管制体系。2018年国务院机构改革后,自然资源部得以成立并统一行使全民所有自然资源资产所有者职责。我国包括野生动物栖息地在内的自然保护区,也有望从割裂化行使自然资源所有权,转向建立清晰的产权管理体系和职责安排;从各自然要素分别管制,转向形成国土空间统一用途管制体系,并通过对整个生态保护系统的全面立体化统筹,[1]促进自然资源多样化、系统化和持续化的发展。

第二,完善野生动物栖息地保护规划。国土空间用途管制制度的重要创新是严格以统一的国土空间规划为用途管制的基本依据。按照空间发展需求的不同,可以将禁止开发、限制开发的规划用途作为野生动物栖息地保护的管控分区类别,将禁止开发的野生动物栖息地进一步明确为,在特定野生动物资源

---

〔1〕 参见李博炎等:《国际经验对我国国家公园立法的启示》,载《环境与可持续发展》2017年第5期。

敏感区域内，不允许对该空间实施任何形式的经济开发，即对其施加完全程度的管制。相对应地，限制开发意味着限制改变栖息地的野生动物资源保护用途，但不完全禁止对野生动物栖息地的开发。在此分类基础上，通过对系统脆弱性、生态重要程度、自然灾害危险程度、人口密度、环境容量、交通优势程度、产业振兴程度、可使用土地面积、可利用水资源等规划管控指标的量化，在中央、省级层面的规划中明确自然资源的宏观配置，在市、县、乡镇层级规划中对野生动物栖息地的具体用途和开发强度等作出实施性安排，从而寻求特定功能空间用途管制的最优解。

第三，建立健全野生动物栖息地生态补偿机制。在补偿范围上，野生动物栖息地生态补偿主要集中于区域价值补偿和社会保障。当土地被划为野生动物栖息地后，对原空间和周边一定范围财产权人所造成的负担主要源于用途管制所导致的区域市场价值的降低、居民经济生活来源的部分或全部丧失等方面。一般而言，用途管制中私益并未受到过度限制不能成立补偿，但不能排除超出被管制者容忍义务的情形。在此情形下，虽然不同管制程度的产权受损程度不一，但受到过度管制的限制开发区域和禁止开发区域的市场价值无疑会受到不同程度的影响。因此，有必要对不同保护程度的野生动物栖息地赋予不同的补偿系数，并以补偿系数为基础，计算区域价值补偿数额。同时，被管制人原本使用土地所能获得的持续性稳定收益，以及其原本投入的土地开发成本，也应当被纳入补偿范围。在补偿标准上，一方面应参照《土地管理法》第48条的规定，在合理确定区域发展受限程度、区域发展价值这两个要素的基础上，基于野生动物栖息地的规划要求，动态地把握受管制区域生态补偿

第五章 自然资源用途管制的三种实践

的市场价值标准。[1]另一方面,综合考量野生动物栖息地相关自然资源产权的社会义务,从公平的市场价值出发,着力维护限制开发区、禁止开发区被管制主体的发展权益。在补偿方式上,可以采取更加灵活和更加多样化的方式。除对被管制者给予货币补偿外,还可以通过职业技能培训引导被管制者在栖息地管理机构和经营企业就业。同时,也可以采取产权置换、入股等方式使栖息地利益为更多人民所共享,并加大被管制者的养老、医疗保障力度。

---

[1] 参见房绍坤等:《公益征收法研究》,中国人民大学出版社2011年版,第361页。

第六章

自然资源用途管制的法律救济机制

第一节 用途管制法律救济的路径选择

一、我国司法实践中的态度

从过往的司法实践来看,自然资源用途管制制度实施的过程中,存在财产权益保障不足的可能性。通过搜索中国裁判文书网,在最高人民法院审理的与土地用途管制相关的诉讼中,[1]主要存在以下三种情况。

第一,以土地用途管制为确定土地用途的依据,并以此确定土地征收补偿的标准。根据《土地管理法》第 4 条的规定,国家实行土地用途管制制度。国家编制土地利用总体规划,规定土地用途,将土地分为农用地、建设用地和未利用地。在赵某芳诉安徽省阜阳市人民政府土地行政补偿案[2]中,法院认为,土地用途是通过国家编制规划确定的,仅通过土地的取得方式来判断土地用途缺乏法律依据。在土地征收中,对于国有农用

---

[1] 目前与自然资源用途管制相关的诉讼主要表现为因土地用途管制制度而产生的纠纷,涉及水资源、矿产资源等其他自然资源的纠纷在诉讼中,法院一般不会以用途管制制度作为裁判的依据。

[2] [2016] 最高法行申 2902 号。

地的补偿,相关法律没有明确规定。而根据国土资源部、农业部《关于加强国有农场土地使用管理的意见》(国土资发〔2008〕202号)的规定,依法收回国有农场土地使用权,应给予经济补偿,并应参照征收农民集体土地的补偿标准计算。

第二,土地用途管制行为不具有可诉性。行政行为是否可诉,取决于该行为是否具备可诉行政行为的具体性特征,即行为的内容必须针对特定对象设定具体权利义务。《土地管理法》第15条第1款规定:"各级人民政府应当依据国民经济和社会发展规划、国土整治和资源环境保护的要求、土地供给能力以及各项建设对土地的需要,组织编制土地利用总体规划。"土地利用总体规划是对今后一段时间内土地利用的总安排,包括确定土地利用的目标和方向,土地利用结构和布局,对各主要用地部门的用地规模提出控制性指标,划分土地利用区域,确定实施规划的方针政策和措施等内容。因此,土地利用总体规划是国家空间规划体系的重要组成部分,是实施土地用途管制、保护土地资源、统筹各项土地利用活动的重要依据。任何土地利用活动,必须符合土地利用总体规划确定的土地用途,不得突破土地利用总体规划确定的用地规模。在田某辉等5人诉陕西省西安市人民政府土地利用总体规划批复案、[1]汤某华等16人诉福建省人民政府不予受理行政复议案、[2]王某堂诉浙江省温州市人民政府土地行政批准案、[3]廖某国诉浙江省杭州市人民政府土地行政批准案[4]中,法院认为,土地利用总体规划是一种宏观的、指导性的长期规划,是该区域土地用途管制的

---

〔1〕 〔2018〕最高法行申1225号。
〔2〕 〔2019〕最高法行申2151号。
〔3〕 〔2020〕最高法行申3749号。
〔4〕 〔2020〕最高法行申5952号。

依据，针对的是该区域内的不特定对象，且可以反复适用，性质上类同行政机关制定的具有普遍约束力的规范性文件。土地利用总体规划系国家对土地利用的总体布局安排，其不会对当事人的权利义务产生实际影响，因而不具有可诉性。在黄某兴诉浙江省人民政府土地行政复议案、[1]王某贵诉辽宁省人民政府土地利用总体规划批复案[2]中，法院认为，政府关于土地利用总体规划的批复系实施土地用途管制、保护土地资源、统筹各项土地利用活动的重要依据。政府的批复行为仅是对原批准的宏观指导性的长期规划的修订及相关项目用地指标的落实，只产生内部效力，未直接对外创设具体的权利义务关系。

第三，土地用途管制与财产权社会义务的边界可通过财产权的价值减损和公民的容忍义务来判定。在海安金永发商店诉江苏省交通运输厅港航事业发展中心交通设施建设行为案[3]中，法院认为，因公用设施建设而带来的补偿义务，仅能限定在特定范围。对不严重影响权利的规划调整、用途管制或者公共建设，所有权人（财产权人）有适度容忍的义务，此为公民的社会义务。权利人明显受到权利贬损时有权主张相应补偿，但在司法审查时必须考虑相关行为对其财产权的价值减损程度，以及是否仍属权利人应当自行承担损失的范围。在杨某文诉平塘县人民政府、平塘县国土资源局房屋拆除案[4]中，法院认为，平塘县政府为了500米口径球面射电天文望远镜国家重大科技基础设施项目的实施，对杨某文房屋所在土地进行用途管制，禁止其在土地上建房，符合公共利益的需要，该项目并不

---

[1]　[2019]最高法行申7702号。
[2]　[2019]最高法行申5186号。
[3]　[2018]最高法行申5127号。
[4]　[2020]最高法行申9022号。

第六章 自然资源用途管制的法律救济机制

涉及将集体土地转为国有土地的问题，亦无需就土地用途管制给付补偿，只需就房屋的征收行为予以房屋安置和合理补偿。

从上述案件及其一审、二审的裁判情况来看，各级法院已经形成了统一的态度：从行为性质、内容、效果等各个方面都区分对待土地用途管制与征收，并将用途管制纳入财产权社会义务的范畴，最终在原则上无补偿的情况下，例外地承认财产权利遭受明显贬损时，可以综合考量价值减损的程度与容忍义务，赋予被管制人主张相应补偿的权利。据此，我国法院在司法实践中严格遵循了征收与用途管制两分的做法，这与传统的征收理论是一脉相承的。在以特别牺牲理论为立论基础的传统征收理论中，对公民财产权的限制要构成征收需要以具体行政行为为载体，财产权益被征收的人民不可能在可能引起征收的规范性文件公布时就知道自己的财产即将遭到征收；只有当依法制定的单独的征收处分公布时，才会知道自己的权利遭到了政府征收行为的侵害。[1]政府这种单独的征收行为所对应的财产不可能包括所有同类别的财产，而只能是针对个别的、特定的个人或是较少数人的财产权利。也只有在这个意义上，权利人负担的特别牺牲才能成立；否则，如果法律是对财产权的内容或形式进行普遍的限制性的规定，比如土地用途管制，那么就不能成立特别牺牲，无法依据征收补偿的规定获得相应的法律救济。

然而，如果仅仅因为对财产权限制的行为不符合具体行政行为的要件，而对这种限制视而不见的话，似乎有悖财产权保障的目的。在海安金永发商店诉江苏省交通运输厅港航事业发展中心交通设施建设行为案中，法院事实上形成了严重性标准

---

[1] 参见陈新民：《德国公法学基础理论》（增订新版·上卷），法律出版社2010年版，第476页。

和价值减损标准来判断是否应当对用途管制措施导致的财产权限制进行补偿,即一方面考察用途管制措施对财产权的损害程度,如果达到严重影响权利内容的程度,则允许被管制人主张获得补偿;另一方面,即使财产权的价值减损已经达到严重的程度,仍需考量该价值贬损是否属于社会义务的范围。从表面来看,同时适用严重性标准和价值减损标准可能造成逻辑上的冲突,并会令判断的结果趋向不予补偿因用途管制措施而受到的财产权限制;但在本质上,法院已经暂时抛弃了对管制行为性质和内容的考察,而将视线转向从合目的性的角度,来建构用途管制的法律救济路径。这一做法的先进意义,既在于对新形势下国土空间用途管制根本目的的回应,也与征收制度在世界范围内的演进历程完全契合。

二、域外征收制度的演进趋势

近代以来,随着工业经济的高速发展,自由主义确立的绝对所有权原则与社会化大生产之间的矛盾愈演愈烈。为了弥补市场机制的不足,国家以公共利益为由,加强了对私人财产权的干预。[1]在此背景下,征收正式成为宪法意义上的法律制度。[2]传统征收理论要求以法律为依据,由行政机关遵循法律确定的标准和程序,以个案的形式进行。据此,无论是在理论研究,还是在司法实践中,都不承认通过法律等规范性文件对财产权施加的概括而普遍地限制系属征收,因而也无需给付补偿。20世纪以后,财产权具有社会义务逐渐成为共识性的观念,

---

[1] 参见金俭:《不动产财产权自由与限制研究》,法律出版社2007年版,第82~83页。

[2] Hans Queck, *Reichsenteignungsrecht: die Gesetze des Reiches über Enteignung von Grundeigentum*, Fr. Vahlen, 1936, S. 1.

以保护私人自由为中心的传统财产法理念，开始让位于将财产权的社会关联性予以同等强调的理念。[1]传统征收的概念在此过程中也发生了扩张，[2]即以目的为取向认定管制行为是否构成征收，将征收的形式从行政征收扩张为行政征收与立法征收，从而形成了从单纯的形式主义走向形式主义与实质主义并重的判定标准。由此，域外征收制度出现了重大转变，即在征收行为的认定上，从传统的应予补偿的征收行为与不予补偿的财产权社会义务之间的"两分法"，演变为应予补偿的征收行为、应予补偿的管制行为和不予补偿的财产权社会义务的"三分法"。

在德国法上，1999年联邦宪法法院通过古迹拆除案[3]指出，立法者在确定财产权的内容及其界限时，应在财产权人的利益以及公共利益之间保持合理衡量以及平衡的关系。公共利益不仅是财产权限制的原因，也是财产权负担的界限。财产权限制不得超过财产权保障的核心范围，即权利人对财产权的私利用性。[4]据此，联邦宪法法院裁判将古迹指定的条文定性为"财产权内容的规制与限制"，认为如果财产权人的法律地位受到严重贬抑而近乎已经不再能够被称为财产权人，则其能够获得政府的补偿。而"应予补偿的财产权限制"也自无偿提交出版品义务案[5]与湿采石法案[6]后，经由学界的整理与后续的判决发展，在古迹拆除案中获得肯定，并日趋稳定化而成为国

---

［1］ 参见张翔：《财产权的社会义务》，载《中国社会科学》2012年第9期。
［2］ Hartmut Maurer, *Allgemeines Verwaltungsrecht*, C. H. Beck, 1986, S. 549.
［3］ BVerfGE 100, 226 ff.
［4］ 参见李祎恒：《论历史建筑认定中公益与私益的平衡》，载《华东师范大学学报（哲学社会科学版）》2015年第1期。
［5］ BVerfGE 58, 137 ff.
［6］ BVerfGE 58, 300 ff.

家补偿法的制度。[1]无独有偶,美国法也在20世纪70年代末期重新开启了对警察权行使是否应予补偿的判定,并通过Penn Central Transportation Co. v. New York City案、[2]Agins v. City of Tiburon案、[3]Keystone Bituminous Coal Association v. Debenedictis案[4]以及Lucas v. South Carolina Coastal Council案[5]的判决,确立了管制性征收的评判标准,阐明了征收权、警察权以及财产权社会义务三分的观点。[6]联邦最高法院认为,征收条款的目的在于维护公平正义,禁止政府强迫少数人单独承受应由公众全体承受的负担。管制行为是否构成征收,应当对多元因素加以判断,即管制行为对权利人的经济影响、管制行为对于信赖期待的干预程度以及管制行为的性质。在管制行为对权利人的经济影响方面,法院认为只有用途管制行为禁止权利人以适合的方式利用其不动产,并完全摧毁土地使用的经济价值,才能成立管制性征收。在管制行为的性质方面,法院依据Mugler v. Kansas案[7]确立的损害防止标准,认为行使警察权的目的如果是防止妨害公共利益,就不必给予补偿。在管制行为的经济影响和信赖期待损失方面,法院依据Agins v. City of Tiburon案确立的经济价值完全摧毁标准,认为必须以整体财产价值为参考的基础,仅是财产权中的一项权能被剥夺不构成征收。

---

[1] Wolfgang Ruefner, "Das Recht der oeffentlich- rechtlichen Schadenersatz und Entchaedigungsleistungen, in: Hans- Uwe Erichsen", *Allgemeines Verwaltungsrecht*, 10 Auflage, 1995, Rn. 40ff.

[2] 438U. S. 104, 1978.

[3] 447U. S. 255, 1980.

[4] 480U. S. 470, 1987.

[5] 505U. S. 1003, 1992.

[6] 参见李祎恒:《不动产财产权征收衡平补偿研究》,南京大学出版社2015年版,第77~79页。

[7] 123U. S. 623, 1887.

由此可见，对财产权的限制究竟是由传统的剥夺特定所有权的具体行政行为导致，还是由普遍性施予的用途管制行为导致，在现代征收理论中并不具有区分的意义。"三分法"的确立，事实上缩减了财产权社会义务的范围，将原本某些被认为系属社会义务而无需补偿的财产权限制的情形从财产权社会义务中独立出来，成为新形式的征收。自然资源用途管制就是其中的典型，因而对造成过度限制的用途管制行为，才有法律救济的必要。

三、用途管制的法律救济应归入征收补偿制度

从目的、判定标准、体系整合等方面来看，用途管制的法律救济应归入征收的法律救济。首先最为重要的是，用途管制的法律救济与征收补偿的目的或功能都是保障财产权。基于财产权保障的一般原理，立法应当赋予财产权以存续保障和价值保障两个方面的保障内容和意义。[1]前者目的是保障权利人得以享有财产权，而不受他人的不法侵害；后者则是在财产权受到损害且无法恢复的情况下，权利人可以要求获得财产权的价值。对于征收补偿条款来说，其功能主要体现在权利人无法保有财产权存续时的价值保障。在征收补偿条款从古典征收到扩张征收的嬗变过程中，其价值保障的功能也在不断地发生变化，甚至对于传统认为无需给付补偿的财产权限制情形，在满足构成要件的情况下，也会施加一定的价值保障。在我国征收补偿制度的立法中，也存在类似的发展演变，并且由于本土化特征的突出，展现出了更加丰富的功能转变，并为自然资源用途管制法律救济机制接入征收制度提供了可能。在2019年《土地管理法》修正与2020年《民法典》颁布后，这种趋势体现得更加

---

[1] BVerfGE 1, 264~277; BVerfGE 50, 290~340; BVerfGE 58, 81~112.

明显。

其次,从判定标准来看,应予补偿的用途管制措施虽然没有以剥夺财产权的方式实施,但其对财产权的限制程度一般需要达到对被管制财产经济价值的完全摧毁或者已经严重超出被管制者的容忍限度。也就是说,用途管制法律救济的前提是,管制措施对财产权的限制已经达到了征收的程度。一般而言,征收的构成要件应当包括公权力主体作出的行为、依法执行公务的行为、公权力行为合法、基于公共利益的目的、存在对特定人造成损害的事实、受损利益系属相对人或利害关系人值得保护的权益、所受损害已达严重程度或已经构成特别牺牲、侵害行为与损害结果间存在因果关系、必须在法定时限内主张以及法律规定补偿条款等,[1]其中的关键则在于对特别牺牲的判断。特别牺牲理论认为,征收的本质在于对财产的侵害,其形态无论是剥夺还是限制,无论是针对个别人还是针对一群人,只要与其他人相比是显失公平的,且是被迫为公共利益的目的而超过可忍受限度或失去期待可能性的牺牲,就可以被认定为征收。[2]虽然在特别牺牲理论中,通说认为对财产权的内容或形式进行普遍的限制不能成立特别牺牲,但也有学者认为,虽然概括而平等的公权力侵害针对的是所有的财产权人,但如果这种侵害超过合理的限度,就仍然可以是一种特别的牺牲。[3]因此,如果从财产权保障的目的出发,对征收行为的判断标准应在于法律的功能是否能够保障公民财产权的私使用性原则。

最后,从体系整合的视角来看,完全排斥对用途管制行为

---

[1] 参见司坡森:《论国家补偿》,中国政法大学2004年博士学位论文。

[2] Franz Mayer, Ferdinand Otto Kopp, *Allgemeines Verwaltungsrecht*, 5 Auflage, Boorberg, 1985, S. 499 ff.

[3] Günter Dürig, Zurück zum Klassischen Enteignungsbegriff, *Juristen Zeitung*, Bd. 9, 1954.

第六章　自然资源用途管制的法律救济机制

施以法律救济不利于形成完整的财产权保障体系。依据财产权保障的一般规则，法律对于财产权的保障将产生两方面的保障效果：一是将保障财产权当作一种制度的保障；二是作为个人法律上的个别性保障。[1]财产权的制度性保障，意味着国家应当以立法的形式对财产权的具体内涵予以规定，而非仅仅对财产权的限制加以规定；[2]同时，立法形成财产权时，不能对财产权的核心——财产权的私有性与财产权的私使用性造成侵犯，[3]以使人民能够充分自由地发展其人格。[4]财产权的个别性保障，主要在于使人民对于其所拥有的、具体的财产权利受到公权力的侵害时，能够有一个积极可主张的、请求的权利。[5]自然资源的用途管制是一种概括性的财产权限制，从本质上来看，不能完全将之认为对财产权内容的规定。我们甚至可以说，如果将自然资源用途管制当作是形成财产权内容的方式的话，那么就是以财产权的制度性保障来排斥个别性保障，从而使得财产权保障体系的两翼成为对立的存在。因此，自然资源用途管制法律救济机制的建立，并将之纳入征收制度，有助于完善现有的财产权个别保障的体系，令其得以与财产权的制度性保障相

---

[1] 参见尤清：《所有权保障与土地征收补偿》，载《地政论坛》1980年第2期；叶百修：《从财产权保障观点论公用征收制度》，自刊1989年版，第43~48页；杨松龄：《财产权保障与公用征收补偿之研究》，载《经社法制论丛》1992年第9期。

[2] 参见苏永钦：《财产权的保障与大法官解释》，载《宪政时代》第42卷第3期。

[3] 参见蔡维音：《社会国之法理基础》，正典出版文化有限公司2001年版，第48~50、68页；李惠宗：《财产权保护与土地征收补偿》，载行政法学会主编：《资讯法制、土地规划与损失补偿之新趋势》，元照出版公司2010年版，第25~27页。

[4] 参见蔡维音：《财产权之保护内涵与释义学结构》，载《成大法学》2006年第11期。

[5] 参见陈新民：《宪法财产权保障之体系与公益征收之概念》，载陈新民：《德国公法学基础理论》（增订新版·上卷），法律出版社2010年版，第457页。

适应，形成体系化的财产权保障法制。

第二节 征收制度发展中用途管制法律救济机制的楔入[1]

现行《土地管理法》将最大限度保障被征地农民的权益作为修法的重点，提出征收土地应当给予公平合理的补偿，保障被征地农民原有生活水平不降低、长远生计有保障。《民法典》与现行《土地管理法》相衔接，明确了土地征收补偿的范围和标准，并对其他类型的不动产征收进行了规定。与旧法相比，《民法典》第243条和《土地管理法》第48条在征收补偿条款的内容上出现了较大变化，其功能也转向了更加先进的方向，也为自然资源用途管制法律救济机制的未来发展指明了道路。

一、2019年以前征收补偿条款的规范变迁及第一次功能转向

（一）2019年以前征收补偿条款的规范变迁

新中国成立以来，征收条款在相关法律规范中已经出现。1954年《宪法》（已失效）第13条规定，国家为了公共利益的需要，可以依照法律规定的条件，对城乡土地和其他生产资料实行征购、征用或者收归国有。同一时期颁布实施的《铁路留用土地办法》（已失效）、《土地改革法》（已失效）、《城市郊区土地改革条例》（已失效）中对此也有所涉及。[2]

1953年颁布、1957年修正的《国家建设征用土地办法》

---

[1] 本节部分内容已发表，参见李祎恒：《我国土地征收补偿条款的规范变迁及功能转向》，载《南京社会科学》2021年第11期；李祎恒：《论历史建筑认定中公益与私益的平衡》，载《华东师范大学学报（哲学社会科学版）》2015年第1期。

[2] 参见冯昌中：《我国征地制度变迁》，载《中国土地》2001年第9期。

第六章 自然资源用途管制的法律救济机制

(已失效)对征收的原则、程序、补偿标准等方面进行了比较系统的规定。一方面,该办法明确了土地征收应当兼顾国家建设的实际需要和人民的切身利益,对被征地者的生产和生活进行妥善的安置。另一方面,该办法提出土地征收对被征地者的生产、生活有影响的,应该发给补偿费或者补助费,补偿费由当地人民委员会会同用地单位和被征地者共同评定。对于一般土地,以它最近2年至4年的定产量的总值为标准;对于茶山、桐山、鱼塘、藕塘、桑园、竹林、果园、苇塘等特殊土地,可以根据具体情况变通办理。对房屋、水井、树木等,也需要按照公平合理的原则发补偿费。反之,如果对生产、生活没有影响的,可以无偿征收。[1] 1982年颁布实施的《国家建设征用土地条例》(已失效)更以年产值为计算土地补偿费、安置补助费的标准,并为补偿设置了上限,即土地补偿费和安置补助费的总和不得超过被征土地年产值的20倍;同时,也再次重申了征收无收益的土地是不予补偿的。

1986年《土地管理法》颁布以来,补偿标准依然沿用了年产值倍数标准进行计算,但在补偿范围上,不再规定征收无收益土地不予补偿。这标志着我国征收补偿条款开始出现第一次功能转向。1998年《土地管理法》修订后,将以往的土地征收补偿范围和标准凝练为第47条第1款,即"征用土地的,按照被征用土地的原用途给予补偿"。同时也将土地补偿费和安置补助费总和上限提高到被征收土地年产值的30倍,并规定可以根据社会、经济发展水平,在特殊情况下,可以突破年产值的30倍的最高标准。2004年《宪法》修正后,《土地管理法》随即修正并明确了征收的构成要件,即"国家为了公共利益的需要,

---

[1] 参见《国家建设征用土地办法》(已失效)第7条、第8条、第9条、第10条。

可以依法对土地实行征收或者征用并给予补偿"。至此,征收补偿条款的第一次功能转向完成,并为后续的《物权法》立法所接受。

(二) 征收补偿条款的第一次功能转向

征收意味着国家可以在满足预设条件的情况下,通过合法程序彻底地剥夺私人的财产权利。征收补偿条款诞生之初,其目的就在于保障私人财产权利,并借由对财产权的保障,进而保障公民的人格尊严,使其得以维系生存和获取继续发展的可能性。[1]从新中国成立以来的规范变迁可知,保障人民的切身利益一直就是征收补偿条款的基本功能。但在1986年《土地管理法》颁布实施前后,对这一功能的认识因为政治经济社会的发展而有所变化。新中国成立以后实行的自耕农制度,是将土地改革中没收的土地无偿地分配给农民,由农民享有土地所有权。由于土地取得的无偿性,在征收土地时,一般不予补偿,只是对于确实贫困的被征收人,才会酌情补助。[2]1956年农业社会主义改造完成后,我国确立了土地公有制。所有制上的重大变化直接影响了相关征收补偿立法的态度,并产生了以土地年产值计算的补偿标准。这一方面意味着被征收财产价值的计算将与该财产的使用状况相关联;另一方面也直接得出了一个与征收补偿条款保障人民权益的功能相悖的结论,即无需对无收益或者不影响被征收人生活的财产之剥夺给付补偿。从20世纪80年代后期到21世纪第一个十年,在财产权价值保障的理解上,对这一悖论的纠正,形成了征收补偿条款的第一次功能转向。

---

[1] 参见李祎恒、邢鸿飞:《论征收补偿中财产权法制保障的基本模式》,载《南京社会科学》2014年第5期。

[2] 参见1950年政务院《关于铁路留用土地办法的几点解释》(已失效)。

第一,未利用不代表无价值。1986年《土地管理法》颁布以前,征收补偿条款在兼顾公益和私益的同时,确立了公平合理的补偿原则。这种补偿原则的确立来源于历史沿革和对被征收财产权功能的认知,其实质是一种适当补偿,在最为极端的情况下就体现为无偿征收。在新中国成立初期,国家建设需要利用大量城市土地,市区内未利用的土地对于权利人而言,既未得到有效利用,亦无法创造价值。如果将这种私益认定为零,那么公共利益的需求就会被无限放大,因而国家可以通过征收无偿取得土地权利。我们可以发现,这种特殊情形下的无偿征收并不符合一般意义上的征收要件,即公共利益目的、法定程序和公正补偿,[1]而是将问题转化为对被征收财产权价值的判断,并且认为未利用即无价值,不值得对未利用的财产权施以存续保障和价值保障。一个典型的反证是,无论是土地还是房屋,其价格并不受闲置或空置的影响,反而会随着供求关系的变化而波动。

第二,征收对生产、生活无影响不意味着可以无偿征收。《国家建设征用土地办法》(已失效)以是否对生产、生活造成影响为判定是否给予补偿的标准,其论证的核心在于将财产权区分为与生产、生活联系紧密和与生产、生活联系不紧密两种类型。对于与生产、生活联系不紧密的财产权利,应当承认这部分财产具有较大的社会功能,在征得同意的情况下,可以无偿征收;而对于与生产、生活联系紧密的财产权利,立法应当对被征收人予以更加充分的保障。申言之,依据财产主观价值予以简单的二分,既然征收对特定权利人的生产、生活无影响,那么该被征收人应当对公权力剥夺财产权的行为负担更高程度的忍耐,甚至是放弃征收补偿。这种做法的风险在于,不是依

---

[1] 参见房绍坤等:《公益征收法研究》,中国人民大学出版社2011年版,第131~133页。

据客观的标准来判定补偿的给付，而是建立在个案的主观评判之上，极易陷入因人而异的不公困境。

基于以上两点认识，1986年《土地管理法》去除了未利用不补偿和依据财产主观价值进行补偿的条款，开始了征收补偿条款功能转向的第一次尝试；1998年《土地管理法》虽然明确了按照用途进行补偿的原则，但是允许补偿标准突破30倍年产值的上限，则表明立法者已经意识到按照财产的利用方式来对财产权施以价值保障，并不足以填补被征收者的损失。需要注意的是，本次功能转向并不彻底，未能完全破除财产权价值与财产利用方式之间的关联，但也为征收补偿条款的第二次功能转向留下了引子。申言之，财产的价值与利用现状之间并无直接联系，近期年产值不能代表财产的价值。我们一般使用"权利束"来形容财产权的内容，而且随着科技的发展、经济社会的进步，人们对于财产权的认识在不断深化，对财产的利用方式也更加多样，并借由新兴的利用方式，挖掘出财产权更多的（经济）价值和功能。立法者不能以财产权未利用或者未充分利用为由，在剥夺私人财产权时，仅以财产的利用现状来评判财产权的价值。财产未能充分利用既有可能是因为权利人不具备利用的能力或条件，也有可能是因为立法已经将某些可能的方式排除在外，甚至前者在很大程度上也可能是由后者导致的。这是因为，财产权不是先验且绝对的权利，财产权概念和内容的形成很大程度上取决于法律的规定。[1]如果立法已经预设某些利用方式是不被许可的——比如集体土地一度不可直接入市，必须经由征收转变所有权形态后才能够上市交易，而许可的其他利用财产的方式可能成本更高而收益较低；或者根据地方的

---

[1] Jeremy Bentham, "Theory of Legislation", Vol. I, Translated form the French of Etienne Dumont by R. Hildreth, Weeks, Jordan, & Company, 1840, pp.111~113.

行政安排只能采取某种利用方式——比如在土地上种植某种特定作物,而种植其他作物或养殖可能收益更高,那么以近期年产值来计算征收补偿就欠缺了正当性。即便是法律不禁止某种利用方式或者未对利用方式进行特别规定,但权利人根据自身能力的合理考量,未对财产进行某种更高收益的利用,也不意味着财产的价值遭受贬损,而应在征收补偿中被予以区别对待。因此,以年产值作为征收补偿的标准,事实上混乱地联结了"描述性的事实因素"(例如土地所处的区域与状态)与"规范性的评价概念"(例如合理的财产权人的行为),[1]从而使得征收补偿条款无法完成财产权价值保障的功能。

二、《民法典》颁布后用途管制法律救济机制的切入

(一)《民法典》背景下财产权的功能

十八届三中全会通过了中共中央《关于全面深化改革若干重大问题的决定》,标志着从1978年开始的中国改革开放进入了新阶段。以此后出台的一系列重大的政策文件为指引,在习近平新时代中国特色社会主义思想的指导下,征收补偿条款也开始了第二次功能转向。2019年《土地管理法》修正后,明确了征收补偿的基本原则是保障被征地农民原有生活水平不降低、长远生计有保障。申言之,在综合考虑未来发展增值空间的基础上,土地补偿费和安置补助费由征地区片综合地价确定,取代了原来的年产值倍数法。具体来看,区片综合地价应当综合考虑土地原用途、土地资源条件、人口以及经济社会发展水平等因素,并至少每三年调整或者重新公布一次。与原有的年产值标准相比,改采区片综合地价标准,在一定区域内实现了

---

[1] Michael Sachs, *Grundgesetz Kommentar*, 2 Auflage, C. H. Beck, 1999, Art. 14 Rn. 116.

"同地同价",不同区域体现"异地异价",提高了征地补偿的透明度,有利于农民的合法权益保障,同时也充分体现了公平原则。[1]而每三年调整或者重新公布一次,主要是通过对区片综合地价的及时调整,实现对被征地农民合法权益的合理保障。同时,在原来的土地补偿费、安置补助费、地上附着物和青苗补偿费的基础上,增加农村村民住宅补偿费用和被征地农民社会保障费用的规定,进一步完善了被征收土地农民的保障机制。

《民法典》第243条沿袭了《土地管理法》关于征收补偿的规定,一方面扩大了补偿范围,增加了农村村民住宅的补偿费和被征地农民的社会保障费用,更多地考虑了该土地对于农民各个方面的价值,保障了农民在土地被征收后在生产、生活和就业等各个方面都有保障。另一方面明确了征收过程中农村村民住宅的补偿,将农村村民住宅从地上附着物中单独拉出来,着重强调了对农村村民住宅的补偿,并进一步提出只要是征收个人住宅的,都应当保障被征收人的居住条件,从而为被征地农民的权益保障提供了更加明确的依据。具体来说,《民法典》第243条承认被征收的财产权具有以下两方面的功能。

1. 价值保障功能

在《土地管理法》修改和《民法典》颁布之前,我国土地征收补偿范围主要包括土地补偿费,安置补助费以及农村村民住宅、青苗和其他地上附着物补偿等,体现的是对丧失土地造成的直接损失的补偿,而对失去土地造成的间接损失以及土地上其他权利的补偿未作规定。一是土地补偿费,即对由国家征收土地导致农民集体经济组织丧失土地进行的补偿,土地补偿费由征地区片综合地价确定。二是青苗补偿费,即对由征收土

---

[1] 参见房绍坤:《土地征收制度的立法完善——以〈土地管理法修正案草案〉为分析对象》,载《法学杂志》2019年第4期。

第六章　自然资源用途管制的法律救济机制

地导致土地上无法收获的农作物进行的补偿。三是地上附着物的补偿，即对因土地征收而被一并征收的房屋、树木、管道、灌溉设施、道路等地上物的补偿。其补偿标准一般由省级人民政府按照当地物价等因素来确定。

从域外经验来看，《德国基本法》确立了以"权衡为原则"，实际上是以"交易价值（即实际价值）"为标准。[1]包括实体损失补偿、负担损失补偿以及其他损失补偿三类，具体来说补偿范围包括土地本身价值、拆迁成本、标的物残余价值减损、营业损失以及其他维护费用等。日本的土地征收补偿立法坚持正当性原则，采用完全损失补偿原则，除了失去土地而产生的直接损失补偿，还包括转移费用、工事费用、营业损失以及开垦耕地和建造住宅等实物和劳务的提供等征收土地造成的间接费用。就我国的实践来说，补偿范围的扩大也符合财产权保障的需要。《民法典》第243条对补偿范围的规定已经允许在具体的征收补偿实践中，根据不同情况，将搬迁损失、生产经营损失、农民通过农作物的买卖可能获得的其他收入、地上改良物损失、农作改良物损失等间接损失纳入征收补偿范围。

2. 生活保障功能

第一，居住水平保障。不论是《土地管理法》第48条规定的"保障被征地农民原有生活水平不降低""居住条件有改善的原则"，还是《民法典》第243条第3款规定的"应当保障被征收人的居住条件"，都体现了立法者对被征收人居住水平的关注。

首先，要合理计算住宅补偿。一方面要求全面、综合考虑被征收房屋的用途、区位、建筑结构、建筑面积、新旧程度等要素，通过前期调查和专业、准确的实地查勘记录来得出被征

---

[1] 参见袁治杰：《德国土地征收补偿法律机制研究》，载《环球法律评论》2016年第3期。

收房屋的客观估值。另一方面，被征收房屋的完整补偿还需要涵盖室内装饰装修和物资搬迁的费用，这些都是保障居住条件的应有之义。而在此基础上，被征收房屋所应获得的补偿才可能公平、合理，被征收人的居住条件才有可能得到充分保障甚至是一定程度的改善。

其次，应当实现补偿方式的多样化。多样的补偿方式意味着被征收人可以根据自身实际情况选择最保障自身利益的补偿方式，这对于被征收人居住条件的保障和改善来说是非常重要的。被征收人身处不同地域，面临不同的征收补偿政策时的选择也会不同，而国家需要保障的是无论被征收人怎样选择，都不会因征收而在当地"露宿街头"。

以集体土地上房屋征收为例，目前的实践主要有三种补偿方式。第一种为重新安排宅基地建房。主要针对不需要大规模占地的土地征收，在本村还有宅基地的情况下，重新安排宅基地建设房屋。重新安排宅基地后，对于房屋也会给予重置新价，保障被征地农民可以建成房屋来居住。第二种方式是产权置换。主要针对整村征收或新农村建设土地整合的情况，本质上是以实物形态来体现对被征收人的补偿。第三种补偿方式是货币补偿。这种补偿方式往往是和产权置换相结合进行，其原则是保障被征地农民就近可以购得合理面积的居住用房。其中，一次性的货币补偿只能暂时缓解被征地人的财产损失，一旦脱离了原有环境，生活、生产都极易面临困难。因而在实践中，不同地区根据当地的征收补偿条件，也探索了许多替代性的补偿形式，比如土地使用权入股补偿和置换土地补偿等。

第二，生存保障与生活状态保障。过往的征收补偿立法和实践主要关注的是土地补偿费、安置补助费、土地附着物和青苗的补偿等。《物权法》（已失效，下同）第42条虽然规定要安

第六章 自然资源用途管制的法律救济机制

排被征地农民的社会保障费用,保障被征地农民的生活;但在实践中一般认为,给予被征地农民社会保障是一种替代货币补偿的方式,[1]而不是在土地补偿费、安置补助费、地上附着物和青苗的补偿费等费用以外的补偿。

然而,土地是农民实现生存、生活以及发展的关键所在,农民失去了土地就等于失去了谋生的根本。[2]离开了赖以生存的土地,失地农民要维持在城镇的生活,就必须实现劳动力向第二、三产业的转换或是找到稳定的投资方向。但是由于失地农民的教育水平和劳动技能的限制,大部分失地农民缺乏在城镇参与高层次就业竞争的能力,而主要从事诸如建筑、环卫等体力劳动,有的则长期失业在家,即使有征地补偿,也会坐吃山空。同时,失地农民很难获得城市的失业保险、医疗保险以及住宅保障等社会保障,仅有的养老保险也不足以解决老有所养的问题。因此,失地农民群体在城镇的生活水平难以保持可持续的发展,往往在数年内消耗了补偿价款后,沦为城市"新贫民"。

《民法典》第 243 条明确要求征收主体应当建立实施长期的生计保障机制,安排被征地农民的社会保障费用,确保被征地人有持续稳定的生活保障。[3]与《物权法》不同的是,《民法典》第 243 条将土地补偿费、安置补助费以及农村村民住宅、其他地上附着物和青苗等的补偿费用和被征地农民的社会保障费用之间的关系界定为并列关系,从而将这部分的功能从价值保障功能中独立出来。在这样的背景下,征收主体可以根据被征收人的具体情况,比如之前维持生计的方式、以往的工作类

---

[1] 参见最高人民法院[2020]最高法行申 5815 号。
[2] 参见李长健、张兵、袁蓉婧:《农村土地的社会保障功能与农村土地制度的完善——兼论农民权益保护问题》,载《农村经济》2009 年第 5 期。
[3] 许中缘、崔雪炜:《集体土地征收补偿制度的功能定位》,载《浙江社会科学》2019 年第 10 期。

型和往后的工作意向等，为被征收人的劳动力的转换和资本投资提供引导和帮助。更进一步，将被征地农民纳入社会保障体系。社会保障费用是被征地农民获得的补偿之一，应当在征地补偿中单独列支，不得将其纳入区片综合地价确定的土地补偿费和安置补助费中。

(二) 用途管制法律救济机制的切入时机：征收补偿条款的第二次功能转向

上文已述，在第一次功能转向中，征收补偿条款并未实现其财产权价值保障的全部功能，以致在《物权法》颁布实施后，补偿标准的不合理仍然是征收补偿实践中存在的主要问题。[1]对此，《民法典》第 243 条在《土地管理法》第 48 条的基础上，去除了以年产值作为征收补偿标准的规定，并将保障被征收人的生活（居住条件）作为征收补偿的基本原则，意味着征收补偿条款在价值保障上更加趋近于财产权存续保障的功能。也就是说，即使国家通过公益征收的方式剥夺了公民的财产权利，也要保证被征收人在征收前后的生活水平不发生太大的变化，更不会因为财产被征收而陷入生活困苦的状态。同时，《民法典》第 243 条对生计保障与社会保障功能的关注，则已经超出了价值保障的范畴。笔者将这部分既不属于价值保障功能，也不能归类于存续保障功能的内容称为征收补偿条款的第三种功能——生活保障功能。生活保障功能的出现，既标志着征收补偿条款进入第二次功能转向，同时也意味着在自然资源用途管制中受到过度限制的被管制者有望获得相应的法律救济。

这是因为，生活保障不是传统意义上征收补偿条款的功能。

---

[1] 参见王铁雄：《征收补偿与财产权保护研究》，中国法制出版社 2011 年版，第 271 页；朱广新：《房屋征收补偿范围与标准的思考》，载《法学》2011 年第 5 期等。

第六章　自然资源用途管制的法律救济机制

从法理的角度来看，《民法典》第 243 条之所以能确立征收补偿条款的生活保障功能，概因我们对于公民与国家之间的关系有了更加深入的认识。随着经济社会的发展，财产权规范开始承担社会利益分配与协调的功能，财产也开始受到越来越多的社会约束。[1]在立法以公共利益为由，允许国家通过正当程序干预公民生活，且公民在一定程度上也需要忍受公权力行为对其财产权的限制乃至剥夺的同时，公民原本可以依靠其所有的财产权利维持个体生活和人格尊严的责任就转而应当由国家来承担。[2]这种认识与新中国成立初期征收补偿条款关注征收行为是否对人民生活造成影响有异曲同工之妙。但是我们不能再以无影响即可能无补偿来看待《民法典》中征收补偿条款的生活保障功能。二者之间的区别在于，《民法典》不再考虑人民的生活是否会因征收行为而遭受影响，而是认为国家应主动向被征收人提供具有人格尊严的生存保障，使其有机会得以再度自立自决、重返常态的社会生活。[3]更进一步，征收补偿条款生活保障功能的本意不是着眼于国家因为征收了公民的财产而向其支付补偿，而是通过支付补偿的形式来保障被征收人有公平参与社会资源分配的权利，[4]这也正是国家对于人民所负有的社会责任的具体体现。据此，我们可知生活保障功能与存续保障功能、价值保障功能亦有不同之处。传统意义上的两项功能系属防御权的功能，一般只能消极地应对国家的征收行为；而生活保障功能则要求国家积极地履行其社会责任，被征收人因此

---

[1]　参见张翔：《财产权的社会义务》，载《中国社会科学》2012 年第 9 期。
[2]　Hartmut Maurer, *Staatsrecht* Ⅰ, 3 Auflage, C. H. Beck, 2003, S. 247.
[3]　Konrad Hesse, *Grundzüge des Verfassungsrechts der Bundesrepublik Deutschland*, 20 Auflage, C. F. Müller, 1995, Rn. 213.
[4]　Ernst Forsthoff, Begriff und Wesen des Sozialen Rechtsstaats, *Veröffentlichungen der Vereinigung der Deutschen Staatsrechtslehrer*, Bd. 12, 1954.

能够要求国家在被征收财产的价值保障之外，另行提供财产权原本承担的生活功能的保障。

《民法典》作为社会生活的百科全书，其目的在于更加全面和充分地保障人民的利益。《民法典》第243条在《土地管理法》第48条的辅助下，其先进意义主要体现在对征收补偿条款目的的补充与更新；而在自然资源用途管制制度中，则意味着在财产权价值保障的基础上，进一步明确了对于被管制者生活（生存）的保障。申言之，应当回归立法确认的财产权保障的目的，并通过合目的性的考量，构建妥适的管制补偿原则和标准。

一般对于补偿原则与标准的考察，大概可以分为完全补偿说、适当补偿说和公正补偿说三种。其中，完全补偿说认为应对被征收人因征收所生之损失给予完全的弥补；[1]适当补偿说则与完全补偿说持相反见解，认为对被征收人因征收所生的损失，只要给予相当或妥当的弥补即可；[2]公正补偿说认为征收补偿的原则究竟是完全补偿还是相当补偿，不能一概而论，[3]但一般认为基于公平正义的原则，应当给予利益受损者以完全的补偿。[4]需要注意的是，公正补偿说所谓的完全补偿往往是一种市价补偿，[5]因而有观点认为公正补偿的本质是不完全补

---

[1] [日]柳瀬良幹：《公用負担法》，有斐阁1972年版，第259页。

[2] [日]田中二郎：《公法上の損失補償の法理》，载田中二郎：《行政上の損害賠償及び損失補償》，酒井书店1954年版，第259页。

[3] 参见陈新民：《公益征收的补偿原则》，载陈新民：《德国公法学基础理论》（修订新版·下卷），法律出版社2010年版。

[4] 参见史尚宽：《土地法原论》，正中书局1975年版，第530页；黄宗乐：《土地征收补偿法上若干问题之探讨》，载《台大法学论丛》1992年第1期。

[5] United States v. 564.54 Acres of Land 一案的判决指出，"因为在特定时间评估存在于特定地产之上的个人住所的价值存在严重的实践性判断，我们承认需要一个相对客观的原则……因此，本庭采用公平市场价值概念来确定被征收人的损失。在此标准下，所有人有权接受当进行征收之时'一个自愿买受人愿意对一个自愿出卖人支付的价款'"。See United States v. 564.54 Acres of Land, 441 U.S. 506, 511, 1979.

第六章 自然资源用途管制的法律救济机制

偿。[1]需要注意的是，无论是完全补偿说、适当补偿说，还是公正补偿说，其立论的基础都在于公益与私益的衡量。在自然资源用途管制的问题上，究竟适用哪一种补偿原则，取决于对公共利益强度和财产权社会义务的认识，同时还要考虑被管制人自身也能够从公共利益实现的过程中获益的可能性。

《民法典》第243条第2款提出在足额支付土地补偿费、安置补助费以及农村村民住宅、其他地上附着物和青苗等的补偿费用外，同时应向被征地农民支付社会保障费用，以保障被征地农民的生活。这一规定本质上是以财产对被征收人的功能为标准，将财产划分为对被征收人生活（生存）有较大影响的财产和对被征收人仅具有经济性功能的财产。对于前者，应当从保障被征收人生活的角度予以更加充分而全面的补偿，包括但不限于社会保障费用的给付；对于后者，则应当基于市场价值支付足额补偿。《民法典》第243条第3款并未区分国有土地上的房屋征收和集体土地上的房屋征收，事实上对第2款中关于住宅补偿的规定进行了补强，即进一步强化了住宅对于被征地农民的意义，要求在足额支付农村村民住宅征收补偿外，如果该补偿不足以使得被征收人恢复原有的居住水平，则需要提供额外的补偿来保障被征收农民的居住权利。由此，《民法典》第243条第3款明确了农村村民住宅系与被征收人生活（生存）有较大影响的财产的典型，被征收人只需证明征收住宅的补偿不足以满足居住需求，就可以要求获得更高的补偿；但对于其他与生活（生存）有较大影响的财产，被征收人在个案中仍需要证明该财产确系此种类型，且足额补偿不足以弥补损失，才能够要求更高的补偿。需要注意的是，《民法典》第243条对被征

---

[1] Thomas W. Merrill, "Incomplete Compensation for Takings", *New York University Environmental Law Journal*, Vol. 11, 2002.

收财产的分类,在对应的征收补偿上不是包含的关系,即政府不能因为已经足额支付了相关补偿费用,而主张其已经完全履行了对被征收人的补偿责任。

相应地,针对自然资源用途管制措施所导致的财产权的过度限制,我们应当在法律救济机制的构建上进行更加深入的考虑。一方面,管制行为往往会对被管制者的生存条件和生活方式造成巨大影响,政府不能简单地以财产权的价值保障功能为基础,来对被管制人施以一般性的补偿,即使该种补偿已经达到法律规定的"足额"的程度。从实践来看,所谓的"足额"补偿的标准即是被管制财产的市场价值。一个典型的例子是2019年《土地管理法》修正后,土地补偿费、安置补助费标准被明确为区片综合地价,即不因土地性质的不同而赋予同一片区的土地以不同的价格,从而实现"同地同价"。以客观的市场价值来计算管制补偿已然是补偿标准上的一大进步,但从管制行为的影响来看,仍存在一定的差距。波斯纳在 Coniston Corporation v. Village of Hoffman Estates 一案的少数意见中指出,"按市场价值进行付款曾被认为能够满足公正补偿条款……因为市场价值不是每一个财产所有权人对自己的财产所附加的价值,而仅仅是边际所有权人对其财产所附加的价值。许多所有权人是非边际的,意味着因为再安置费用、感情附加值或为了他们的特定需要(也许是特质)产生的特殊相应价值,他们对其财产的定价高于市场价值(也能说它是非卖品)。当政府征收财产并只给予市场价值作为回报时,这些所有权人受到了损害"。[1]基于保障人民权益的目的,《民法典》第243条对被征收财产功能上的分类,能够在征收过程中,尤其是在可能彻底改变被征收人生存环境、造成被征收人生活难以为继的征收情形下,直接

---

[1] 844 F. 2d 461, 464, 1988.

弥补市价补偿原则和标准在保障被征收人人格尊严、维系个人生存以及自由支配财产等利益上的不足。而且,从《民法典》第243条的规定来看,考量的重点与其说是个案中不同的财产权主体对财产的不同需求,不如说是财产权本身,因而亦无被管制财产主观价值难以评价的问题。申言之,《民法典》第243条第3款对于住宅补偿的规定,不是要求被征收人承担证明的责任,而是要求政府在实施征收的过程中,主动向被征收人提供具有人格尊严的最起码的生存保障。[1]这就意味着,政府不仅仅是提供被管制财产的足额市场价值的补偿,而且要证明该补偿能够满足被管制人后续的生存、生活需求;反之,政府需要就被管制财产所负担的生活保障功能提供市场价值以外的补偿。

另一方面,当政府确定或是向被管制人提供补偿的测算依据时,当然不是全盘接受被管制人的意见,而是应当通过配套性政策法规的制定来设置补偿的上限。有学者认为可以假设被管制土地的市场价值为V,应补偿额为C,则 $C = V + V \times N\%$,其中N来自在土地上生活的年限,对于居住年限在30年或更长的,N最高可取到60年。[2]美国密歇根州议会在2006年通过的一项州宪法修正案中提出,要限制州政府为了转移财产而给私人主体以发展经济或增加税收而实施征收,同时要求州政府在征收个人的主要居所时,应当按照房产公平市场价值的125%向被征收人给付补偿。[3]如果管制行为对被管制人生活环境整

---

[1] Konrad Hesse, *Grundzüge des Verfassungsrechts der Bundesrepublik Deutschland*, 20 Auflage, C. F. Müller, 1995, Rn. 213.

[2] John Fee, "Eminent Domain and The Sanctity of Home", *Notre Dame Law Review*, Vol. 81, 2006.

[3] Murray J. Raff, "Planning Law and Compulsory Acquisition in Australia, in Tsuyoshi Kotaka & David Callies", *Taking Land: Compulsory Purchase and Regulation in Asia-Pacific Countries*, University of Hawaii Press, 2002, pp. 27~35.

体造成了不可逆的侵害，已经超越了被管制人（群体）在情感上应当忍受的范围，[1]那么应当在被征收财产市场价值补偿的基础上，在新增建设用地的土地有偿使用费中计提一定的比例，作为被管制人主动参与城市建设和经济发展的对价。虽然有学者提出，管制补偿标准的计算还需要考虑被管制人有可能从公共利益的实现中获益，即所谓"地利共享",[2]所以财产被施加用途管制对被管制人生活的影响可能会降低，相应的生活保障功能的补偿亦较少。但是这种利益互惠不能只是由某种抽象的、可为一般公众所共享的公共利益产生,[3]对其存在的证明亦具有相当大的难度。因此，从保障人格尊严和促进人的发展角度来看，无需考虑"地利共享"的因素。

三、用途管制法律救济机制的要件

（一）私使用性保障：用途管制法律救济机制的价值取向

事物发展的根本动力在于矛盾，而复杂事物矛盾发展过程中，主要矛盾和次要矛盾存在不平衡性，但二者不可偏废，应当着重把握事物的主要矛盾。从财产权保障的意义来看，新中国成立以来我国征收补偿条款的第一次功能转向虽未完全破除财产权价值与财产利用现状之间的关联关系，但也摒弃了无偿征收的适用，从而为正当补偿要件的成立奠定了基础；第二次功能转向完成了第一次功能转向未竟的使命，并创造性地将生活保障功能作为征收补偿原则建构的重要依据，进一步补全了正当补偿的内涵。这两次功能转向的根源在于征收中主要矛盾

---

[1] 参见［韩］金东熙：《行政法Ⅰ》（第9版），赵峰译，中国人民大学出版社2008年版，第417页。

[2] 参见黄忠：《成片开发与土地征收》，载《法学研究》2020年第5期。

[3] Manfred Aust/ Rainer Jacobs, *Die Enteignungsentschädigung*, 2 Auflage, 1984, S. 268.

第六章 自然资源用途管制的法律救济机制

与次要矛盾的转化，并非常明确地表现为将次要矛盾当作主要矛盾来处理，而忽视了主要矛盾在征收行为成立中的重大意义。当然，这也是用途管制法律救济机制得以切入征收制度的契机。

征收制度的本意是通过对公共利益和私人财产权进行衡量，通过征收补偿和法定程序来保障被征收人的实体权利和程序权利。因此，征收中的利益权衡主要体现在两个环节：一是在征收决定的作成中，政府应通过公平衡量公共利益和私人财产权保障两方面的需求，决定是否实施征收，具体表现为项目的审批和被征收财产的确认；二是在征收补偿的给付中，政府应当依据法定标准，针对被征收人所负担的特别牺牲，向其给付足额的补偿，从而对公共利益和私人财产权益施加平等的保障。[1]相应的，征收中的矛盾也突出表现在两个方面：一是公共利益需求和私人财产权保障之间的矛盾，这直接决定了征收行为是否具有正当性；二是政府（能够）给付的征收补偿和被征收人期望（需要）获得的征收补偿之间的矛盾，反映的是征收行为对被征收人生活的影响。一般来说，前者是征收的主要矛盾，我们讨论的重点在于如何通过清晰界定公共利益的概念，使得公共利益的考虑与个人财产权保护之间能够达到一种微妙的平衡。[2]然而，作为征收目的的公共利益的内涵在征收制度的发展中一直难以明确，尤其是在 Kelo v. City of New London 案中，美国联邦最高法院允许政府普遍征收私人财产用于一般的私人用途，即政府可以为了经济发展的目的而行使征收权，在极大地扩张了公共利益概念的同时，也使得这一概念更加模糊；[3]我国也

---

[1] 参见陈新民：《德国公法学基础理论》（增订新版·上卷），法律出版社2010年版，第476页。

[2] David Dana & Thomas W. Merrill, *Property: Takings*, Foundation Press, 2002, p. 22.

[3] 545 U. S. 469, 2005.

是在2011年《国有土地上房屋征收与补偿条例》中，才通过列举的方式规定了公共利益的外延，此后的立法只是丰富了公共利益的外延，但都回避了对公共利益内涵的界定。而在现行《土地管理法》第45条第1款第5项还规定了土地征收"成片开发"的征收形式，甚至允许征收行为可以非基于完全的公共利益而实施。[1]对此，有学者提出，土地征收"成片开发"必须满足"特别重大的公共利益"，并需要对土地征收"成片开发"进行类型化分析，以清晰"特别重大的公共利益"的外延。[2]然而，对于"特别重大的公共利益"来说，"特别""重大"以及"公共利益"概念本身的模糊性并不支持通过列举的方式明确可能实施"成片开发"的土地征收类型，因为这只是征收的充分条件而非必要条件，且可能面临着从一个模糊的概念走向另一个更加模糊的概念的困境。也正因为如此，我们可以发现征收的主要矛盾一直隐蔽在次要矛盾的阴影中，从而导致传统研究一度局限于补偿标准的问题，更确切地说，是补偿不足的问题，[3]并形成了"征收无法实施是因为补偿不到位"或者"只要支付足够补偿就可以实施征收"的误解。当然，这种误解在完善财产权的价值保障和建立生活保障方面，具有足够的进步意义；我们甚至可以说，正是伴随着误解的加深，无论是征收主体，还是被征收人，才得以更加充分地认识财产权保障的意义。

在用途管制法律救济机制中，同样也存在这样一种误解，

---

〔1〕 根据自然资源部《土地征收成片开发标准（试行）》（已失效）的规定，土地征收"成片开发"中公益性用地比例一般不低于成片征收土地范围的40%。

〔2〕 参见程雪阳：《合宪性视角下的成片开发征收及其标准认定》，载《法学研究》2020年第5期。

〔3〕 参见刘向民：《中美征收制度重要问题之比较》，载《中国法学》2007年第6期。

第六章　自然资源用途管制的法律救济机制

对矛盾的认识被固定在补偿的环节，而不能介入管制决定的作成，从而分割了财产权的存续保障和价值保障。如果将自然资源用途管制过程中选择财产权的价值保障也当作一种广义的财产利用方式或是财产的处分权能，那么这种分割事实上是将权利人可能采取、在面临管制措施时甚至是必然采取的合法利用方式排除在外，并认为这种利用方式不值得保障，这与前文所述中征收补偿条款第一次功能转向中所纠正的悖论并无本质上的不同。区别仅在于，一者是实体上的功能，另一者则是程序上的功能。申言之，在征收的三要件中，由于公共利益内涵难以明确界定，征收矛盾的化解就会转向正当补偿，但这种转向不仅直接意味着公益与私益的衡量落空，而且也将法定程序要件的适用局限在确定实施征收行为以后。因而在《民法典》以前的征收实践中，被征收人参与征收项目的启动并不是征收要件中正当程序的当然内涵。最高人民法院在刘某明诉张家港市人民政府行政复议案的行政裁定中指出，"发展改革部门对政府投资项目的审批行为和企业投资项目的核准和备案行为，主要是从维护经济安全、合理开发利用资源、保护生态环境、优化重大布局、保障公共利益、防止出现垄断等方面，判断某一项目是否应予审批、核准或备案（以下统称"项目审批行为"），并无任何条文要求发展改革部门必须保护或者考量项目用地范围内的土地使用权人权益保障问题。发展改革部门在作出项目审批行为时，也就无需审查项目用地范围内的征地拆迁、补偿安置等事宜，无需考虑项目用地范围内单个土地、房屋等权利人的土地使用权和房屋所有权的保护问题。因此，项目建设涉及的土地使用权人或房屋所有权人与项目审批行为不具有利害关系，也不具有行政法上的权利义务关系"。[1]据此，一个合乎逻

---

[1]［2017］最高法行申169号。

辑的推论是，两次功能转向后的征收补偿条款仍然存在进一步改进的可能性，亦即用途管制法律救济机制的发展方向——重新开启对征收主要矛盾的关注：在管制过程中，尤其是管制决定的作成中，完善法定程序要件的适用，从而为被管制人保留有意义的、可以期待的私使用的可能性。[1]

(二) 衡平补偿：私使用性保障的具体形式

"衡平补偿"（Billigkeitsausgleich）[2]最初来自德国法，是国家对于符合一定条件的损失，为了实现社会正义，基于"衡平性"或"合目的性"的考量，特别是基于"社会国原则"的精神，主动给予利益受损人的补偿。[3]德国法上的衡平补偿种类繁多，不一而足，主要包括对于警察法上干扰者的补偿、基于社会保险制度所为之补偿给付以及对于犯罪被害人的补偿等。而在土地资源用途管制中，也存在衡平补偿的法律规定，如《城市整建及发展措施法》《联邦建筑法》以及《莱茵兰-普法尔茨邦文化资产保存与维护法》等。但在这些法律中，衡平补偿的适用都限定在特定的情境下，因而并不具备成为征收补偿法制中独立制度的资格。事实上，基本法时代征收补偿法制的发展主要是由法院的判例来推动，衡平补偿法制的发展亦是如此。具体来说，衡平补偿最早出现在联邦宪法法院1981年的湿采石法案与无偿提交出版品义务案中，这两个裁判开启了财产权保障体系的转换，并奠定了衡平补偿在征收补偿法制中的地

---

[1] Rudolf Wendt, in: Michael Sachs, *Grundgesetz Kommentar*, 2 Auflage, C. H. Beck, 1999, Art. 14 Rn. 111~112, 113.

[2] Rudolf Steinberg und Andreas Lubberger, *Aufopferung- Enteignung und Staatshaftung*, S. 124 ff, 转引自翁岳生主编：《行政法》（下册），中国法制出版社2009年版，第1738页。

[3] 参见翁岳生主编：《行政法》（下册），中国法制出版社2009年版，第1738页。

第六章　自然资源用途管制的法律救济机制

位；该法院 1999 年作成的古迹拆除案判决则进一步发展了衡平补偿制度，明确了衡平补偿条款的适用原则及界限。

联邦宪法法院在 1981 年的无偿提交出版品义务案与湿采石法案中，指出立法者对人民财产权的限制，如果在某些情形下限制过度，而使财产权受限制的公民陷入特别困苦的状态，对此等"困苦事件"，必须赋予权利受损者以"困苦衡平给付"的补偿请求权。由此建构了一种"三分法"划分的补偿体系，即将公权力对财产权的限制划分为《基本法》第 14 条第 3 项规定的狭义征收、应予以补偿的财产权限制和不予补偿的财产权的社会义务三种。"三分法"的出现，对衡平补偿在司法实践中的适用有不可替代的意义。这是因为，对于应予补偿的财产权限制的情形，在一般情况下由于其属于财产权的社会义务，故不予补偿；但在某些情况下，如不补偿，将会导致财产权受到限制的公民的生活陷入困苦状态，所以虽不符合联邦宪法法院认定征收的条件，不能获得征收的补偿，但仍可依据社会国原则，基于"衡平性"或"合目的性"的考量，给予公民以适当的补偿。

自无偿提交出版品义务案与湿采石法案后，1999 年，德国联邦宪法法院第一庭作出的古迹拆除案判决，[1]进一步发展了

---

[1] 该案的事实为：古迹拆除案的申请人为一家股份公司形态的工业公司，拥有一栋 19 世纪末建造且作为总裁宿舍的别墅。1981 年起，该建筑物闲置。申请人与文化资产主管机关都同意将该别墅列入待售建筑古迹清单，以寻找承租人。申请人亦同意，若政府愿意承受维护保存的责任，则公司愿意免费且长期将此建筑物作博物馆使用。政府当时估计整修费用约 100 万马克，每年维护费用约 30 万马克。因经费问题，政府不愿承担整修维护的责任，也没有任何私人愿意承租。于是在 1981 年，公司申请拆除该栋别墅。古迹主管机关不同意拆除申请，并要求将别墅列为文化资产加以保护。1983 年，该建筑物被正式列入保护。公司提出异议，主管机关驳回了公司的请求。公司又提起行政诉讼，地方行政法院依据专家的鉴定报告肯定该栋别墅为古迹，驳回公司请求。公司上诉至高等行政法院，高等行政法院认为，古迹要素的存在为唯一的判断依据，其他情状，特别是所有人的经济状况或保护标的在其他方面的利用可能性，在此一程序中无须加以考虑。

"三分法",并对衡平补偿条款应遵守的原则、适用范围及其界限作了详细阐述。首先,在什么情况下法律关于财产权内容与界限的规定能够成立衡平补偿条款?一般而言,即使在严重而可能显失公平的案例中,立法者原则上也可以贯彻他认为是维护公益所必要的财产权限制措施,只要他经由衡平性的预防措施避免财产权人不合比例原则的或不平等的负担,并且适度考量值得保护的信赖利益。[1]在某些特定的案例中,可以经由这类衡平补偿条款将一条原本应是不合比例原则或违反平等原则的确定财产权内容及其界限的规范变成合宪。但衡平补偿条款的成立并非宪法上一般性的许可方法。确定财产权内容及其界限的法律规定原则上也必须符合平等原则的要求。[2]只有当此种法律适用例外使财产权人陷入特别困苦的状态时,才能够考虑以衡平补偿的条款来维护合目的性的考量。需要注意的是,衡平补偿条款并非适用于所有案例。当公共利益与私人权益进行衡量后的结果是财产权人的利益特别值得保护,且并非只是纯粹的经济性利益,那么法律必须排除该确定财产权内容及其界限的规定的适用结果,以完全符合财产权保障的理念。其次,《基本法》第14条第1项第二句适用范围内的衡平补偿条款必须符合以下条件:其一,衡平补偿条款必须有制定法作为依据,即衡平补偿请求权的建立只能由立法者实行,同时应考虑政府的财政预算。其二,衡平补偿的方式不限于金钱补偿。基于《基本法》第14条第1项第一句的规定,国家应以采取防范措施为首要任务,在防范措施无法实现或需要耗费不合比例费用的情况下,才可以考虑经济性的衡平补偿。其三,立法者必须针对不合比例负担的衡平补偿的要件、种类与范围予以规定,

---

[1] BVerfGE 58, 137; BVerfGE 79, 174; BVerfGE 83, 201.
[2] BVerfGE 79, 174.

第六章 自然资源用途管制的法律救济机制

行政机关在执行管制措施时必须至少依据其原因来决定，是否在特定的情况下给予必要的衡平补偿。其四，衡平补偿条款应有相应的程序保障。权利人若认为其依据《基本法》第 14 条第 1 项第一句享有的财产权受到了不合比例原则的侵害，就必须通过行政诉讼程序请求撤销。如果其放任公权力行为发生效力，则他不得依据《基本法》第 14 条第 1 项第二句规定请求衡平补偿。[1]这就要求权利人必须在知道其拥有衡平补偿请求权的情况下才能够合理地作出决定，而这一点恰恰是衡平补偿制度适用的难点。因此，法律不能期待权利人对此有足够认识，而是要求立法者必须通过行政程序方面的法律来补充实体法上的衡平补偿的规定，以确保限制私人财产权的同时，针对必要情况给予财产权人衡平补偿请求权。

需要注意的是，在德国法上，衡平补偿是针对财产权内容与形式的过度限制而产生的一种补偿，同时亦因其性质而被作为弥补特别牺牲补偿遗漏的"兜底条款"。在财产权内容与形式过度限制的范围外，衡平补偿能够适用的情形仅在于利益受损的权利人不能获得特别牺牲补偿，或即使依法获得补偿，但该补偿仍不足以使权利人脱离因公权力行为所致的生活困苦的状态。不过，如果仅从补偿的角度来看，公益征收与财产权内容与形式的过度限制的补偿方式虽有主动和被动的差别，但补偿标准已由联邦宪法法院的判例确立为立法机关利益衡量要求下的公平补偿，[2]即一种介于交易价值拘束（Verkehrswertbindung）与全部补偿回旋空间（totaler Entschadigungsspielraum）之间的中间路

---

[1] BVerfGE 58, 300.
[2] Werner Weber, "Eigentum und Enteignung, in: Franz Leopold Neumann, Hans Carl Nipperdey und Ulrich Scheuner", *Die Grundrechte: Handbuch der Theorie und Praxis der Grundrechte*, Bd. Ⅱ, Duncker & Humblot, 1954, S. 388.

线（Mittelweg），[1]因而在补偿原则上呈现趋同的迹象。

以上对德国法的研究发现，尤其有关"三分法"所创设的衡平补偿制度，以及补偿原则的趋同等现象，对我国自然资源用途管制法律救济机制的构建具有启发性。从我国的情况来看，无论是管制行为的性质，还是补偿的原则或标准，都较为复杂和无序，也未能实现对公权力限制私人财产权益的行为的充分覆盖。正是基于此，或可从补偿的角度来完成这一任务。申言之，经由衡平补偿制度整合现有的补偿标准，以统一的补偿原则扩大征收概念的内涵，将自然资源用途管制法律救济机制纳入征收补偿制度。基于这一认识，结合衡平补偿的适用原则及界限，可对我国语境下的自然资源用途管制法律救济机制进行进一步讨论。

衡平补偿的构成要件分为一般要件及特别要件。一般要件是衡平补偿请求权产生时所必须共同具备、缺一不可的元素，包括公权力合法行为所致或受公权力合法行为结果的影响所致、财产权益价值减损、公共利益与私人利益的平衡、需有明确的衡平补偿条款存在以及向行使公权力的机关申请五个方面。其中，公权力合法行为所致或受公权力合法行为结果的影响所致这一要件包含三层含义：一是存在公权力行为；二是公权力行为有法律依据；三是财产权益受损与公权力行为间具有直接或间接的因果关系。财产权益价值减损要件则意味着衡平补偿的成立必须以财产权益的价值减损为前提，且衡平补偿填补不以财产权益的价值减损为限。明确的衡平补偿条款要件则指的是立法机关应当承担确立衡平补偿条款的义务，而行政机关及司法机关都没有权限直接创设衡平补偿的类型，亦无权代表法律决定是否应予补偿。行政机关应依据衡平补偿条款对符合条件

---

[1] Wilhelm Opfermann, *Die Enteignungsentschädigung nach dem Grundgesetz*, Duncker & Humblot, 1974, S. 33.

第六章 自然资源用途管制的法律救济机制

的情形主动予以补偿,只有在衡平补偿条款无个别事例的具体化范围内,方能依据该规定加以补充;司法机关则应以立法机关对补偿请求的范围与种类的规定作为解决纠纷的基础。以上三要件在国内学者讨论征收补偿或行政补偿要件的研究中都有涉及,在此不再赘述。[1]另有两点需要特别予以说明。首先,公共利益与私人利益的平衡要件指的是补偿的给付必须建立在公共利益与私人利益同等重要与公平衡量的基础上,不得预设某一方利益优于另一方而为的先天差别化衡量。在我国法制中,强调公共利益与私人利益的平衡作为构成要件,有其独特的意义。与德国、美国等国家征收补偿法制的自然产生与演变不同的是,我国并无内生的历史基础与理论积淀。因此,我们不能简单地从表象上来对二者间的关系下一个定论,从而得出所谓的公共利益先天优于私人财产权益论或是私人财产权益先天优于公共利益论。脱离了具体的历史时代和相应的社会共识,仅以某一种绝对化的理论来建构自然资源用途管制的法律救济机制,都会将制度的设计引入歧途。因而将公共利益与私人利益的平衡作为衡平补偿构成要件的意义既在于明确作为衡平补偿的原因的管制行为须以公益和私益衡量的结果为条件,同时也增强了公私益衡量在补偿原则和标准中的作用。其次,向行使公权力的机关申请是衡平补偿产生的应然要件。虽然从衡平补偿的概念来看,应由公权力机关主动向被管制人给付补偿。但是,在公权力行为针对的不是特定的主体或公权力行为与财产权价值减损间仅有间接的因果关系时,公权力机关负有向关系人提示可以申请衡平补偿的义务,而有权请求衡平补偿的公民则应当向公权力机关申报损失,再由公权力机关向其给付补偿。

---

[1] 参见王太高:《行政补偿制度研究》,苏州大学 2003 年博士学位论文;司坡森:《论国家补偿》,中国政法大学 2004 年博士学位论文。

即便如此，该要件之所以能够成为衡平补偿不可或缺的构成要件，原因在于一般情况下，被管制人也应当向公权力机关申报损失，作为公权力机关依法衡量公共利益与私人利益以确定具体补偿额度的依据。

除上述一般要件外，衡平补偿还应具备特别要件。特别要件与一般要件的不同之处在于，衡平补偿的成立不需要具备以下所有特别要件，只要满足任何一项即可。特别要件包括个人生活的困苦状况、信赖利益保护以及实质平等原则的违背三项。其中，个人生活的困苦状况是衡平补偿的特别要件中最主要和最为常见的一项，指的是因公权力行为对私人不动产财产权益的合法剥夺或限制，而导致公民个人生活陷入困苦状态。此处生活困苦的含义与社会保障或社会福利意义上的生活困苦是不同的，较其字面含义有所扩张。申言之，生活困苦不仅仅指的是公权力行为导致关系人陷入难以维生的实质困苦状态，也包括虽未达到实质困苦但满足一定条件的形式困苦状态。仅从生活困苦状态的概念来看，仍不足以明确何种情况下能够成立应予补偿的生活困苦状态，因而需要对生活困苦状态的判断标准进行具体的分析。

财产权不仅是一种个人权利，更是一种合理分配社会资源的制度，而资源总是不足和稀缺的。[1]因此，当公共利益与私人利益发生冲突时，政府面临的是应当保障哪一种利益的问题。无论政府的选择为何，都会造成另一方的利益受损，不存在同时促进双方利益的可能。[2]如果政府选择通过损害某些主体的

---

[1] Joseph W. Singer, *Entitlement: The Paradoxes of Property*, Yale University Press, 2000, pp. 134~143.

[2] Laura S. Underkuffler, "Property: A Special Right", *Notre Dame Law Review*, Vol. 71, 1996.

第六章 自然资源用途管制的法律救济机制

财产权益来促进其他主体的权益，那么其行为的实质就是对于社会财富的重新分配。而根据生活困苦状态的含义，可将其分为实质生活困苦状态和形式生活困苦状态两种类型，并以形式生活困苦状态的判定标准为主要原则，而以实质生活困苦状态的判定标准为次要原则。申言之，对管制行为的结果判断是否应予补偿一般按照是否成立形式生活困苦状态的标准，但如果管制行为的结果造成实质生活困苦状态，则即使未达到形式生活困苦的标准，亦应予以补偿。所谓形式生活困苦状态指的是管制行为的结果使权利人必须改变对财产原有的利用方式或以其他替代方式来实现财产的利用目的，而且改变生活的成本[1]要高于管制行为的总成本。所谓实质生活困苦状态指的是管制行为的结果使权益受损的公民难以维持基本的生活或丧失通过自己努力获得维持基本生活能力的机会。对于处在实质生活困苦状态的公民，即使此种状态并非由管制行为导致，国家亦应承担救助的义务。依据"举重以明轻"的法理，如果因管制行为的结果而使公民陷入实质生活困苦的状态，更应当予以补偿。

对于因管制行为侵害私人利益而使关系人陷入形式生活困苦状态的情形，应当予以适当的补偿。此种适当补偿的基础是受限制自然资源财产权益的市场价值，并围绕财产权益的市场价值而上下波动。对于因管制行为侵害私人利益而使关系人陷入实质生活困苦状态的情形，应当予以完全的补偿。此种完全补偿目的在于，至少令权益受损的关系人恢复被管制前的生活状态并有所促进，如果被管制前其也是处于实质生活困苦的状态，应保障关系人得以维持基本的社会生存权利。

---

[1] 参见［美］理查德·波斯纳：《法律的经济分析》（第7版），蒋兆康译，法律出版社2012年版，第77页。

(三) 用途管制法律救济的程序要件

虽然2004年《宪法修正案》已经明确了"国家为了公共利益的需要，可以依照法律规定对土地实行征收或者征用并给予补偿"，但征收补偿条款的第一次和第二次功能转向的重点仍是征收补偿的原则和标准。在《民法典》已经完成了价值保障功能和社会保障功能的制度设计的情况下，我们可以想见用途管制法律救济的完善方向——更大程度地保障财产权的存续，这也是化解自然资源用途管制制度主要矛盾的必然要求。

根据《民法典》第243条所确立的征收补偿条款的目的和功能，财产权存续保障的重点不在于不实施或少实施管制措施，而是要从合目的性的角度出发，体现对于人民权利的尊重。在公共利益概念的模糊和正当补偿要件完善的基础上，正当程序要件中被管制人的充分参与是不可逆转的发展趋势。为实现程序正义和实质正义的有机结合，应当让尽可能广泛的利害关系人，尽可能早期参与，尽可能充分表明意见，这就是正当程序基本的价值追求。[1]自然资源用途管制法律救济机制的完善，就是要让被管制人直接参与管制措施的确定，从而打破行政权力在征收上游程序中的垄断。不得不说，这对于被管制人权益的保障具有非常显著的进步意义。需要注意的是，过往的正当程序要件中的公共参与并非许可所有的被管制人都能够参与管制行为的启动。以集体土地用途管制为例，就是从保障农民权益的角度出发，将参与主体限缩为管制范围内农村集体经济组织和农民，一定程度上忽视了土地经营权人等利害关系人的利益。对此，应当将参与人扩张到所有在管制过程中利益受损的主体，由其组成被管制人团体或会议，通过多数决方式决定是

---

[1] 参见杨建顺：《论土地征收的正当程序》，载《浙江社会科学》2019年第10期。

否同意接受管制。

同时,《民法典》第 243 条明确了征收补偿中的政府责任,对于政府来说,足额的市价补偿于法有据,在责任承担上应无疑义;然而居住条件保障、生存保障与生活状态的保障等则无明确标准,是否需要以及按照何种标准提供相应保障,欠缺足够动力。如果完全由政府来决定生活保障的补偿标准,极易导致政府的财政错觉,即政府会认为按照市价对被管制人进行补偿已经足以弥补其财产权的损失,而不顾及被管制财产对权利人的其他内在价值。[1]反之,如果被管制人能够实质性地参与管制措施的实施,其必然会提出生活保障功能的需求,并作为启动用途管制的前提。

本章小结

关于用途管制的法律救济,传统观念一般将用途管制纳入财产权社会义务的范畴。在原则上无补偿的情况下,例外地承认财产权利遭受明显贬损时,可以综合考量价值减损的程度与容忍义务,赋予被管制人主张相应补偿的权利。然而,如果仅仅因为对财产权限制的行为不符合具体行政行为的要件,而对这种限制视而不见的话,似乎有悖财产权保障的目的。在海安金永发商店诉江苏省交通运输厅港航事业发展中心交通设施建设行为案中,法院事实上形成了以严重性标准和价值减损标准来判断是否应当对用途管制措施导致的财产权限制进行补偿,即一方面考察用途管制措施对财产权的损害程度,如果达到严重影响权利内容的程度,则允许被管制人主张获得补偿;另一

---

[1] James G. Durham, "Efficient Just Compensation as a Limit on Eminent Domain", *Minnesota Law Review*, Vol. 69, 1985.

方面，即使财产权的价值减损已经达到严重的程度，仍需考量该价值贬损是否属于社会义务的范围。从表面来看，同时适用严重性标准和价值减损标准可能造成逻辑上的冲突，并会令判断的结果趋向不予补偿因用途管制措施而受到的财产权限制；但在本质上，法院已经暂时抛弃了对管制行为性质和内容的考察，而将视线转向从合目的性的角度，来建构用途管制的法律救济路径。这一做法的先进意义，既在于对新形势下国土空间用途管制根本目的的回应，也与征收制度在世界范围内的演进历程完全契合。现行《土地管理法》将最大限度保障被征地农民的权益作为修法的重点，提出征收土地应当给予公平合理的补偿，保障被征地农民原有生活水平不降低、长远生计有保障。《民法典》与《土地管理法》相衔接，明确了土地征收补偿的范围和标准，并对其他类型的不动产征收进行了规定。与旧法相比，《民法典》第243条和《土地管理法》第48条在征收补偿条款的内容上出现了较大变化，其功能也转向了更加先进的方向，也为自然资源用途管制法律救济机制的未来发展指明了道路。

参考文献

一、中文文献

(一) 中文著作

1. 《马克思恩格斯全集》(第1、2、30卷),人民出版社1995年版。
2. 《马克思恩格斯全集》(第1、23、46卷),人民出版社1972年版。
3. 《马克思恩格斯文集》(第1、2卷),人民出版社2009年版。
4. [美]爱德华·W. 苏贾:《后现代地理学——重申批判社会理论中的空间》,王文斌译,商务印书馆2004年版。
5. [美]Edward W. Soja:《第三空间——去往洛杉矶和其他真实和想象地方的旅程》,陆扬等译,上海教育出版社2005年版。
6. [英]艾琳·麦克哈格等主编:《能源与自然资源中的财产和法律》,胡德胜等译,北京大学出版社2014年版。
7. 包亚明主编:《现代性与空间的生产》,上海教育出版社2003年版。
8. [英]边沁:《道德与立法原理导论》,时殷弘译,商务印书馆2000年版。
9. 程烨等:《土地用途分区管制研究》,地质出版社2003年版。
10. 陈小君等:《农村土地法律制度研究——田野调查解读》,中国政法大学出版社2004年版。
11. 陈新民:《德国公法学基础理论》(增订新版·上卷),法律出版社2010年版。
12. 陈广胜:《走向善治——中国地方政府的模式创新》,浙江大学出版社2007年版。

13. 蔡运龙编著:《自然资源学原理》(第2版),科学出版社2007年版。
14. 蔡维音:《社会国之法理基础》,正典出版文化有限公司2001年版。
15. 崔建远主编:《自然资源物权法律制度研究》,法律出版社2012年版。
16. 陈明灿:《土地法专题研究》,元照出版公司2008年版。
17. 董祚继等:《"多规合一"的理论与实践》,浙江大学出版社2017年版。
18. 丁四保等编著:《区域生态补偿的方式探讨》,科学出版社2010年版。
19. [美]大卫·D. 哈维:《新自由主义简史》,王钦译,上海译文出版社2010年版。
20. [美]大卫·弗里德曼:《经济学语境下的法律规则》,杨欣欣译,法律出版社2004年版。
21. 党国英:《土地制度改革要坚持用途管制》,载《中国土地》2010年第6期。
22. [美]丹尼尔·F. 史普博:《管制与市场》,余晖等译,格致出版社、上海三联书店、上海人民出版社1999年版。
23. 冯雷:《理解空间:20世纪空间观念的激变》,中央编译出版社2017年版。
24. 房绍坤等:《公益征收法研究》,中国人民大学出版社2011年版。
25. [美]盖多·卡拉布雷西、菲利普·伯比特:《悲剧性选择——对稀缺资源进行悲剧性分配时社会所遭遇到的冲突》,徐品飞、张玉华、肖逸尔译,北京大学出版社2005年版。
26. [日]广松涉:《唯物史观的原像》,邓习议译,南京大学出版社2009年版。
27. [法]亨利·列斐伏尔:《空间与政治》(第2版),李春译,上海人民出版社2015年版。
28. [法]亨利·列斐伏尔:《日常生活批判》(第1卷),叶齐茂、倪晓晖译,社会科学文献出版社2018年版。
29. 黄锡生:《自然资源物权法律制度研究》,重庆大学出版社2012年版。
30. 侯爱敏:《权力·空间视野下的生态环境建设与管理》,东南大学出版社2016年版。
31. [美]J. 格里高利·西达克、丹尼尔·F. 史普博:《美国公用事业的竞争转型：放松管制与管制契约》，宋华琳等译，上海人民出版社 2012 年版。

32. 金俭：《不动产财产权自由与限制研究》，法律出版社 2007 年版。
33. ［韩］金东熙：《行政法Ⅰ》（第 9 版），赵峰译，中国人民大学出版社 2008 年版。
34. ［加］简·雅各布斯：《美国大城市的死与生》，金衡山译，译林出版社 2006 年版。
35. 江必新等：《国家治理现代化——十八届三中全会〈决定〉重大问题研究》，中国法制出版社 2014 年版。
36. ［法］卢梭：《社会契约论》，何兆武译，商务印书馆 2003 年版。
37. 林密：《意识形态、日常生活与空间——西方马克思主义社会再生产理论研究》，中国社会科学出版社 2016 年版。
38. 刘怀玉：《现代性的平庸与神奇：列斐伏尔日常生活批判哲学的文本学解读》，中央编译出版社 2006 年版。
39. 刘海江：《马克思哲学视域中的物权问题》，人民出版社 2013 年版。
40. 刘俊：《土地所有权国家独占研究》，法律出版社 2008 年版。
41. 李明义、段胜辉编著：《现代产权经济学》，知识产权出版社 2008 年版。
42. 王慧编译：《美国环境法的改革——规制效率与有效执行》，法律出版社 2016 年版。
43. ［英］迈克·费恩塔克：《规制中的公共利益》，戴昕译，中国人民大学出版社 2014 年版。
44. ［美］罗纳德·H. 科斯等：《财产权利与制度变迁——产权学派与新制度学派译文集》，刘守英等译，格致出版社、上海三联书店、上海人民出版社 2014 年版。
45. ［美］罗伯特·考特、托马斯·尤伦：《法和经济学》（第 5 版），史晋川等译，格致出版社、上海三联书店、上海人民出版社 2010 年版。
46. ［英］洛克：《政府论》（下），叶启芳、瞿菊农译，商务印书馆 1964 年版。
47. ［法］孟德斯鸠：《论法的精神》（下册），张雁深译，商务印书馆 1963

年版。

48. ［法］让-雅克·拉丰、让·梯若尔：《政府采购与规制中的激励理论》，石磊、王永钦译，上海三联书店、上海人民出版社2004年版。
49. 任世丹：《重点生态功能区生态补偿立法研究》，法律出版社2020年版。
50. ［德］弗里德里希·卡尔·冯·萨维尼：《论占有》，朱虎、刘智慧译，法律出版社2007年版。
51. 史尚宽：《土地法原论》，正中书局1975年版。
52. ［美］唐纳德·A.威特曼编：《法律经济学文献精选》，苏力等译，法律出版社2006年版。
53. ［美］汤姆·蒂坦伯格、琳恩·刘易斯：《环境与自然资源经济学》（第8版），王晓霞等译，中国人民大学出版社2011年版。
54. 行政法学会主编：《资讯法制、土地规划与损失补偿之新趋势》，元照出版公司2010年版。
55. 吴次芳、谭永忠、郑红玉：《国土空间用途管制》，地质出版社2020年版。
56. 王铁雄：《征收补偿与财产权保护研究》，中国法制出版社2011年版。
57. 谢哲胜：《财产法专题研究》（二），元照出版公司1999年版。
58. 许海清：《国家治理体系和治理能力现代化》，中共中央党校出版社2013年版。
59. ［美］Y.巴泽尔：《产权的经济分析》，费方域、段毅才译，格致出版社、上海三联书店、上海人民出版社1997年版。
60. 叶百修：《损失补偿法》，新学林出版有限公司2011年版。
61. 叶百修：《从财产权保障观点论公用征收制度》，自刊1989年版。
62. ［英］朱迪·丽丝：《自然资源：分配、经济学与政策》，蔡运龙等译，商务印书馆2002年版。
63. 周枏：《罗马法原论》（上册），商务印书馆1994年版。
64. 周林彬、董淳锷：《法律经济学》，湖南人民出版社2008年版。
65. 庄友刚：《空间生产的历史唯物主义阐释》，苏州大学出版社2017年版。

66. 张一兵主编:《社会批判理论纪事》(第 1 缉),中央编译出版社 2006 年版。
67. 张宇、柳欣主编:《论马克思主义经济学的分析范式》,经济科学出版社 2005 年版。
68. [美]詹姆斯·奥康纳:《自然的理由——生态学马克思主义研究》,唐正东、臧佩洪译,南京大学出版社 2003 年版。
69. 中国城市规划学会编:《共享与品质——2018 中国城市规划年会论文集》,中国建筑工业出版社 2018 年版。
70. 中国城市规划学会主编:《活力城乡 美好人居——2019 中国城市规划年会论文集》,中国建筑工业出版社 2019 年版。

(二) 中文报纸期刊

1. 毕云龙等:《完善国土空间用途管制制度的再思考》,载《中国国土资源经济》2020 年第 4 期。
2. 白洋、杨晓春:《论环境法生态整体主义意蕴及其实现进路》,载《山东理工大学学报(社会科学版)》2019 年第 1 期。
3. 北京市习近平新时代中国特色社会主义思想研究中心:《深刻理解"两山"理念的科学蕴含》,载《光明日报》2019 年 10 月 10 日。
4. 程雪阳:《新〈土地管理法〉土地用途管制制度改革的得与失》,载《中国法律评论》2019 年第 5 期。
5. 程雪阳:《合宪性视角下的成片开发征收及其标准认定》,载《法学研究》2020 年第 5 期。
6. 陈锡文:《土地产权和用途管制须平衡》,载《中国合作经济》2014 年第 2 期。
7. 陈晓芳:《用途管制下的土地指标交易法律构造》,载《北京大学学报(哲学社会科学版)》2016 年第 3 期。
8. 蔡维音:《财产权之保护内涵与释义学结构》,载《成大法学》2006 年第 11 期。
9. 常纪文:《科学理解和实践"两山"理论的思考》,载《中国环境报》2019 年 12 月 23 日。
10. 成金华、尤喆:《"山水林田湖草是生命共同体"原则的科学内涵与实践路径》，载《中国人口·资源与环境》2019 年第 2 期。
11. ［荷］多米尼克·斯特德、文森特·纳丁：《欧洲空间规划体系和福利制度：以荷兰为例》，许玫译，载《国际城市规划》2009 年第 2 期。
12. 邓武功等：《英国国家公园规划及其启示》，载《北京林业大学学报（社会科学版）》2019 年第 2 期。
13. 冯昌中：《我国征地制度变迁》，载《中国土地》2001 年第 9 期。
14. 房绍坤：《土地征收制度的立法完善——以〈土地管理法修正案草案〉为分析对象》，载《法学杂志》2019 年第 4 期。
15. 甘藏春：《重温〈土地管理法〉的全面修订》，载《中国土地》2011 年第 10 期。
16. 甘藏春：《论土地法制建设指导思想的转变》，载《中国土地科学》1996 年第 5 期。
17. 郭洁：《土地用途管制模式的立法转变》，载《法学研究》2013 年第 2 期。
18. 郭湛、谭清华：《公共利益：马克思唯物史观的解读》，载《哲学研究》2008 年第 5 期。
19. 龚健等：《面向自然资源统一管理的国土空间规划用地分类体系及用途管制探索》，载《规划师》2020 年第 10 期。
20. 巩固：《自然资源国家所有权公权说》，载《法学研究》2013 年第 4 期。
21. ［英］格里·斯托克：《作为理论的治理：五个论点》，华夏风译，载《国际社会科学杂志（中文版）》1999 年第 1 期。
22. 胡潇：《空间的社会逻辑——关于马克思恩格斯空间理论的思考》，载《中国社会科学》2013 年第 1 期。
23. 胡立法：《产权理论：马克思与科斯的比较中需要厘清的几个问题》，载《毛泽东邓小平理论研究》2009 年第 2 期。
24. 黄征学、蒋仁开、吴九兴：《国土空间用途管制的演进历程、发展趋势与政策创新》，载《中国土地科学》2019 年第 6 期。
25. 黄征学、张燕：《完善空间治理体系》，载《中国软科学》2018 年第 10 期。

26. 黄征学、祁帆：《从土地用途管制到空间用途管制：问题与对策》，载《中国土地》2018 年第 6 期。

27. 黄征学、潘彪：《主体功能区规划实施进展、问题及建议》，载《中国国土资源经济》2020 年第 4 期。

28. 黄征学、祁帆：《完善国土空间用途管制制度研究》，载《宏观经济研究》2018 年第 12 期。

29. 黄贤金等：《区域土地用途管制的不同方式》，载《南京大学学报（自然科学版）》2003 年第 3 期。

30. 黄玥：《完善自然资源产权和用途管制的制度研究》，载《环境与可持续发展》2015 年第 3 期。

31. 黄宏源、董丽萍、郭洪泉：《台湾空间保护区域的土地使用管制原则》，载《中国土地》2017 年第 10 期。

32. 黄忠：《成片开发与土地征收》，载《法学研究》2020 年第 5 期。

33. 黄宗乐：《土地征收补偿法上若干问题之探讨》，载《台大法学论丛》1992 年第 1 期。

34. 韩立新：《从费尔巴哈的异化到黑格尔的异化：马克思的思想转变——〈对黑格尔的辩证法和整个哲学的批判〉的一个解读》，载《思想战线》2009 年第 6 期。

35. 郝庆：《对机构改革背景下空间规划体系构建的思考》，载《地理研究》2018 年第 10 期。

36. 何明俊：《改革开放 40 年空间型规划法制的演进与展望》，载《规划师》2018 年第 10 期。

37. 贺来、张欢欢：《"人的本质是一切社会关系的总和"意味着什么》，《学习与探索》2014 年第 9 期。

38. 侯俊等：《我国饮用水水源地保护法规体系现状及建议》，载《水资源保护》2009 第 1 期。

39. 焦居仁：《生态修复的探索与实践》，载《中国水土保持》2003 年第 1 期。

40. 蒋志刚：《论野生动物栖息地的立法保护》，载《生物多样性》2016 年第 8 期。

41. 孔得建：《论无线电频谱资源的物权客体属性——兼评〈物权法〉第50条之规定》，载《上海政法学院学报（法治论丛）》2012年第3期。

42. ［美］Roger L. Conkling：《能源定价经济学与原理》，夏晓华等译，机械工业出版社2014年版。

43. ［美］约翰·罗尔斯：《正义论》，何怀宏、何包钢、廖申白译，中国社会科学出版社1988年版。

44. 林坚等：《论空间规划体系的构建——兼析空间规划、国土空间用途管制与自然资源监管的关系》，载《城市规划》2018年第5期。

45. 林森：《野生动物保护若干理论问题研究》，中央民族大学2013年博士学位论文。

46. 刘海江、萧诗美：《异化思想的辩证演绎：黑格尔、费尔巴哈与马克思》，载《武汉大学学报（人文科学版）》2016年第6期。

47. 刘书楷：《论土地使用管制——土地用途管制和耕地保护与中国社会经济可持续发展》，载《中国土地科学》1997年第6期。

48. 刘文甲：《用途管制大于产权》，载《中国土地》2009年第7期。

49. 刘向民：《中美征收制度重要问题之比较》，载《中国法学》2007年第6期。

50. 刘燕：《论"三生空间"的逻辑结构、制衡机制和发展原则》，载《湖北社会科学》2016年第3期。

51. 刘福森：《生态文明建设中的几个基本理论问题》，载《光明日报》2013年1月15日。

52. 刘亚秋：《新形势下的无线电频谱监测》，载《上海信息化》2016年第11期。

53. 黎庶乐：《生态文明建设与构建人类命运共同体》，载《光明日报》2018年6月4日。

54. 鲁达非、江曼琦：《城市"三生空间"特征、逻辑关系与优化策略》，载《河北学刊》2019年第2期。

55. 李林林、靳相木、吴次芳：《国土空间规划立法的逻辑路径与基本问题》，载《中国土地科学》2019年第1期。

56. 李华：《论我国水生态安全的法制保障》，载《理论观察》2010年第

2 期。

57. 《动态频谱管理技术：从认知无线电到人工智能》，载《电子元器件与信息技术》2017 年第 5 期。

58. 李爱年、肖和龙：《英国国家公园法律制度及其对我国国家公园立法的启示》，载《时代法学》2019 年第 4 期。

59. 李长健、张兵、袁蓉婧：《农村土地的社会保障功能与农村土地制度的完善——兼论农民权益保护问题》，载《农村经济》2009 年第 5 期。

60. 李博炎等：《国际经验对我国国家公园立法的启示》，载《环境与可持续发展》2017 年第 5 期。

61. 穆松林等：《土地发展权及其与土地用途管制的关系》，载《农村经济》2009 年第 11 期。

62. 马洪超：《地下水保护的制度路径》，载《中国社会科学报》2015 年 6 月 12 日。

63. 马俊杰：《无线电频谱管理现状、问题及对策研究》，载《内蒙古科技与经济》2017 年第 7 期。

64. 孟祥舟、林家彬：《对完善我国土地用途管制制度的思考》，载《中国人口·资源与环境》2015 年第 S1 期。

65. 倪旭佳、王峰：《法律视野中无线电频谱资源——我国无线电频谱所有权制度的完善方向》，载《北京理工大学学报（社会科学版）》2009 年第 3 期。

66. 彭健：《对进一步完善我国频谱资源收费体系的思考》，载《数字通信世界》2016 年第 6 期。

67. 彭健：《中国无线电频谱拍卖现状》，载《上海信息化》2016 年第 11 期。

68. 祁帆等：《自然资源用途管制制度研究》，载《国土资源情报》2017 年第 9 期。

69. 乔洪武：《实现人的自由全面发展的基本条件》，载《科学社会主义》2004 年第 6 期。

70. 沈守愚：《浅议土地用途管制的有关法律问题》，载《中国土地》1998 年第 1 期。

71. 沈镭:《守住自然生态安全边界》,载《中国自然资源报》2021 年 4 月 21 日。

72. 沈悦、刘天科、周璞:《自然生态空间用途管制理论分析及管制策略研究》,载《中国土地科学》2017 年第 12 期。

73. 孙佑海:《〈土地管理法〉的历史回顾和修改建议》,载《国土资源导刊》2009 年第 11 期。

74. 孙建伟:《土地开发权应作为一项独立的财产权》,载《东方法学》2018 年第 5 期。

75. 孙全胜:《论马克思"空间生产"的理论形态》,载《上海师范大学学报(哲学社会科学版)》2020 年第 3 期。

76. 孙全胜:《论马克思"空间生产"生态批判伦理的路径及启示》,载《内蒙古社会科学》2020 年第 2 期。

77. 苏永钦:《财产权的保障与大法官解释》,载《宪政时代》第 42 卷第 3 期。

78. 单平基:《自然资源国家所有权性质界定》,载《求索》2010 年第 12 期。

79. 税兵:《自然资源国家所有权双阶构造说》,载《法学研究》2013 年第 4 期。

80. 史瑾瑾:《省级矿产资源规划中矿业权设置区划编制浅析》,载《中国国土资源经济》2020 年第 3 期。

81. 唐孝辉:《自然资源产权与用途管制的冲突与契合》,载《学术探索》2014 年第 10 期。

82. 田海平:《"水"伦理的生态理念及其道德亲证》,载《河海大学学报(哲学社会科学版)》2012 年第 1 期。

83. [美] W. 基普·维斯库斯、小约瑟夫·E. 哈林顿、约翰·M. 弗农:《反垄断与管制经济学》(第 4 版),陈甬军等译,中国人民大学出版社 2010 年版。

84. 吴易风:《产权理论:马克思和科斯的比较》,载《中国社会科学》2007 年第 2 期。

85. 吴迪松:《无线电频率占用费收费标准探讨》,载《中国无线电》2016 年第 2 期。

86. 文贯中:《用途管制要过滤的是市场失灵还是非国有土地的入市权——与陈锡文先生商榷如何破除城乡二元结构》,载《学术月刊》2014年第8期。

87. 万江:《土地用途管制下的开发权交易——基于指标流转实践的分析》,载《现代法学》2012年第5期。

88. 魏莉华:《美国土地用途管制制度及其借鉴》,载《中国土地科学》1998年第3期。

89. 王静等:《土地用途分区管制的理性分析与实施保障》,载《中国土地科学》2003年第3期。

90. 王建华、何凡:《承载力视域下的水资源消耗总量和强度双控行动认知解析》,载《中国水利》2016年第23期。

91. 王旭:《论自然资源国家所有权的宪法规制功能》,载《中国法学》2013年第6期。

92. 王克稳:《论自然资源国家所有权权能》,载《苏州大学学报(哲学社会科学版)》2018年第1期。

93. 王一文、刘洪先:《我国水功能区管理立法现状与推进建议》,载《中国水利》2012年第18期。

94. 王威、胡业翠、张宇龙:《三生空间结构认知与转化管控框架》,载《中国土地科学》2020年第12期。

95. 王涌:《自然资源国家所有权三层结构说》,载《法学研究》2013年第4期。

96. 王西琴、张远:《我国七大流域河道生态用水现状评价》,载《自然资源学报》2008年第1期。

97. 王应临、杨锐、[英]埃卡特·兰格:《英国国家公园管理体系评述》,载《中国园林》2013年第9期。

98. 温权:《列斐伏尔城市批判理论的空间辩证法内涵》,载《求是学刊》2019年第4期。

99. 许敬、胡继连:《水资源用途管制制度研究》,载《山东农业大学学报(社会科学版)》2009年第1期。

100. 许中缘、崔雪炜:《集体土地征收补偿制度的功能定位》,载《浙江社会科学》2019 年第 10 期。

101. 许迎春、刘琦、文贯中：《我国土地用途管制制度的反思与重构》，载《城市发展研究》2015 年第 7 期。

102. 许浩：《日本国立公园发展、体系与特点》，载《世界林业研究》2013 年第 6 期。

103. 徐艳玲：《略论森林分类经营现状及对策》，载《科技创新与应用》2013 年第 10 期。

104. 徐祥民：《自然资源国家所有权之国家所有制说》，载《法学研究》2013 年第 4 期。

105. 薛稷：《21 世纪以来国外马克思主义空间批判理论的发展格局、理论形态与当代反思》，载《南京社会科学》2019 年第 8 期。

106. 邢鸿飞：《论作为财产权的水权》，载《河北法学》2008 年第 2 期。

107. 夏欢、杨耀森：《香港生态空间用途管制经验及启示》，载《中国国土资源经济》2018 年第 7 期。

108. 夏方舟、杨雨濛、陈昊：《基于自由家长制的国土空间用途管制改革探讨》，载《中国土地科学》2018 年第 8 期。

109. 肖金成：《实施主体功能区战略 建立空间规划体系》，载《区域经济评论》2018 年第 5 期。

110. 肖泽晟：《宪法意义上的国家所有权》，载《法学》2014 年第 5 期。

111. 邢文秀等：《重构空间规划体系：基本理念、总体构想与保障措施》，载《海洋开发与管理》2018 年第 11 期。

112. 杨一介：《宅基地使用权规制规则反思：冲突与回应》，载《云南大学学报（社会科学版）》2018 年第 4 期。

113. 杨明：《全面深化改革的马克思主义意蕴》，载《红旗文稿》2018 年第 18 期。

114. 杨浚：《从空间维度到时间维度的规划体系和实施机制重塑——北京总规实施总体制度设计的初步构想》，载《北京规划建设》2018 年第 4 期。

115. 杨松龄：《财产权保障与公用征收补偿之研究》，载《经社法制论丛》1992 年第 9 期。

116. 杨海霞:《解读全国主体功能区规划 专访国家发展改革委秘书长杨伟民》,载《中国投资》2011年第4期。

117. 杨建顺:《论土地征收的正当程序》,载《浙江社会科学》2019年第10期。

118. 岳文泽、王田雨:《中国国土空间用途管制的基础性问题思考》,载《中国土地科学》2019年第8期。

119. 袁治杰:《德国土地征收补偿法律机制研究》,载《环球法律评论》2016年第3期。

120. 叶榅平:《自然资源国家所有权的双重权能结构》,载《法学研究》2016年第3期。

121. 叶红玲:《从30多年来法律制度体系的建设看我国土地用途管制的核心目标》,载《中国土地》2020年第6期。

122. 尤清:《所有权保障与土地征收补偿》,载《地政论坛》1980年第2期。

123. 余亮亮、蔡银莺:《国土空间用途管制的区域发展不平衡效应研究进展》,载《土地经济研究》2018年第1期。

124. 于向东:《以人民为中心思想的深刻内涵》,载《光明日报》2018年7月26日。

125. 周尚君:《对财产权问题的法哲学思考——从〈巴黎手稿〉重新审视》,载《求是学刊》2012年第6期。

126. 周戡等:《美国国家公园自然资源管理:原则、问题及启示》,载《北京林业大学学报(社会科学版)》2020年第4期。

127. 张全景、欧名豪:《我国土地用途管制之耕地保护绩效的定量研究——以山东省为例》,载《中国人口·资源与环境》2004年第4期。

128. 张全景、欧名豪、王万茂:《中国土地用途管制制度的耕地保护绩效及其区域差异研究》,载《中国土地科学》2008年第9期。

129. 张先贵:《法教义学视角下我国土地用途管制权概念:重释与厘定——基于〈土地管理法〉修改背景下的审思》,载《河北法学》2019年第2期。

130. 张先贵:《我国土地用途管制改革的法理求解》,载《法学家》2018年第4期。

131. 张先贵：《国土空间规划体系建立下的土地规划权何去何从?》，载《华中科技大学学报（社会科学版）》2021年第2期。
132. 张群、吴次芳：《我国土地用途管制的制度演变与优化路径》，载《中国土地》2019年第3期。
133. 张兵等：《城镇开发边界与国家空间治理——划定城镇开发边界的思想基础》，载《城市规划学刊》2018年第4期。
134. 张忠利：《生态文明建设视野下空间规划法的立法路径研究》，载《河北法学》2018年第10期。
135. 张兴茂：《马克思所有制与产权理论研究》，载《河南大学学报（社会科学版）》2001年第4期。
136. 张丽君、时述凤、杨天礼：《我国农业灌溉用水定额编制和应用现状》，载《中国水利》2014年第9期。
137. 张晓玲、吕晓：《国土空间用途管制的改革逻辑及其规划响应路径》，载《自然资源学报》2020年第6期。
138. 张翔：《国家所有权的具体内容有待立法形成》，载《法学研究》2013年第4期。
139. 张璐：《气候资源国家所有之辩》，载《法学》2012年第7期。
140. 张军锋等：《黄河流域城市饮用水源地安全保障对策措施》，载《人民黄河》2013年第10期。
141. 张远等：《流域水生态安全评估方法》，载《环境科学研究》2016年第10期。
142. 张晏：《国家公园内保护地役权的设立和实现——美国保护地役权制度的经验和借鉴》，载《湖南师范大学社会科学学报》2020年第3期。
143. 张梧：《空间理论的理论空间》，载《理论视野》2016年第11期。
144. 赵毓芳、祁帆、邓红蒂：《生态空间用途管制的八大特征变化》，载《中国土地》2019年第5期。
145. 赵海月、赫曦滢：《列斐伏尔"空间三元辩证法"的辨识与建构》，载《吉林大学社会科学学报》2012年第2期。
146. 赵星烁、邢海峰、胡若函：《欧洲部分国家空间规划发展经验及启示》，载《城乡建设》2018年第12期。

147. 赵文斌：《重庆广阳岛：建设人与自然和谐共生的最优价值生命共同体》，载 https://mp.weixin.qq.com/s?__biz=MjM5NTk2MjY1Mw==&mid=2651323565&idx=2&sn=4a558818038726f4692218e07eeee4b6&chksm=bd03d6df8a745fc95532d27eb8a908f6f410d6c349f5e74811ba1efd2a663cf1e22bdd4dbc85&scene=27，2024 年 7 月 1 日访问。
148. 赵自轩：《公共地役权在我国街区制改革中的运用及其实现路径探究》，载《政治与法律》2016 年第 8 期。
149. 曾文革、余元铃、许恩信：《中国水资源保护问题及法律对策》，载《重庆大学学报（社会科学版）》2008 年第 6 期。
150. 朱广新：《房屋征收补偿范围与标准的思考》，载《法学》2011 年第 5 期。

（三）其他中文文献

1. ［2016］最高法行申 2902 号。
2. ［2017］最高法行申 169 号。
3. ［2018］最高法行申 1225 号。
4. ［2018］最高法行申 5127 号。
5. ［2019］最高法行申 2151 号。
6. ［2019］最高法行申 7702 号。
7. ［2019］最高法行申 5186 号。
8. ［2020］最高法行申 3749 号。
9. ［2020］最高法行申 5815 号。
10. ［2020］最高法行申 5952 号。
11. ［2020］最高法行申 9022 号。
12. 邰永昌：《中国土地使用管制法律制度研究》，重庆大学 2007 年博士学位论文。
13. 司坡森：《论国家补偿》，中国政法大学 2004 年博士学位论文。
14. 杨惠：《土地用途管制法律制度研究》，西南政法大学 2010 年博士学位论文。
15. 张全景：《我国土地用途管制制度的耕地保护绩效研究》，南京农业大学 2007 年博士学位论文。

16. 《中国土地学会625论坛——第十六个全国"土地日":依法合理用地促进科学发展论文集》,2006年。

二、外文文献

(一)外文著作

1. Alfred E. Kahn, *The Economics of Regulation: Principles and Institutions*, MIT Press, 1988.
2. Alfred W. B. Simpson, *An Introduction to The History of The Land Law*, Oxford University Press, 1979.
3. Alan Watson, *Legal Transplants: An Approach to Comparative Law*, University of Georgia Press, 1993.
4. Bernard H. Siegan, *Economic Liberties and the Constitution*, University of Chicago Press, 1980.
5. Bruno Schmidt-Bleibtreu, Franz Klein, *Kommentar zum Grundgesetz*, 11 Auflage, Luchterhand, 2008.
6. Bernd von Maydell, Franz Ruland, *Sozialrechtshandbuch*, Nomos, 2003.
7. Bruce A. Ackerman, *Private Property and the Constitution*, Yale University Press, 1977.
8. C. J. Friedrich (ed.), *Nomos V: The Public Interest*, Atherton Press, 1962.
9. Crawford Brough Macpherson, *The Political Theory of Possessive Individualism: Hobbes to Locke*, Oxford University Press, 1975.
10. Crawford Brough Macpherson, *The Rise and Fall of Economic Justice and Other Essays*, Oxford University Press, 1987.
11. David Dana & Thomas W. Merrill, *Property: Takings*, Foundation Press, 2002.
12. David W. Pearce & Ingo Walter (ed.), *Resource Conservation: Social and Economic Dimensions of Recycling*, New York University Press, 1977.
13. DavidAndrew Schultz, *Property, Power, and American Democracy*, Transaction Books, 1992.
14. Ernst Benda, Werner Maihofer, Hans Jochen Vogel, *Handbuch des Verfas-*

sungsrechts der Bundesrepublik Deutschland, 2 Auflage, W. de Gruyter, 1994.
15. Ernst Rudolf Huber, Wirtschaftsverwaltungsrecht, Bd. II, 2 neubearb. und erweiterte Auflage, Mohr, 1954.
16. Ernst Forsthoff, Lehrbuch des Verwaltungsrechts, Bd. I, C. H. Beck, 1973.
17. Eberhard Eichenhofer, Sozialrecht, 4 Auflage, Mohr, 2003.
18. F. Sorauf, The Conceptual Muddle, in: C. J. Friedrich (ed.), Nomos V: The Public Interest, Atherton Press, 1962.
19. Franz Mayer, Ferdinand Otto Kopp, Allgemeines Verwaltungsrecht, 5 Auflage, Boorberg, 1985.
20. Friedrich Wilhelm Giese, Der öffentlich-rechtliche Aufopferungsanspruch, F. Enke, 1936.
21. Franz Leopold Neumann, Hans Carl Nipperdey, Ulrich Scheuner, Die Grundrechte: Handbuch der Theorie und Praxis der Grundrechte, Duncker & Humblot, 1954.
22. Georg Brandl, Das Sozialstaatsprinzip als subsidiäre Anspruchsgrundlage für nicht ausdrücklich normierte soziale Grundrechte, R. G. Fischer, 1989.
23. Gerhard Anschütz, Die Verfassungsurkunde für den Preußischen Staat vom 31. Januar 1850: ein Kommentar für Wissenschaft und Praxis, Scientia Verlag, 1974.
24. Gerhard Anschütz, Kommentar zur Weimarer Reichsverfassung, 14 Auflage, 1933.
25. Gerhard Anschütz, Die Verfassung des Deutschen Reichs vom 11. August 1919, G. Stilke, 1921.
26. George Skouras, Takings Law and the Supreme Court: Judicial Oversight of the Regulatory State's Acquisition, Use, and Control of Private Property, Peter Lang, 1998.
27. Hugo Grotius, Drei Bücher über das Recht des Kriegs und Friedens: in Welchem das Natur und Völkerrecht und das Wichtigste aus dem öffentlichen Recht Erklärt Werden, Bd. I, L. Heimann, 1877.
28. Henri Lefebvre, The Production of Space, Translated by Donald Nicholson-Smith, Blackwell Publishers Inc., 1991.
29. Henri Lefebvre, Writings on Cities, Translated and Edited by Eleonore Kofman &

Elizabeth Lebas, Blackwell Publishing Inc., 2000.
30. Hans Queck, *Reichsenteignungsrecht: die Gesetze des Reiches über Enteignung von Grundeigentum*, Fr. Vahlen, 1936.
31. Hartmut Maurer, *Allgemeines Verwaltungsrecht*, C. H. Beck, 1986.
32. Hartmut Maurer, *Staatsrecht* Ⅰ, 3 Auflage, C. H. Beck, 2003.
33. Joseph W. Singer, *Introduction to Property*, Aspen Publishers, 2001.
34. Jeremy Bentham, *Theory of Legislation*, Vol. Ⅰ, Translated form the French of Etienne Dumont by R. Hildreth, Weeks, Jordan, & Company, 1840.
35. Josef Isensee, Paul Kirchhof, *Handbuch des Staatsrechts*, Bd. Ⅵ., 2001.
36. Jens Schulthes, *Die Höhe der Enteignungsentschädigung vom Preussischen Enteignungsgesetz bis zum Bundesbaugesetz*, Deutwches Volksheimstättenwerk, 1965.
37. Konrad Hesse, *Grundzüge des Verfassungsrechts der Bundesrepublik Deutschland*, 20 Auflage, C. F. Müller, 1995.
38. Klaus Stern, *Staatsrecht* Ⅰ, C. H. Beck, 1980.
39. Karl Michaelis, *Die Deutschen und ihr Rechtsstaat*, Walter de Gruyter, 1980.
40. Keith Bassett & John Rennie Short, *Housing and Residential Structure: Alternative Approaches*, Roudedge & Kegan Paul, 1980.
41. Lawrence C. Becker, *Property Rights: Philosophical Foundations*, Routledge & Kegan Paul Books, 1977.
42. Laura S. Underkuffler, *The Idea of Property: Its Meaning and Power*, Oxford University Press, 2003.
43. MarkBrnovich, *Condemning Condemnation: Alternatives to Eminent Domain*, Policy Report of Goldwater Institute, 2004.
44. Mark Gottdiener, *The New Urban Sociology*, McGraw-Hill Companies, 1994.
45. Manfred Aust, Rainer Jacobs, *Die Enteignungsentschädigung*, 2 Auflage, 1984.
46. M. W. Holdgate, *A Perspective of Environmental Pollution*, Cambridge University Press, 1979.
47. Michel Foucault, Questions on Geography, in: Colin Gordon (ed.), *Power/Knowledge Selected Interviews and Other Writings* 1972~1977, Pantheon Books, 1980.

48. Michael Sachs, *Grundgesetz Kommentar*, 2 Auflage, C. H. Beck, 1999.
49. Paul W. MacAvoy, *Industry Regulation and the Performance of the American Economy*, Norton Press, 1992.
50. P. J. Smith, *The Politics of Physical Resources*, Open University Press, 1975.
51. Rolf Stödter, Über den Enteignungsbegriff, *Die Öffentliche Verwaltung*, 1953.
52. Rob Shields, *Lefebvre, Love and Struggle: Spatial Dialectics*, Routledge, 1999.
53. Theodor Maunz, Günter Dürig, Roman Herzog, *Grundgesetz Kommentar*, 5 Auflage, C. H. Beck, 1976.
54. Tsuyoshi Kotaka, David Callies, *Taking Land: Compulsory Purchase and Regulation in Asia-Pacific Countries*, University of Hawaii Press, 2002.
55. Walter Jellinek, *Verwaltungsrecht*, 3 Auflage, Springer, 1931.
56. William A. Fischel, *Regulatory Takings: Law, Economics and Politics*, Harvard University Press, 1995.
57. Wolfgang Ruefner, Das Recht der oeffentlich-rechtlichen Schadenersatz und Entchaedigungsleistungen, in: Hans-Uwe Erichsen, *Allgemeines Verwaltungsrecht*, 10 Auflage, 1995.
58. Robert C. Ellickson, Vicki L. Been, *Land Use Controls: Cases and Materials*, Aspen Law & Business Press, 2003.
59. ［日］柳瀬良幹：《公用負担法》，有斐閣 1972 年版。
60. ［日］田中二郎：《行政上の損害賠償及び損失補償》，酒井書店 1954 年版。
61. ［日］高原賢治：《財産権と損失補償》，有斐閣 1978 年版。
62. ［日］橋本公亘：《憲法原論》（新版改訂），有斐閣 1979 年版。
63. ［日］雄川一郎：《行政の法理》，有斐閣 1986 年版。
64. ［日］雄川一郎、高柳信一編：《現代の行政》，岩波書店 1967 年版。
65. ［日］原田尚彦：《行政法要論》（全訂第六版），学陽書房 2005 年版。
66. ［日］佐藤功：《日本国憲法概説》（全訂第三版），学陽書房 1985 年版。

(二) 外文期刊

1. Barton A. Smith, "The Supply of Urban Housing", *The Quarterly of Economics*,

Vol. 90, No. 3, 1976.
2. Charles Reich, "The New Property", *Yale Law Journal*, Vol. 73, 1964.
3. Daniel A. Farber, "Public Choice and Just Compensation", *Constitutional Comment*, Vol. 9, 1992.
4. David D. Li, "A Theory of Ambiguous Property Rights in Transition Economies: The Case of the Chinese Non-State Sector", *Journal of Comparative Economics*, Vol. 23, 1996.
5. Donald J. Kochan, "'Public Use' and the Independent Judiciary: Condemnation in an Interest-group Perspective", *Texas Review of Law & Politics*, Vol. 49, 1998.
6. Elisabetta Marmolo, "A Constitutional Theory of Public Goods", *Journal of Economic Behavior & Organization*, Vol. 38, 1999.
7. Ernst Forsthoff, "Begriff und Wesen des Sozialen Rechtsstaats", *Veröffentlichungen der Vereinigung der Deutschen Staatsrechtslehrer*, Bd. 12, 1954.
8. Federico Cheever, Nancy A. McLaughlin, "An Introduction to Conservation Easements in the United States: A Simple Concept and a Complicated Mosaic of Law", *Journal of Law, Property, and Society*, Vol. 1, 2015.
9. Frank I. Michelman, "Property, Utility, and Fairness: Comments on the Ethical Foundations of 'Just Compensation' Law", *Harvard Law Review*, Vol. 80, 1967.
10. Frank I. Michelman, "A Reply to Susan Rose-Ackerman", *Columbia Law Review*, Vol. 88, 1988.
11. Gary S. Becker, "A Theory of Competition Among Pressure Groups for Political Influence", *Quarterly Journal of Economics*, Vol. 98, 1983.
12. George J. Stigler, "The Theory of Economic Regulation", *Bell Journal of Economics*, Vol. 2, 1971.
13. Glynn S. Lunney, Jr., "A CriticalReexamination of the Takings Jurisprudence", *Michigan Law Review*, Vol. 90, 1992.
14. Garrett Hardin, "The Tragedy of the Commons", *Science*, Vol. 162, 1968.
15. Ronald H. Coase, "The Problem of Social Cost", *Journal of Law and Eco-

nomics, Vol. 3, 1960.
16. Günter Dürig, "Zurück zum Klassischen Enteignungsbegriff", *Juristen Zeitung*, Bd. 9, 1954.
17. Geoffrey P. Miller, "Public Choice at the Dawn of the Special Interest State: The Story of Butter and Margarine", *California Law Review*, Vol. 77, No. 1, 1989.
18. Gregory S. Alexander, "Takings, Narratives, and Power", *Columbia Law Review*, Vol. 88, 1988.
19. Heidi L. Feldman, "Objectivity in Legal Judgment", *Michigan Law Review*, Vol. 92, 1994.
20. Henry A. Span, "Public Choice Theory and the Political Utility of The Takings Clause", *Idaho Law Review*, Vol. 40, 2003.
21. Hanoch Dagan, "Takings and Distributive Justice", *Virginia Law Review*, Vol. 85, 1999.
22. Joseph L. Sax, "Property Rights and the Economy of Nature: Understanding Lucas v. South Carolina Coastal Council", *Stanford Law Review*, Vol. 45, 1993.
23. Joseph L. Sax, "Takings, Private Property and Public Right", *Yale Law Journal*, Vol. 81, 1971.
24. Joseph D. Stinson, "Transferring Development Rights: Purpose, Problems, and Prospects in New York", *Pace Law Review*, Vol. 17, 1996.
25. John R. Nolon, "Introduction: Land Use Law Reform Symposium, Pace Law Review", Vol. 13, 1993.
26. John Fee, "Eminent Domain and The Sanctity of Home", *Notre Dame Law Review*, Vol. 81, 2006.
27. James G. Durham, "Efficient Just Compensation as a Limit on Eminent Domain", *Minnesota Law Review*, Vol. 69, 1985.
28. Karl Manheim, "Tenant Eviction Protection and the Takings Clause", *Wisconsin Law Review*, Vol. 925, 1989.
29. Lee Anne Fennell, "Taking Eminent Domain Apart", *Michigan State Law Review*, Vol. 957, 2004.

30. Lawrence Blume & Daniel L. Rubinfeld, "Compensation for Takings: An Economic Analysis", *California Law Review*, Vol. 72, No. 4, 1984.
31. Louis Kaplow, "An Economic Analysis of Legal Transitions", *Harvard Law Review*, Vol. 99, No. 3, 1986.
32. Laura S. Underkuffler, "The Perfidy of Property", *Texas Law Review*, Vol. 70, 1991.
33. Laura S. Underkuffler, "Property: A Special Right", *Notre Dame Law Review*, Vol. 71, 1996.
34. Laura S. Underkuffler, "Takings and the Nature of Property", *Canadian Journal of Law and Jurisprudence*, Vol. 9, 1996.
35. Laura S. Underkuffler, "When Should Rights 'Trump'? An Examination of Speech and Property", *Maine Law Review*, Vol. 52, 2000.
36. Laura S. Underkuffler, "The Just and the Wild", *Yale Journal of Law & Human*, Vol. 18, 2006.
37. Michael A. Heller & James E. Krier, "Deterrence and Distribution in The Law of Takings", *Harvard Law Review*, Vol. 112, 1999.
38. Michael H. Schill, "Intergovernmental Takings and Just Compensation: A Question of Federalism", *University of Pennsylvania Law Review*, Vol. 137, No. 3, 1989.
39. Nicolas Kaldor, "Welfare Propositions of Economics and Interpersonal Comparisons of Utility", *Economic Journal*, Vol. 49, 1939.
40. Nicole S. Garnett, "The Neglected Political Economy of Eminent Domain", *Michigan Law Review*, Vol. 105, 2006.
41. Paul Boudreaux, Eminent Domain, "Property Rights, and the Solution of Representation Reinforcement", *Denver University Law Review*, Vol. 83, 2005.
42. Robert C. Ellickson, "Alternatives to Zoning: Covenants, Nuisance Rules, and Fines as Land Use Controls", *The University of Chicago Law Review*, Vol. 40, 1973.
43. Reinhard Hendler, "Zur bundesverfassungsgerichtlichen Konzeption der grundgesetzlichen Eigentumsgarantie", *Deutsches Verwaltungsblatt*, 1983.

44. Richard A. Epstein, "Property and Necessity", *Harvard Journal of Law & Public Policy*, Vol. 13, 1990.
45. Richard A. Epstein, "Possession as the Root of Title", *Georgia Law Review*, Vol. 13, 1979.
46. Raymond R. Coletta, "Reciprocity of Advantage and Regulatory Takings: Toward a New Theory of Takings Jurisprudence", *American University Law Review*, 1990.
47. Rolf Stödter, "Über den Enteignungsbegriff", *Die öffentliche Verwaltung*, 1953.
48. Sam Peltzman, "Toward a More General Theory of Economic Regulation", *Journal of Law & Economics*, Vol. 19, 1976.
49. Stephen J. Schnably, "Property and Pragmatism: A Critique of Radin's Theroy of Property and Personhood", *Stanford Law Review*, Vol. 45, 1993.
50. SteveP. Calandrillo, "Eminent Domain Economics: Should 'Just Compensation' Be Abolished, and Would 'Takings Insurance' Work Instead?", *Ohio State Law Journal*, Vol. 64, 2003.
51. Saul Levmore, Takings, "Torts and Special Interests", *Virginia Law Review*, Vol. 77, No. 7, 1991.
52. Susan Rose-Ackerman, "Against Ad Hocery: A Comment on Michelman", *Columbia Law Review*, Vol. 88, 1988.
53. Thomas W. Merrill, "Incomplete Compensation for Takings", *New York University Environmental Law Journal*, Vol. 11, 2002.
54. Thomas J. Miceli & Kathleen Segerson, "Regulatory Takings: When Should Compensation Be Paid?", *The Journal of Legal Studies*, Vol. 23, 1994.
55. Thomas W. Merrill, "The Economics of Public Use", *Cornell Law Review*, Vol. 72, 1986.
56. William J. Baumol, "Contestable Market: An Uprising in the Theory of Industry Structure", *The American Economic Review*, Vol. 72, 1982.
57. William K. Jaeger, "The Effects of Land Use Regulation on Property Values", *Environmental Law*, Vol. 36, 2006.
58. WalterSchelcher, "Gesetzliche Eigentumsbeschränkung und Enteignung", *Ar-*

chiv des öffentlichen Rechts, Bd. 18, 1930.
59. William A. Fischel, Perry Shapiro, "Takings, Insurance, and Michelman: Comments on Economic Interpretations of 'Just Compensation' Law", *The Journal of Legal Studies*, Vol. 17, 1988.
60. William A. Fischel, "The Political Economy of Public Use in Poletown: How Federal Grants Encourage Excessive Use of Eminent Domain", *Michigan State Law Review*, 2004.
61. William Michael Treanor, "The Original Understanding and the Political Process", *Columbia Law Review*, Vol. 95, 1995.
61. Wesley N. Hohfeld, "Some Fundamental Legal Conceptions as Applied in Judicial Reasoning", *Yale Law Journal*, Vol. 23, 1913.

(三) 其他外文文献

1. 123U. S. 623, 1887.
2. 441U. S. 506, 511, 1979.
3. 483U. S. 825, 1987.
4. 438U. S. 104, 1978.
5. 447U. S. 255, 1980.
6. 480U. S. 470, 1987.
7. 505U. S. 1003, 1992.
8. 545 U. S. 469, 2005.
9. 94 U. S. 113, 1877.
10. 844 F. 2d 461, 464, 1988.
11. BGHZ 23, 30.
12. BVerfGE 1, 264~277.
13. BVerfGE 50, 290~340.
14. BVerfGE 58, 81~112.
15. BVerfGE 58, 137.
16. BVerfGE 58, 300.
17. BVerfGE 100, 226.

后　记

2016年1月，我完成了河海大学马克思主义基本原理博士后流动站的研究工作，出站特评以副教授身份入职河海大学法学院。博士后期间，我对马克思财产权思想产生了浓厚的兴趣，以此为理论基础申报了国家社科基金项目，并有幸于同年8月获得资助，对自然资源用途管制法律制度开展研究。

在传统的法学理论研究中，受到空间实践的历史性限制，并没有给空间问题以足够充分的重视和阐发。随着空间实践的当代发展，在空间向度的基础上反思和审视法学领域中各种重大的时代现象和时代问题，是相当必要的。正如恩格斯所指出的那样，"推动哲学家前进的，绝不像他们想象的那样，只是纯粹思想的力量。恰恰相反，真正推动他们前进的，主要是自然科学和工业的强大而日益迅猛的进步"。因此，本书研究的缘起是试图通过在空间用途管制意义上的努力，充分展现一个纯粹的法学领域问题研究在空间维度上的转向与创新。

正当我准备通过描述自然资源用途管制制度的演变过程，深入研究用途管制制度创新发展面临的问题时，我的生活发生了巨大变化——2018年5月，我的外婆突发疾病离世；6月，我的儿子诞生；7月，我的母亲重疾入院。因病情严重，母亲入院几度垂危。数月间，我在急诊ICU门口心焦如焚、寝食难安，却不能为母亲分担分毫。这种深深的无力感让我无暇顾及其他，每日浑浑噩噩。幸得科技进步，白衣天使仁心仁术，以及母亲意志坚强,母亲终得痊愈。在此,我要特别感谢江苏省人民医院陈旭锋主任、单其俊主任、黄夕华护士长等医护人员的妙手回春,不仅拯救了我的母亲,也一定程度上使得本研究得以继续。

此后的一段时间,伴随着我的儿子长大,本书的研究内容也在逐渐丰满。本书一方面对十八大以来自然资源用途管制内涵的发展进行了全面深入的归纳总结;另一方面坚持了历史唯物主义的基本原理,使得关于国土空间用途管制问题的研究真正以历史唯物主义的方式推向深入。在此基础上,本书既揭示了人的发展在用途管制制度构建中的目的性意义,又将国土空间用途管制从单纯的技术的过程拓展为社会的过程,进而建立了用途管制问题研究的一般路径。在研究团队的共同努力下,研究的阶段性成果先后发表于《法学论坛》《南京社会科学》《河海大学学报(哲学社会科学版)》等期刊,取得了一定的社会影响。

2021年10月,课题研究成果经审核准予结项,鉴定等级为良好。衷心感谢我的博士后合作导师邢鸿飞教授对课题研究的不懈指导,感谢扬州大学张清教授一直以来的关心帮助,感谢评审专家的宝贵意见,让我得以进一步修改并最终形成书稿。感谢河海大学法学院陶明凤、徐子萱、张百香、吴欣欣、陈官民、冯亚茜、王真、杜丹妮、贾昭、孙心彤等同学为课题研究和书稿撰写所做的文献收集和整理工作。特别要感谢的是,中国政法大学出版社丁春晖老师的辛勤付出,让本书得以出版。

最后,我要由衷感谢我的父母——李铁民先生和高卫娜女士!我所取得的一切,都离不开父母长久以来的鼓励、支持和爱护,我只能以本书为献礼,来表达我的感激。

李祎恒
2024年7月15日